A ESTÉTICA NO PENSAMENTO E NA OBRA PEDAGÓGICA
DE LORIS MALAGUZZI

Instituto Phorte Educação
Phorte Editora

Diretor-Presidente
Fabio Mazzonetto

Diretora Administrativa
Elizabeth Toscanelli

Editor-Executivo
Fabio Mazzonetto

Conselho Editorial
Francisco Navarro
José Irineu Gorla
Marcos Neira
Neli Garcia
Reury Frank Bacurau
Roberto Simão

Alfredo Hoyuelos

A ESTÉTICA NO PENSAMENTO E NA OBRA PEDAGÓGICA
DE LORIS MALAGUZZI

Tradução
Bruna Heringer de Souza Villar

Tradução do prólogo
Thais Bonini

São Paulo, 2020

Título do original: *La estética en el pensamiento y obra pedagógica de Loris Malaguzzi*
Copyright © 2020 by Alfredo Hoyuelos
A estética no pensamento e na obra pedagógica de Loris Malaguzzi
Copyright © 2020 by Phorte Editora

Rua Rui Barbosa, 408
CEP: 01326-010
Bela Vista – São Paulo – SP
Tel.: (11) 3141-1033
Site: www.phorte.com.br
E-mail: phorte@phorte.com.br

Nenhuma parte deste livro pode ser reproduzida ou transmitida de qualquer forma, sem autorização prévia por escrito da Phorte Editora Ltda.

CIP-BRASIL. CATALOGAÇÃO NA PUBLICAÇÃO
SINDICATO NACIONAL DOS EDITORES DE LIVROS, RJ

H849e

Hoyuelos, Alfredo
  A estética no pensamento e na obra pedagógica de Loris Malaguzzi / Alfredo Hoyuelos ; tradução Bruna Heringer de Souza Villar; - 1. ed. - São Paulo : Phorte, 2020.
  ; 21 cm.

  Tradução de: La estética en el pensamiento y obra pedagógica de Loris Malaguzzi
  Inclui bibliografia
  ISBN 978-65-990174-7-6

  1. Malaguzzi, Loris, 1920-1994. 2. Reggio Emilia, Abordagem (Educação de crianças). 3. Estética. 4. Educação pré-escolar. I. Villar, Bruna Heringer de Souza. II. Título.

20-66081   CDD: 372.21
              CDU: 373.2

Meri Gleice Rodrigues de Souza - Bibliotecária - CRB-7/6439
ph2468.1

Este livro foi avaliado e aprovado pelo Conselho Editorial da Phorte Editora.

Impresso no Brasil
Printed in Brazil

A Loris Malaguzzi e à cidade de Reggio Emilia,
por seu trabalho constante em favor dos direitos universais
e concretos de todos os meninos e meninas do mundo.

Agradecimentos

A Bea, por todo seu carinho, tempo e apoio para a realização deste trabalho.

A Asier e Julen, por todo o tempo roubado e pela sorte de tê-los por perto.

A Isabel Cabanellas, por tudo, mas sobretudo pela paixão, pela amizade, pelo rigor e pela criatividade com que viveu este trabalho.

A Imanol Aguirre, sempre, por sua disponibilidade, suas correções e críticas constantes da investigação e da redação deste texto.

À minha família e aos meus amigos, por ter lhes causado tantas preocupações com este trabalho.

A Orazio, Rosanna e Samuele, minha família em Reggio.

A Maddalena Tedeschi, por sua ajuda constante, em Reggio Emilia, para coordenar este trabalho.

A Pusi, Silvia, Beatriz e Teresa, que com tantos desafios e tanto carinho me presenteiam.

A Carla Rinaldi, por suas ideias e por seu trabalho.

A Marina Castagnetti, Gino Ferri e Mariano Dolci, por sua ajuda para encontrar material documental e por suas contribuições para este trabalho.

A Sergio Spaggiari e a toda *Équipe* de Reggio Emilia, por seu interesse.

A Sandra Piccinini, por seu apoio institucional.

A Antonio Malaguzzi, pela ajuda e pelo interesse prestados.

A todas as pessoas que trabalham no Centro Documentazione e no Reggio Children, pela ajuda oferecida.

A Vea Vecchi, Mara Davoli, Giovanni Piazza, Mirella Ruozzi e Antonia Ferrari, pelo confronto contínuo de ideias.

A Eletta Bertani, Franco Boiardi, Renzo Bonazzi, Magda Bondaballi, Simona Bonilauri, Sonia Cipolla, Renza Cristofori, Liliano Famigli, Tiziana Filippini, Amelia Gambetti, Sofia Gandolfi, Carla Gherpelli, Loretta Giaroni, Martina Lusuardi, Laila Marani, Carla Nironi, Evelina Reverberi, Laura Rubizzi, pelas entrevistas concedidas com tanto entusiasmo.

A Laura Artioli, Adriana Bigi, Idilio Bonaccini, Ferruccio Cremaschi, Walter Fornasa, Aldo Fortunati, Alberto Ghidini, Sergio Masini, Marta Montanini, Sandro Panizzi, Stella Previdi, Lucia Selmi, Francesco Tonucci, por poder ter compartilhado com todos eles algumas recordações emocionantes de Loris Malaguzzi.

Às escolas da infância e creches da Prefeitura de Reggio Emilia e aos seus trabalhadores, por sua acolhida e pela amabilidade oferecida.

Ao Istoreco, por seu trabalho realizado e oferecido.

Ao Departamento de Enseñanzas Universitarias y de Investigación del Gobierno de Navarra e à Fundación Santa María, pelas bolsas concedidas para realizar este trabalho.

A todos os colegas, meninos e meninas das escolas municipais da infância de Pamplona,[1] por me permitirem e me possibilitarem realizar algumas das ideias contidas neste trabalho.

Ao Organismo Autónomo de las Escuelas Infantiles del Ayuntamiento de Pamplona, pelas autorizações concedidas para realizar esta investigação.

A Irene Balaguer, a Francesca Majò e a Enric Batiste e, em geral, a toda a *Revista Infancia*, por sua ajuda oferecida.

A Rosa Sensat, pela amável oferta de publicar este trabalho.

À Biblioteca Panizzi de Reggio Emilia, pela ajuda documental oferecida.

A Ana, pela leitura apaixonada e crítica do texto.

A Nerea e Alicia, por sua ajuda com as traduções do inglês e seu apoio para levar a cabo esta tese.

A Belén, Susana e Alicia, por sua ajuda e seu trabalho de edição e correção.

E, sobretudo, a Loris Malaguzzi, por dar tanto sentido à minha profissão e à minha vida e por me permitir sonhar algumas noites com ele.

---

[1] N. da T.: cidade espanhola localizada na província de Navarra, no País Basco.

Ao contrário, as cem existem.

A criança
é feita de cem.
A criança tem
cem linguagens
cem mãos
cem pensamentos
cem maneiras de pensar
de brincar e de falar
cem, sempre cem,
maneiras de ouvir
de surpreender, de amar
cem alegrias
para cantar e entender
cem mundos
a descobrir
cem mundos
a inventar
cem mundos
a sonhar.
A criança tem
cem linguagens
(e então cem, cem, cem)
mas roubam-lhe noventa e nove.

A escola e a cultura
separam a cabeça do corpo.
Dizem para ela:
pensar sem as mãos
fazer sem a cabeça
ouvir e não falar
entender sem alegria
para amar e se surpreender
apenas na Páscoa e no Natal.
Dizem para ela: descobrir o mundo que já existe
e, de cem, roubam-lhe noventa e nove.
Dizem para ela:
que o jogo e o trabalho
a realidade e a fantasia
a ciência e a imaginação
o céu e a terra
a razão e o sonho
são coisas que não estão juntas.
Em suma, dizem para ela
que as cem não existem.
A criança diz:
ao contrário, as cem existem.

Loris Malaguzzi

PRÓLOGO
Vea Vecchi

ESTÉTICA E APRENDIZAGEM

Agradeço a Alfredo Hoyuelos por ter entendido profundamente o quanto a dimensão estética foi, e continua sendo, um componente essencial na evolução da filosofia e da prática pedagógica das creches e das escolas municipais da infância de Reggio Emilia.

É difícil definir com clareza o que é "dimensão estética", posso dizer o que representa para mim, mesmo que de maneira parcial.

Penso que se trate de uma atitude cotidiana, uma relação empática e sensível com o entorno, um *fio* que conecta e liga coisas entre si, um *ar* que faz preferir um gesto a outro, a selecionar um objeto, a escolher uma cor, um pensamento, escolhas nas quais percebem-se harmonia, cuidado, prazer para a mente e para os sentidos.

A dimensão estética pressupõe um olhar que descobre, que admira e se emociona, é o contrário da indiferença, do desleixo, do conformismo.

Se pensamos nessa abordagem difundida nas atuais instituições escolares, é fácil imaginar todo o poder de subversão que essas atitudes poderiam criar com relação à situação corrente.

As minhas reflexões serão relativas sobretudo ao processo gerador, ao aporte que a dimensão estética deu ao desenvolvimento da pedagogia reggiana, porque acredito que seja uma das primeiras peculiaridades percebidas, quando nos aproximamos dessa experiência.

A atenção estética é uma presença insólita, meio alienígena, nas instituições escolares, tanto que suscita fortes sentimentos de reação, com frequência contrastantes: atitudes de admiração para alguns e de verdadeiro incômodo para outros.

Sinto muito por ter que admitir, mas a atitude de maior incômodo é encontrada sobretudo no mundo que gira em volta da escola, e creio ser apropriado tentar entender os motivos.

Debruço-me por enquanto nessa reação negativa, porque considero que seja interessante e que contribua para entender melhor alguns aspectos ligados à estética e à cultura escolar.

Tenho várias lembranças de reações de incômodo e de frases pronunciadas em anos e situações diversas, atitudes que sempre me deixaram curiosa, e cito algumas que considero exemplares.

Em um curso de atualização, que tinha como tema a ciência, do qual eu participava com algumas colegas, foi-nos pedido para reunirmos em categorias livres uma série de conchas diferentes entre si.

Enquanto a maior parte agrupou as conchas por tipo ou por dimensão, eu e as minhas colegas, que tínhamos ficado surpreendidas principalmente pela forma de leque que elas tinham, utilizamos as conchas para criar uma grande cauda de pavão, introduzindo, por meio de um processo metafórico, um novo e diferente sistema de categorias. A reação imediata e irritada de um dos condutores do curso foi: "O pão é bom mesmo sozinho, não é preciso sempre passar geleia".

"Não é preciso fazer cinema" declarava, há pouco tempo, uma diretora didática de uma escola estatal, em frente a um projeto de decoração de interiores inovador e elegante.

Outro ainda declarou: "O que não me convence das escolas de vocês é a pesquisa estética".

São muitas as reações análogas com relação às mostras e publicações realizadas por nós: "A didática de vocês é muito parecida com a que nós fazemos, mas vocês sabem vendê-la melhor".

Esse tipo de avaliação demonstra uma grave incompreensão da complexidade do processo que leva à realização de produtos finais e testemunha uma falta de consciência para uma coisa quase óbvia: isto é, que todas as fases do projeto, incluindo a qualidade da imagem final, são parte integrante do projeto educativo, da qualidade da formação e do patrimônio cultural dos professores, valores de fundamental importância na didática, no trabalho cotidiano com as crianças.

Considero que a dimensão estética é parte integrante de uma estrutura de pensamento que, sempre e de qualquer forma, é capaz de produzir processos de evolução que, nas situações de aprendizagem, podem sustentar e alimentar um conhecimento que se nutre somente de informação, mas que, evitando uma fácil definição de categorias, leva a uma relação de sensível empatia com as coisas, estimulando a criação de conexões.

Em uma frase que considero perfeita e que cito com frequência, melhor que eu, Gregory Bateson declara: "[...] Como estético entendo uma estrutura que conecta", uma clara enunciação do quanto uma abordagem aos problemas feita de escuta e de capacidade de relação é o sal do conhecimento.

Ao falarem de estética, frequentemente os grandes filósofos tratam do conceito de processo conector de maneira diferente.

Com esse propósito, Kant fala de um "livre acordo entre mais faculdades, em que o intelecto, a imaginação e a razão são equitativos", e o acordo entre esses componentes é visto como fundamento da alma.

Então, por que essas reações negativas para a presença da estética na escola?

Talvez porque a abordagem livre, a irreverência, típicas de quem se ocupa de estética, apresentem um potencial componente subversivo para uma educação tradicional, baseada em paradigmas fixos, conformistas, imutáveis, tanto para o que se refere à educação, quanto ao tipo de escola, à ideia de criança?

Talvez, então, seja preciso pensar que não se trata somente do valor e do papel importante atribuído pela pedagogia reggiana à estética, mas que é necessário perceber que a procura da beleza pertence, de maneira natural e profunda, à nossa espécie e constitui um componente importante, uma necessidade primária.

Acredito ser este um ponto de extrema importância sobre o qual refletir, que é necessário entender.

Trata-se de uma aspiração à beleza que encontramos em todos os povos e em todas as culturas atuais e passadas. A atenção estética entendida e vivida como filtro de interpretação do mundo, como atitude ética, uma forma de pensamento que requer cuidado, graça, ironia, uma abordagem mental que vai além da simples aparência das coisas e evidencia aspectos e qualidades inesperados, imprevistos.

Será que é o inesperado que suscita reações de incômodo, a consciência é despertada de que essa atitude coloca em discussão o que parecia tranquilamente estabelecido?

Entre as muitas, mas insuficientes, vozes que lançam sinais de alarme, a de James Hillman aparece como uma denúncia implacável e apaixonada do estado atual: "[...] cobertas [...] por aquele véu fúnebre, que é a conformidade ofuscante, que acabará por tirar toda a força da nossa linguagem, da nossa comida, dos lugares onde trabalhamos, das estradas da nossa cidade [...]".

Hillman, em diversos textos, fala de maneira apaixonada sobre a importância tanto da escuta dos lugares quanto da qualidade e do aprazimento das cidades, das habitações e dos locais de trabalho, das consequências da *feiura* na saúde mental dos homens.

Não é fácil nem simples falar de beleza e de estética em um mundo torturado por tantas injustiças, pobrezas, opressões, crueldades.

Parecem aspectos tão efêmeros, que se tem quase pudor ao falar deles, mas, ainda assim, continuo, como tantos (ou talvez poucos), pensando que beleza e estética são agentes de salvação para os homens e que a sua proposição como direitos fundamentais e inalienáveis faria um grande bem à humanidade.

Basta um olhar rápido e superficial para a história da nossa espécie para se encontrar continuamente, em cada época e cultura, a presença do cuidado formal, da atenção para a dimensão estética.

Não somente nas grandes obras de arte, mas também em simples objetos de decoração cotidianos, nos quais afloram os gestos de cuidado, de procura da qualidade formal e da beleza, nos ornamentos para se enfeitar e em mil outros testemunhos da vida cotidiana, como conta aquela peça de ocre decorada de cerca de 40 mil anos atrás, encontrada recentemente.

Por que, por exemplo, o cuidado com o ambiente das escolas deve ser considerado excessivo? Por que o que é respeito, estima pelas pessoas que a habitam, acolhimento dos hóspedes cotidianos e ocasionais é mal-entendido e julgado como ostentação, como exibição, como um interesse superficial?

Não é importante que as crianças, a equipe que trabalha na escola, passem o dia em um ambiente onde as cores, os objetos sejam escolhidos e organizados com cuidado, atenção, amor?

Consideramos altamente educativo que os habitantes da escola (crianças e adultos) se sintam participantes da formação e da conservação de um ambiente agradável, que, de diversas maneiras, contribui para o prazer de estar lá, porque isso significa responsabilidade e participação na coletividade.

Bem diferentes são a atitude e a percepção do ambiente escolar de quem, pelo contrário, aprecia o *clima estético* das escolas de Reggio Emilia, também com reações fortes, quase de comoção.

A surpresa de encontrar, no mundo da escola, um ambiente de qualidade, diferente, inusitado, fez um arquiteto famoso declarar: "aqui estamos fora do criancismo", e acredito que se trate de uma afirmação importante, que coloca a cultura da infância em uma área não separada da cultura contemporânea avançada.

A infância está, habitualmente, fechada em um modelo de vida predeterminado, conforme e simplificado, enquanto, de fato, no bem e no mal, vive inserida e entrelaçada ao mundo adulto, e as especificidades que a distinguem (e as crianças têm, sem dúvida, maravilhosas e interessantíssimas particularidades) devem ser observadas e descobertas com atenção e amor, justamente para se estar pronto para o diálogo com elas.

A divisão não serve, mas, sim, um diálogo afetuoso.

Os comentários mais entusiasmados recebidos sobre essa *dimensão estética* chegam, de diferentes maneiras, sobretudo de quem, por cultura pessoal ou por profissão, está próximo ou é sensível às linguagens poéticas.

É bom relembrar aqui que o *sentir estético*, justamente por ser, talvez, inerente à espécie, transita com facilidade entre os vários campos e é transversal às várias disciplinas, não está ligado à arte somente, mas se torna "modalidade de pesquisa, chave de interpretação, lugar de experiência".

Quando os matemáticos admitem que, com frequência, entre várias hipóteses, é escolhida a que apresenta a fórmula mais bonita e elegante, confirmam essa atitude, mas deve ser reconhecido que, como para todas as outras atividades culturais, o *sentir estético* também deve ser sustentado e defendido constantemente ao longo do tempo.

Talvez, então, o incômodo de alguns (ou de muitos) seja em razão, também, de uma formação escolar que atribui pouca importância à estética nos processos de aprendizagem e não a reconhece, portanto, como uma necessidade, um direito. E aqui voltamos ao núcleo central.

A escolha de Malaguzzi de inserir, em cada escola da infância, um ateliê gerido por uma figura com formação artística é e foi uma escolha mais revolucionária do que pode parecer, porque levou para dentro da escola e para os processos de aprendizagem um novo olhar aos hábitos e à tradição pedagógica.

Trata-se de uma visão diferente dos problemas, comparável, por exemplo, àquela que se tem através de uma folha polarizada, que, quando é virada, mostra uma contínua modificação das imagens, uma percepção sempre diferente do mundo.

É necessário ir, sem diminuir o seu valor, além dos materiais e das técnicas que o ateliê introduziu na escola (mesmo sendo importantes para os processos e as competências que pressupõem) e debruçar-se nas abordagens às coisas.

Na experiência reggiana do ateliê, a dimensão estética encontra, com o seu trabalho com as linguagens visuais (que, pela sua natureza, são sensíveis e próximas a todas as outras linguagens poéticas), uma importante e tangível expressão.

As referências ao mundo da arte, reinterpretadas pelas elaborações e pelos imaginários das crianças, levam a sugestões inusitadas, a níveis de expressividade, de emoção, de sensibilidade e qualidade estética, na maioria das vezes, impensados.

Nesse processo de troca, de aproximação, de *parentesco* com o mundo da arte, nasceram modalidades de trabalho, estruturas didáticas geradoras de um processo transversal, que, em pouco tempo, difundiu-se visivelmente por toda a escola: no ambiente, nas propostas didáticas, nos processos e nos produtos finais.

Gilles Deleuze, na sua análise de "A ideia de gênese na estética de Kant", escreve: "o acordo entre as diversas faculdades nasce no interior de um desacordo. Nunca Kant chegou tão perto de uma concepção dialética das faculdades. A razão coloca a imaginação na presença do próprio limite no sensível; mas, ao contrário, a imaginação desperta a razão como faculdade de pensar um substrato suprassensível para a infinitude do mundo sensível".

Razão e imaginação entram em acordo somente por meio de uma tensão, e a tensão está frequentemente na origem de paradigmas que se renovam.

Penso que o papel mais importante do ateliê tenha sido o de desenvolver uma contínua ação dialética com a pedagogia, na qual imaginação e razão (tanto do ateliê quanto da pedagogia) se confrontaram continuamente, à procura de equilíbrios e alternâncias, construindo espaços inovadores de grande interesse para a educação e para a aprendizagem.

É testemunha disso a forma especial e sofisticada de observação e de documentação didática dos processos que é utilizada nas instituições reggianas, sistema de documentação que nasceu de uma longa e frutuosa elaboração sobre esses temas.

Esse método de trabalho, mais eficaz do que pode parecer, constitui, sem dúvida, um daqueles elementos que, se bem utilizados, podem fazer evoluir a pedagogia e a didática da infância, mantendo aquele frescor do mundo das crianças que distancia, na didática, o risco (sempre à espreita) de cair em conforme e cansada repetição.

Observação e documentação são uma teoria educativa que a filosofia reggiana sempre sustentou e praticou, utilizando uma dupla modalidade de linguagem: a escrita e a das imagens.

A grande utilização da linguagem visual, sem dúvida, fez aumentar a cultura e a sensibilidade estética dos professores e pedagogistas, já que as imagens, para comunicarem de maneira significativa, requerem, sobretudo, olhares sensíveis para as situações, capazes de colher a substância profunda dos acontecimentos.

Mais forte e clara do que no passado, a comunicação deve transmitir que a observação didática da qual nós falamos é uma observação solidária com a criança, que procura essencialmente entendê-la, para acompanhar as suas estratégias, para estimá-la mais. Observar para conhecer e entender.

"A sociedade futura, sempre mais misturada, intercultural, complexa, precisará cada vez mais de sujeitos que se coloquem em uma atitude de escuta dos outros, que saibam desenvolver uma criatividade individual e de grupo". Isso é fundamental para um sistema social que parece ter grandes dificuldades para imaginar e fazer hipóteses de possibilidades de desenvolvimento.

Em um projeto educativo, a *escuta* é uma prática difícil, mas indispensável, que deve ser aprendida; e, mais uma vez, a tensão estética, com as suas peculiaridades de empatia, procura de relação, "estrutura que conecta", bem como a graça, a ironia, a provocação, o não determinismo são apoio para o processo de escuta.

Acredito que esteja bem claro como essa abordagem não permanece somente como patrimônio dos adultos que trabalham na escola, mas é transmitida com naturalidade (e consciência) nas relações com as crianças, nas propostas didáticas feitas, construindo-se percursos nos quais ensino e aprendizagem estão dentro de um processo de escuta e sintonia recíprocas.

Ninguém nega que é constante o risco de uma atitude estetizante, superficial, que pode chegar a cobrir a fragilidade ou a escassez dos conteúdos, já que está em ação um forte processo de homologação dos modelos imperantes, comunicados pela mídia, em que a beleza fica frequentemente confinada no fútil e no supérfluo.

Certamente, a culpa não é da dimensão estética, mas fruto de um mal-entendido, ou pior, de uma traição.

Em uma estética entendida dessa forma, promotora de relações, conexões, sensibilidade, liberdade e expressividade, é natural a sua aproximação à ética.

Com relação à educação, eu falaria de uma união inseparável. A mais segura para afastar formas de violência e de opressão e fazer da sensibilidade estética uma das barreiras contra as violências físicas e culturais.

Até porque a experiência estética é principalmente experiência de liberdade.
Não é por acaso que a pesquisa estética de vanguarda sempre foi e é tão combatida em todas as ditaduras.

> [...] o nosso estilo de vida, que não conhece mais o bonito, mas só o funcional, que não conhece mais o verdadeiro, porque se contenta com o verossímil, que não sabe mais reconhecer as marcas do sagrado, porque tudo profanou, nem os traços da dor que oculta nos porões do recalcamento; o nosso estilo de vida que coloca a alegria no barulho, o amor no sexo, o olhar na distração; o nosso estilo de vida sufoca na razão, que virou cálculo, e mercado, e troca, e interesses, e seguros para conservar aquele tesouro que esgota: a vida sem mais beleza.

Estas linhas tiradas de um texto de Umberto Galimberti, lidas enquanto eu refletia sobre a estética, pareceram-me uma carta aberta a todos e especialmente ao mundo da escola, ao qual confiamos uma parte importante da educação das crianças e dos jovens.

A formação dos professores deveria não esquecer nem a beleza, nem a estética, porque corre o risco de não reencontrá-la mais, de considerá-la um aspecto marginal e de não vê-la nos olhares das crianças e dos jovens que se tem em frente, anulando, assim, uma possibilidade de bem-estar psíquico e de esperança para o futuro.

Sumário

Introdução 23
1. De que estética falamos 27
   1.1 A estética como atuação perceptiva globalizante 28
   1.2 A estética como ética 29
   1.3 Estética e transgressão: entre a luz e a sombra 30
   1.4 A estética do conhecer 32
   1.5 A experiência estética 32
2. A estética no pensamento e na obra pedagógica de Loris Malaguzzi 35
   2.1 A estética no pensamento e na obra pedagógica de Loris Malaguzzi: seus princípios, fins e valores, suas estratégias e atuações 35
      2.1.1 Princípio estético 1: a escola é um âmbito estético habitável 37
         O âmbito como rede de relações 37
         Um âmbito estético, amável 46
         Um âmbito habitável, de comunicação 51
      2.1.2 As estratégias do princípio estético 1 (a escola é um âmbito estético habitável) 55
         Primeira estratégia do princípio estético 1: concepção da aprendizagem e do desenvolvimento da criança como um motivo de prazer 55
         Segunda estratégia do princípio estético 1: a qualidade do espaço-ambiente 71
      2.1.3 Princípio estético 2: construir pedagogia é sonhar a beleza do insólito 122
         O estranhamento 122
         O deslumbramento 124

2.1.4 As estratégias do princípio estético 2
(construir pedagogia é sonhar a beleza do insólito) 128
   Primeira estratégia do princípio estético 2: o ateliê 128
      A expressão 144
      Pluralidade de linguagens 152
      As competências infantis em ação 157
      A educação da visão perceptiva 158
      A expressão gráfica infantil no ateliê 162
      Observação e documentação no ateliê 177
      O ateliê e a escuta 178
   Segunda estratégia do princípio estético 2: a metáfora .. 180

2.1.5 Princípio estético 3: educar implica desenvolver
as capacidades narrativas da sedução estética 184
   A sedução estética 184
   A narratividade 187

2.1.6 As estratégias do princípio estético 3
(educar implica desenvolver as capacidades
narrativas da sedução estética) 202
   Primeira estratégia do princípio estético 3:
   a documentação 202
   Segunda estratégia do princípio estético 3:
   a criatividade das cem linguagens
   de Loris Malaguzzi 228

Algumas considerações finais para começar 251
Uma pedagogia estética e transgressora 251
Uma pedagogia narrativa que projeta o escutado
e confronta o visto 253
Uma pedagogia participante da aventura do conhecer 255
Uma pedagogia relacional, sistêmica e construtiva:
   muito além dos limites 256
E para começar... 258

Epílogo 263
A estética entendida como forma de vida 263

Referências 271

Sobre o autor 287

INTRODUÇÃO

O seguinte texto corresponde ao desenvolvimento de uma parte do pensamento e da obra pedagógica de Loris Malaguzzi. Trata da estética educativa e é a continuação de uma obra anterior: *La ética en el pensamiento y obra pedagógica de Loris Malaguzzi*. Por esse motivo, não vamos expor novamente neste livro os aspectos da biografia e da personalidade de Loris Malaguzzi ou alguns conceitos básicos que já foram desenvolvidos em textos anteriores.[1]

Quero, em troca, recordar a rede interpretativa que montamos para toda a obra e que desenvolve três princípios (fins ou valores) éticos, três estéticos e três políticos, acompanhados da explicação das estratégias (ou atuações) que os materializam, segundo o seguinte esquema:

Quadro A – Ética

Princípio 1: A educação começa com a imagem da criança, uma imagem da criança que revela a indeterminação do ser humano.	*Estratégias*	• A pedagogia da escuta. • A observação por meio de pequisas de investigação-ação. • A ideia de projeto *versus* a ideia de programação.

Continua

---

[1] Também é possível ver: Alfredo Hoyuelos, *La complejidad en el pensamiento y obra pedagógica de Loris Malaguzzi*, México, Multimedios, 2004.

Continuação

Princípio 2: Educar significa incrementar o número de oportunidades possíveis.	Estratégias	• Uma adequada organização das escolas. • Os grupos pequenos. • Os papéis do adulto. • Distribuição ou partilha personalizada de responsabilidades.
Princípio 3: A criança é um sujeito de direitos históricos e culturais.	Estratégias	• Defesa dos direitos das crianças, dos educadores, das famílias e da mulher. • A identidade da escola e da educação infantil. • Desenvolver os direitos da infância tomando emprestada a voz das suas cem linguagens.

Quadro B – Estética

Princípio 1: A escola é um âmbito estético habitável.	Estratégias	• Concepção da aprendizagem e do desenvolvimento da criança como um motivo de prazer. • A qualidade do espaço-ambiente.
Princípio 2: Construir pedagogia é sonhar a beleza do insólito.	Estratégias	• O ateliê. • A metáfora.
Princípio 3: Educar implica desenvolver as capacidades narrativas da sedução estética.	Estratégias	• A documentação. • A criatividade das cem linguagens de Loris Malaguzzi.

Quadro C – Política

Princípio 1: A pedagogia sempre é política; política e pedagogia estabelecem uma relação de caráter cultural e social.	*Estratégias*	• A reciclagem profissional como construção de sujeitos políticos. • A relação básica entre investigação educativa e política. • A busca de solidariedades intelectuais.
Princípio 2: A escola e a educação são aspectos fundamentais de transformação social.	*Estratégias*	• A informação por meio de dados reais. • Para poder realizar uma transformação crítica da cultura e da sociedade, faz-se necessário realizar uma análise séria da situação política educativa do país. • Permanecer sempre em movimento. • A participação e a gestão social como formas de transformação social e política.
Princípio 3: A participação e a gestão social são formas de intervenção política da escola na cidade e da cidade na escola.	*Estratégias*	• A participação das famílias e dos cidadãos na escola é uma questão de relações humanas. • A qualidade da habitabilidade dos espaços. • A ampla gama de oportunidades que a escola deve oferecer. • A concepção prática da participação. • A institucionalização da participação. • A normativa municipal.

Neste livro, apenas desenvolveremos – como comentamos – os princípios e as estratégias referentes à parte da estética, embora convenha que o leitor tenha em mente toda a estrutura conceitual.

Dessa forma, o texto recorre aos diversos princípios e às estratégias que, a nosso modo de ver, formam a estética de Loris Malaguzzi. A obra termina com o relato de algumas *conclusões*, ou melhor, algumas considerações finais que, basicamente, tratam de afirmar como Malaguzzi e Reggio Emilia são capazes – por meio de um projeto dinâmico – de dar sentido vital e cultural a cada um dos momentos mutáveis da infância. Um projeto que, narrado e testemunhado sem retóricas, reconhece nos meninos e nas meninas recursos e potencialidades inéditas e revela as riquezas inimagináveis da espécie humana, que transcende – como expressa a arte – as culturas individuais. A pedagogia de Loris – seu pensamento e sua obra – é, em resumo, uma pedagogia ética, estética, política, complexa, biológica, cultural, relacional, sistêmica, participante, transgressora e construtiva que indaga e narra – como projeto inacabado – uma imagem de infância com direitos universais. Nesse sentido, o pensamento e a obra pedagógica de Loris Malaguzzi e dos cidadãos (crianças e adultos juntos) de Reggio Emilia são expoente do desenvolvimento de um projeto humano (e não só escolar) dialógico de escuta das esperanças futuras dos homens, muito além das culturas particulares.

1.
DE QUE ESTÉTICA FALAMOS

> Cada nova realidade estética redefine a realidade ética do homem. Porque a estética é a mãe da ética. As categorias de "bom" e "mau" são, em primeiro lugar e antes de tudo, categorias estéticas.[1]
>
> Josif Brodskij (discurso pronunciado por ocasião do Prêmio Nobel)

Antes de abordar o pensamento estético e a obra pedagógica de Loris Malaguzzi, convém que nos coloquemos em acordo sobre o que entendemos por estética para entrarmos em consenso com o leitor sobre seu significado.

Queremos combinar uma ideia de estética atualizada com pensamentos e ideias de autores que nos centralizem no sistema

---

[1] *Ogni nuova realtà estetica ridefinisce la realtà etica dell'uomo. Giacché l'estetica è la madre dell'etica. Le categorie di "buono" e "cativo" sono, in primo luogo e soprattutto, categorie estetiche.*

de análise que tratamos de propor nesta obra e que ajudem a nos aprofundarmos nas ideias estéticas de Loris Malaguzzi.

Concebemos a estética como "o estudo dos processos desenvolvidos no criador e no espectador por meio dos quais a beleza é criada e reconhecida" (Bateson, G. e Bateson, M. C., 1989, p. 205). Essa definição que Bateson, posteriormente e de forma muito acertada, modificou, propondo uma ideia de estética como o *ser sensível à estrutura que conecta as coisas ou os acontecimentos*. Essa ideia nos parece complementar àquela que afirma que o genuíno critério estético nos permite discernir, dentro do universo, "o que realmente resulta imprescindível para nossa própria autoestima" (Trías, 2001, p. 269).

Consideramos, também, a estética não apenas pela estrutura, mas também pela importância do detalhe, pelo gosto por aperfeiçoar as ações, por fazê-las entender ou expô-las de forma atrativa ou a gosto para cultivar a sensibilidade pessoal.

1.1 A estética como atuação perceptiva globalizante

Estética que, como a gênese da obra de arte (Heidegger, 1984), procura a origem das coisas por meio de labirintos de símbolos e alegorias. Essência estética que ressoa ou vibra na profundidade do sujeito que contempla de forma ativa, participando da obra. Para isso, é necessário que se rompam as barreiras do óbvio, dos conceitos clichês e habituais, das rotinas estabelecidas, do destino antecipado. Essa abertura indagadora revela novas verdades que narram a essência das coisas ao entrelaçar "o geral com o particular, o universal com o eventual" (Zátonyi, 1998, p. 9). A atitude estética provoca uma forma diversa de olhar que adjetiva e matiza os acontecimentos vitais com uma "percepção globalizante e seletiva ao mesmo tempo" (Parini, 2002, p. 104).

Nesse ressoar (Heidegger, 1984, p. 26), a estética tem a capacidade de suscitar emoções esquecidas, de certo modo, nostálgicas, e surge – vindo nos buscar, em nossa direção – o desdobramento de momentos presentes que nos expõem um mundo nunca visto, que se faz história permanente e, portanto, eterna.

A harmonia estética é uma energia vital, um abandono que te faz permeável a "uma emanação interior, uma fusão com o outro, ou com outros, uma capacidade de ressonância, uma emoção em um determinado domínio de vida que é necessário manter e respeitar com uma compreensão justa de sua complexidade e de sua sutileza" (Cabanellas, 2002, p. 57).

1.2 A estética como ética

Gadamer justifica a arte (aspecto em relação direta com a experiência estética) como "uma linguagem de formas comuns para os conteúdos comuns de uma compreensão de nós mesmos" (1996, p. 63). Dessa maneira, a beleza vai ao nosso encontro como uma experiência de verdade e, de repente,

> detém-nos e força-nos a demorarmos nisso que se manifesta individualmente [...]. O sentido de cada indivíduo para o belo tem que ser cultivado até que possa chegar a distinguir o mais belo do menos belo [...]. A crítica é a própria experiência do belo. (Gadamer, 1996, p. 54-58)

Gadamer, além disso, considera a beleza como ética e moralidade (não é fácil separar ética e estética) e distingue diversos elementos estéticos e artísticos que podem nos ajudar a compreender melhor o que, nesses momentos, queremos conceitualizar e explicar.

Para esse autor, a estética anula as distâncias entre obra artística e o intérprete de tal obra. Isso provoca uma tensão criadora que trata de reter o efêmero e o fugitivo em uma nova permanência significativa. A estética é, dessa forma, uma viabilidade de confrontação. Dá a possibilidade de revelar o oculto, rebelar, descobrir. E ela está nesta ação do encontro, do "acoplamento estrutural"[2] dos seres, de onde surge o significado. Como um jogo de contrários simultâneos e complementares. Disso sucede que a essência do simbólico consiste no que não está referido a um fim com um significado que deva se alcançar intelectualmente.

Também a estética para Gadamer é um ato festivo, de ruptura com o presente, já que a festa "se celebra, não se espera". Supõe que nos demoremos criativamente para chegar ao gozo estético do lúdico, que foge do tédio. Dessa forma, a estética nos transporta a uma transcendência na qual é necessário crescer para além de nós mesmos, atravessar com prudência e sabedoria nossos limites fronteiriços de tal forma que, nos momentos de incerteza, nossa identidade possa permanecer. Essa permanência nos ajuda, também, a gerar uma comunicação inteligível, o que implica explicitar os processos criativos e estéticos para que, como dizíamos, ressoem no espectador.

1.3 Estética e transgressão: entre a luz e a sombra

A estética (Trías, 1982) se move entre o belo e o sinistro, no abismo da dúvida, da ambiguidade, no fio da navalha. Nesse ter-

---

[2] O conceito de acoplamento estrutural pode ser definido como a compatibilidade estruturante entre o ser e o ambiente, ou entre dois sistemas. Ambos se comportam como fontes recíprocas de perturbações, com recíprocas mudanças de estado. Dessa maneira, "qualquer perturbação que chega do meio será 'informada' segundo a coerência interna do sistema de conhecer do sujeito" (Maturana e Varela, 1987, p. 90).

ritório em que as verdades não são óbvias, mas incertas, e onde o desequilíbrio criador pode emergir.

> Consideramos condição e limite da beleza algo sinistro, sem dúvida; mas que, precisamente por assim ser se apresenta a nós como um rosto familiar. A obra artística mostra um hiato entre apresentação sensível e real. Nisso, cifra sua necessária ambivalência. (Trías, 1982, p. 41)

A estética "vive na luz, vive na sombra; na certeza do mundo expressado e diante da vertigem do desconhecido" (Zátonyi, 1998, p. 9). A estética se move nas águas da transgressão. Esta é sua ética: "um bom modo de calibrar a valência estética de uma obra [...] consiste em advertir a capacidade que a obra tem de subverter e perverter, por sua presença, os próprios postulados" (Trías, 1997, p. 213). Essa fronteira – repleta de tensão e conflito vital – de que somos habitantes nos permite revelar múltiplos significados, como em um hieróglifo simbólico que, muitas vezes, se manifesta por meio do humor e da ironia. Dessa maneira, a estética "impede que o homem seja capturado e paralisado por si mesmo, que se despreocupe de seus compromissos [...] para dar sentido a nossa vida" (Zátonyi, 1998, p. 18).

Assim, a estética (Trías, 1997, p. 199-219) dota os acontecimentos de um sentido transcendental que desvela ou revela o oculto para mostrar a realidade profunda das coisas. Estabelece laços com o passado, recria o presente e se lança em direção ao futuro, criando uma sensação de imortalidade. Por esse motivo, tem essa capacidade de sedução: "A magia e o feitiço da obra artística, sua particular capacidade de encantamento, encontram-se em estreita união com sua própria capacidade *crítica*" (Trías, 1997, p. 209).

1.4 A estética do conhecer

Nesse sentido, é importante a ideia de uma estética do conhecer e de uma estética da comunicação. Tudo isso nos leva a um plano poético irredutível. Aqui vale recorrer a Humberto Maturana quando afirma que "a alternativa à razão, como fonte para um sistema universal de valores, é a sedução estética em favor de um marco de referência especificamente projetado para apoiar os desejos do indivíduo".[3] É a estética do conhecer que se constrói, segundo Donata Fabbri,[4] com um projeto estético seguindo modelos que têm sua fascinação e que parecem responder a certos juízos de gosto. "É essa estética de bases a que me impulsiona a melhorar meus conceitos interpretativos, a fazer que eu ordene meus mapas cognitivos, a não temer me confrontar com a diferença, a seduzir e a ser seduzido cognitivamente".[5] Assim, essa estética é complementar à racionalidade, à que lhe retira toda prepotência.

1.5 A experiência estética

Uma estética, como afirma Agirre (2000, p. 17), capaz de construir educação estética, com sua faculdade de gerar experiência (Dewey, 1949; Shusterman, 1992): experiência estética. É essa opção pragmática da arte como experiência a que nos dá o valor estético das diversas atuações educativas de caráter complementar e fusional.

---

[3] Citado por Alberto Munari no Congresso *Chi sono dunque io?*, celebrado em Reggio Emilia, em março de 1990.
[4] *Ibidem.*
[5] *Ibidem.*

> Uma experiência tem uma unidade que lhe dá seu nome, essa comida, essa tempestade, essa ruptura de amizade. A existência dessa unidade está constituída por uma só *qualidade* que impregna a experiência inteira a despeito da variação de suas partes constituintes. Essa unidade não é nem emocional, nem prática, nem intelectual, porque esses termos denominam distinções que a reflexão pode fazer dentro dela (Dewey, 1949, p. 35)
>
> Tenho evitado o uso da palavra "associação" porque a psicologia tradicional supõe que o material associado e a cor ou o som imediato que o provoca permanecem separados entre si. Não admite a possibilidade de uma fusão tão completa que incorpore ambos os membros em um só todo. Essa psicologia sustenta que a qualidade diretamente sensível é uma coisa, e a ideia ou imagem que chama ou sugere é outro elemento mental distinto. A teoria estética baseada nessa psicologia não pode admitir que quem sugere e o sugerido possam se interpenetrar e formar uma unidade na qual a qualidade sensível presente confere vida à realização enquanto o material evocado proporciona conteúdo e profundidade. (Dewey, 1949, p. 89)

Trata-se de uma estética que se afasta das convenções dos procedimentos práticos e intelectuais, capaz de dissolver o artístico no estético e de ver o estético na própria experiência humana. Uma estética que propõe uma continuidade entre experiência estética e experiência vital.

> Dessa forma, de acordo com Dewey, favorece-se que as experiências artísticas apareçam completamente mescladas com o resto das experiências humanas. Assim, Shusterman se conecta com a ideia de Dewey de que a experiência estética é apenas uma continuação (não uma experiência isolada) dos processos vitais normais. Desse modo, a concepção experiencial da arte encaixa este com as funções vitais básicas e as características biológicas comuns (Agirre, 2000, p. 294).

Para nossa análise, reivindicamos, em resumo, uma estética unida a uma reabilitação da ideia de *beleza*, depois de suas crises históricas (Tatarkiewicz, 1992, p. 153-251), do belo como um incremento sensível das relações internas entre as partes ou a estrutura que há nas coisas. Uma beleza entendida como eros, como uma atração sensível do prazer "que deriva, acima de tudo, de um processo mais espiritual na direção da continuidade, ou seja, de mover a alma do sensível ao inteligível" (Bodei, 1995, p. 12). Uma estética, em definitivo, enraizada na própria atuação prática da vida, nas próprias decisões da experiência, com uma tensão vital que faz que a própria experiência seja autêntica, reveladora, comunicante, veraz, crítica e transcendente.

Veremos, posteriormente, como esse conceito que assumimos de estética – agora explicado – está em consonância com a estética malaguzziana.

2.
A ESTÉTICA NO PENSAMENTO E NA OBRA PEDAGÓGICA DE LORIS MALAGUZZI

2.1 A estética no pensamento e na obra pedagógica de Loris Malaguzzi: seus princípios, fins e valores, suas estratégias e atuações

> Nas "noites escuras de estrelas", um paraíso...
> um encantamento aberto a cada coração...
> Menina da nossa terra, nossa flor,
> és tu a pequena rainha de lindo rosto...

Da marca pura da juventude
floresceste fresquíssima corola...
a ti admira toda a nossa multidão.
De todas nós mulheres a doçura...
E te envolve uma coroa luminosa
de olhares e de rostos. Trêmulas meninas...
rosas lírios, frescura de bétulas...
sangue regular ardente, generoso...
A ti, Estrelinha entre as nossas estrelas
virtude entre as virtudes tão diligente,
Que chegue a nossa voz mais festiva
para dizer-te "Viva, bela entre as belas!"[1]

Vamos aplicar, agora, nesta parte da obra, o sistema conceitual que definimos para tratar de desenvolver alguns princípios estéticos com suas correspondentes estratégias, aspectos que compõem uma parte do pensamento e da obra pedagógica de Loris Malaguzzi.

Nas páginas subsequentes, ampliaremos o conteúdo do seguinte quadro:

Quadro 2.1 – Estética

Princípio 1: A escola é um âmbito estético habitável	Estratégias	• Concepção da aprendizagem e do desenvolvimento da criança como um motivo de prazer. • A qualidade do espaço-ambiente.

Continua

---

[1] In "bue notti di stelle" un paradiso... / un incanto dischiuso ad ogni cuore... / Bimba di nostra terra, nostro fiore, / sei tu la reginetta dal bel viso... // Dal solco puro della giovinezza / sei sbocciata freschissima corolla... / in te rimira qualsiasi nostra folla. / Tutta di noi donne la dolcezza... // E ti circonda un serto luminoso / di sguardi e di volti. Trepide fanciulle... / rose gigli, freschezza di betulle... / sangue regigano ardente, generoso... // A te, Stellina fra le nostre stelle / virtù fra le virtú così operosa, / giunga la nostra voce più festosa / per dirti "Evviva, bella fra le belle!". A. Chercher (presumivelmente Loris Malaguzzi), "Alla più bella", Il Progresso d'Italia, 22 giugno 1947.

Continuação

Princípio 2: Construir pedagogia é sonhar a beleza do insólito	Estratégias	• O ateliê. • A metáfora.
Princípio 3: Educar implica desenvolver as capacidades narrativas da sedução estética	Estratégias	• A documentação. • A criatividade das cem linguagens de Loris Malaguzzi.

2.1.1 Princípio estético 1: a escola é um âmbito estético habitável

O âmbito como rede de relações[2]

Quando falamos da escola como âmbito, é importante que definamos o caráter ambital da realidade e do mundo humano (López Quintás, 1987, p. 163-182). Existe uma interferência criadora entre o homem[3] e a realidade que provocam um encontro. Esse encontro *ambital* se contrapõe às

> realidades objetivistas – delimitadas, perfeitamente configuradas, mensuráveis, um tanto opacas, apenas dotadas de poder de iniciativa, submetidas a modos de espaço-temporalidade muito precários [...]. De modo positivo, a realidade ambital começou a se caracterizar como estrutural, dinâmica, aberta, capaz de responder à apelação de outras realidades e interferir nelas, dando lugar a realidades

---

[2] Algumas dessas ideias estão também desenvolvidas em Alfredo Hoyuelos, "La escuela: un ámbito estético e investigación educativa", em Eslava, C. (coord.), *Territorios de la infancia*, Barcelona, Graò (em impressão).

[3] Pedimos desculpas por utilizar pronomes e nomes masculinos. Nossa intenção não é sexista, mas de respeito aos ritmos de leitura da própria língua. N. da T.: Sobre a nota, no livro todo, há o emprego do pronome masculino, não apenas ao se referir ao ser humano ("homem"), mas também à criança, pois, tanto em espanhol quanto em italiano, as palavras em masculino designam o grupo em si (*niño, niños* e *bambino, bambini*). Em português, preferi manter a designação mais neutra possível, optando pela palavra "criança".

novas, de maior envergadura, irredutíveis, originárias. Se desejamos elaborar uma Estética da criatividade rigorosamente filosófica, devemos esclarecer essas determinações iniciais. (López Quintás, 1987, p. 163)

Essa ideia de âmbito como constelação sistêmica espaço-temporal da realidade formada por conexões que se codeterminam se conecta perfeitamente com a ideia de escola ecológica de Malaguzzi, que implica uma urdidura estrutural e organizativa entre diversos elementos que ambitalizam o ser humano, o acolhem em uma rede de relações que representam um campo de possibilidades criativas de expressão e de comunicações múltiplas.

> Quando, entre os elementos que integram constitutivamente um ser ou entre dois seres já constituídos, se estabelece um complexo de relações móveis, não sujeitas a um módulo fixo, mas abertas a um horizonte de variedade dentro de certos limites, temos um âmbito. (López Quintás, 1987, p. 172)

Essa ideia, como vemos, se conecta com a ideia de estética de Bateson que tínhamos – anteriormente – abraçado, quando afirmava a necessidade de ser sensível à estrutura que conecta os acontecimentos.

Malaguzzi, em suas reflexões estéticas, recolhe essas ideias e critica todas as concepções filosóficas, teológicas ou científicas que dão primazia ao ser humano sobre o mundo, que o concebem como senhor e dominador de um mundo que pode mudar a seu prazer, sem levar em consideração as consequências éticas de tais explicações. O homem deve encontrar sua identidade e seu próprio sentido nessa relação respeitosa e complementar com o mundo e com a natureza. Nessa dimensão, podemos decidir, inclusive, o futuro de nossa espécie. E é dentro deste mundo que nos sentimos acolhidos, não estranhos nem centros do universo, como algumas concepções culturais e religiosas têm tratado de expressar durante séculos.

Todo momento da nossa vida está dentro dos problemas da natureza, dos limites do ambiente, dos limites do cosmos; embora estejamos, quero dizer, cotidianamente dentro, ainda nos sentimos um pouco estranhos com o sufrágio de uma cultura que mantém em alta esse tipo de separação.

Talvez eu pense que estamos no meio de uma segunda revolução científica, que [...] a noção da terra como centro do universo já não existe, e, quando digo centro, você precisa entender o que significa o centro do universo e a duração de quatro séculos, nós retornamos para o caminho, talvez, devemos nos perguntar se ainda não chegou o momento de refletir sobre a centralidade do homem na terra, o que significa que talvez tenhamos que começar a pensar se o homem realmente se define como a espécie animal que está no centro da terra, entendendo por centro uma centralidade que é definida por dominância, por distanciamento, pelo uso de comando da natureza e do meio ambiente [...].

Estamos e precisamos estar convencidos de que, dentro de um ecossistema, nossa viagem terrena é uma viagem que ocorre junto com o meio ambiente, a natureza, o cosmos, que o nosso organismo, a nossa moralidade, a nossa cultura, o nosso conhecimento, os nossos sentimentos se conectam com o meio ambiente, com o universo, com o mundo, com o cosmos [...].

O que significa que talvez estejamos tentando nos convencer de que as conexões, as interligações, se assim você quiser, que estão no mundo são mais fortes do que pensávamos [...].

Assim como a alternância entre o dia e a noite estão dentro dos nossos ritmos, dos nossos biorritmos, também o dia e a noite pertencem aos ciclos vitais do mundo. Talvez possamos pensar em um acoplamento [...] um acoplamento estrutural [...] entre a mente e a natureza.[4]

---

[4] Loris Malaguzzi, *Laboratorio su la progettazione alla scuola dell'infanzia*, p. 2-3 (transcrição de uma conferência pronunciada em Reggio Emilia em 28 de março de 1988).

A ideia de acoplamento estrutural, que é uma ideia original de Humberto Maturana e de Francisco Varela (1987, p. 90-92), é retomada pelo pedagogo reggiano para explicar a relação interdependente, recíproca e complementar entre o homem e o ambiente, entre a mente e a natureza. *Mente e natura* é, além disso, o título italiano de um livro de Bateson (1984) do qual Malaguzzi aconselhava a leitura. Nessa obra, Bateson aprofunda e Malaguzzi acolhe a ideia de pensar na estrutura que conecta os acontecimentos "como uma dança de partes interativas" (Bateson, 1984, p. 27). Dança que depende do contexto, que é o que fixa o significado, e da pertinência de tais relações.

Essas relações e conexões também circulam entre o cérebro e o entendimento, entre biologia e conhecimento. Para Malaguzzi, o cérebro não deve ser considerado como a parte mais nobre do organismo. De novo, seria uma prepotência ou centralização que destruiria a circularidade desejável das relações.

> Obviamente, esse problema de conexões também nos leva a fazer referência a uma análise da relação entre nosso cérebro e o conhecimento, ou seja, uma parte do nosso organismo, uma parte que eu não sei se é correto denominá-la mais nobre, porque não creio que seja justo chamá-la dessa maneira [...], é a relação entre biologia e conhecimento, entre a nossa estrutura biológica e os modos, os processos, os ritmos, as possibilidades e impossibilidades do nosso conhecimento.
> Diria que a relação entre biologia e conhecimento é realmente o pilar, o ponto principal de qualquer investigação sobre a natureza do ser, sobre a natureza do nosso ser.[5]

---

[5] Loris Malaguzzi, *Laboratorio su la progettazione...*, *op. cit.*, p. 4-5.

Porém, como dizíamos, a concepção do homem de Malaguzzi, da biologia humana, é uma biologia ligada às possibilidades ou aos vínculos que a própria humanidade oferece, sem atravessar – de forma prepotente – essa fronteira da qual fala Eugenio Trías.[6]

Nesse sentido, Malaguzzi opta por pensar de outra maneira as relações entre o homem e a natureza. É necessário favorecer um pensar de tipo planetário, ligando nossa vida à do universo: um pensamento transdisciplinar, capaz de unificar, ideologicamente, disciplinas científicas e sociais que, até esse momento, pareciam afastadas:

> [...] hoje em dia a cultura deve ser colocada, acima de tudo, no caminho, fazendo-a recomeçar por uma outra maneira de pensar.
>
> Um pensamento que seja, então, um pensamento planetário [...], apenas em uma conexão consciente com todo o planeta [...], precisamos pensar em uma cultura que reinterprete os processos e problemas de uma série de disciplinas que até agora pertenceram, de alguma forma, ao mundo acadêmico, ao mundo científico, e que devem começar a se misturar com os grandes temas do conhecimento humanístico: um pensar ideológico, um pensar químico, um pensar tecnológico, um pensar econômico.
>
> O convite é, basicamente, para pegar um outro trem, em relação ao que pegamos até agora, e buscar uma unificação dos conteúdos, dos saberes, das disciplinas que, até agora, em particular, sempre foram de algum modo exilados da chamada ciência pedagógica ou da ciência da educação.[7]

---

[6] "Esse *lugar do limite* é o que inspira uma concepção da *humana conditio* de acordo com essa ideia ontológica. E essa compreensão *do que somos* (limites e fronteiras do mundo) é, justamente, o que orienta em relação à possibilidade de expor uma *proposta ética* que se ajuste ao conceito de *razão fronteiriça* que aqui se vai delineando" (Trías, 2000, p. 22).

[7] Loris Malaguzzi, *Laboratorio su la progettazione...*, *op. cit.*, p. 5-6.

Portanto, para Malaguzzi, existe uma aliança entre homem e natureza, como existe uma aliança entre homem e criança. Porém, além disso, a cultura do homem só se mantém caso se potencialize a cultura da infância.[8] Dessa maneira, e, seguindo as teses de Bateson, há, para Malaguzzi, um conceito que tem um significado especial para a concepção de homem, de criança, e para suas repercussões educativas: o verbo conectar.[9] Para Malaguzzi, devemos estar convencidos de que nossa vida, nosso organismo, nossa humanidade, nossa cultura, nossos sentimentos, estão conectados sempre com a natureza, o ambiente e o universo. Racionalizar mediante conexões retifica e revisa nossa forma reducionista de pensar, e multiplica o sentido qualitativo e quantitativo de nossa própria ética. Permite fazer um mapa da existência, que se reconfigura constantemente.

Trata-se de laços entre espaços geográficos e tempos históricos diversos que nos projetam em direção a um futuro cheio de relações múltiplas que temos de ser capazes de perceber para que a educação se alie aos momentos atuais e sirva para atuar no presente e no futuro. Malaguzzi se interessou, particularmente (nesse sentido), pela ideia do tempo por, ao menos, dois motivos. O primeiro, porque ajuda a situar o homem e, portanto, a criança, em uma adequada, e não dominadora, dimensão histórica na qual nossas capacidades se desenvolveram e expressaram ao longo de milhares de anos de nossa humanidade. O segundo motivo tem a ver com a ideia de irreversibilidade do tempo, que apresenta um tipo de educação que não pode ser senão filha do tempo atual para não ficar obsoleta.

---

[8] Loris Malaguzzi, *Relazione d'apertura. Modelli e congetture teorico e Pratiche nell'educazione dei bambini* (transcrição de uma intervenção realizada em Reggio Emilia, em 19 de maio de 1993).

[9] Ver Loris Malaguzzi, *Conferenza a Pistoia* (gravação sonora realizada em 1988) e Loris Malaguzzi, *Relazione d'apertura. Modelli e congeturre teorico...*, op. cit.

Malaguzzi[10] pensa que o tempo "transporta" o homem, ainda que – ao mesmo tempo – o homem se aproprie subjetivamente do tempo. Essa ideia é necessária para desenvolver um projeto educativo. O tempo se apresenta como um fluxo irreversível infinito de transformações biológicas e culturais de grande importância, o qual o mundo da escola deve ter em mente.

> O tempo se apresenta como um fluxo irreversível de um significado, uma abstração infinita e inesgotável [...].
>
> A essa concepção, o homem não chegou imediatamente, mas após milhões de anos de observação. Hoje, o tempo precisa ser deixado de lado, se ele leva o homem, é porque o homem nasce no tempo; o tempo nasceu antes do homem.
>
> De qualquer forma, se você é criativo (pense na criação e deixe que tudo se origine daí), se você não é um criativo, é sempre a mesma coisa: o homem, em um determinado momento, nasceu na evolução do mundo, do cosmos; apareceu em cena, não era no início [...], então tudo que existia, o advento dos dinossauros, a morte dos dinossauros, a aparição da menina etíope (o primeiro humano que ficou de pé, com um crânio, um cérebro que pesava 500 gramas, hoje nosso cérebro atinge 1.700/1.800 gramas). Portanto, isso lança dúvidas sobre sermos passíveis de mutações, não apenas genéticas, mas culturais, em relação a situações que não estão incluídas no nosso estilo de elaboração do pensamento [...] Bem! Eu acho difícil refutar que há transformações que acompanham as espécies.[11]

O tempo em que atualmente nos movemos é um tempo puntiforme (formado por pontos). Portanto, segundo confirmam as teorias da complexidade, não podemos falar de um tempo linear,

---

[10] Loris Malaguzzi, *Lo spazio, l'ordine e la misura* (transcrição de uma intervenção realizada em 4 de novembro de 1992, em Reggio Emilia).
[11] *Ibidem*, p. 10.

progressivo e acumulativo. Hoje, ao contrário, podemos falar de um tempo mais caótico, entrópico, simbólico e artificial. Um tempo menos cíclico, muito mais espiral e relativo. É, portanto, uma imagem em que continuidade e descontinuidade temporal, de forma complementar, dão as mãos. Essa imagem da espiral, que tanto agrada a Malaguzzi, serve para explicar a forma como a natureza e a cultura procedem, a maneira como biologia e conhecimento interatuam. Um furacão temporal que – influenciado pela televisão, pelas imagens publicitárias ou pelas novas formas tecnológicas que sempre fascinaram Malaguzzi – provoca uma não linearidade que está dentro do homem e da criança de hoje.

> Os tempos da civilização pré-industrial eram tempos circulares, mais próximos da natureza, do mundo, das árvores, do céu, das estações do ano.
> Existia uma circularidade que estava retornando: as estações do ano, a sucessão do dia, da noite, e isso era algo repetido de forma circular, mas o que quero destacar, acima de tudo, é esse vínculo estruturalmente estreito com a natureza [...].
> Há outro símbolo que poderíamos retomar quando chegarmos ao número que é o da espiral, uma grande figura inventada, ainda que estranhamente, pela população e pelas pessoas, acredito que somos incapazes de validar a civilização, a cultura etc. (a propósito, sobre símbolos: toda vez que entramos em um museu das coisas, a abordagem não é uma abordagem das coisas, não é uma abordagem de um objeto; a abordagem é de um símbolo) [...].
> Podemos pensar no tempo como uma espécie de ordenação infinita, um fluxo (como aquele feixe de luz de que Einstein se lembra quando tinha 16/17 anos, uma imagem extraordinária entre o onírico, a transfiguração: ele se vê montado em um raio de luz) [...].

Se você repensar a forma da espiral, acredito que é uma figura que podemos utilizar novamente. Uma espiral é uma linha que tem sua própria continuidade, uma divisão, uma forma diferente, mas que ainda assim mantém um círculo (de forma aproximada, não precisa ter necessariamente um diâmetro igual), mas que tem sua continuidade na descontinuidade que existe entre uma volta e a outra volta e mais outra.

Mas aqui temos a seta, o ponto, porque não é possível fazer uma espiral se não contornar um ponto central que está lá ou que não está lá [...].

Essa expansão do voo de uma ave de rapina que sobe com círculos que se elevam, que não são iguais e que certamente respondem a estratégias que são as do sujeito ou as do objeto.

Mantém essa imagem simbólica de uma cultura que ainda é extremamente próxima da natureza, quando é vista objetivamente, e quando ainda é vista como um mito, como um ritual, uma divindade.

Existe um tipo de apego de caráter artificial mesmo assim (ou na linguagem de hoje), impossível ter essa linguagem naqueles dias em que as conexões entre espécies e natureza inevitavelmente passavam por divindades; de modo que mesmo o tempo sempre foi simbolizado em uma espécie de grande rio que corre, que vai, arrasta, faz as coisas se fundirem, coloca as coisas que antes estavam na superfície, nunca igual a si mesmo; ou como um círculo no símbolo da serpente enrolada que se torna uma pulseira.

Essa imagem da espiral ajuda a entender o tempo, o espaço, a medição e, sobretudo, uma imagem desse tipo pode ser aceita ou não; pode ser útil para entender muitas coisas do nosso tempo.

Se a criança sente o tempo (se você me permite dizer que a criança sente imediatamente), sente a medida, o distanciamento, a proximidade das coisas [...].[12]

---

[12] *Ibidem*, p. 11-13.

Mas voltemos à ideia de conexão, tão importante – ideológica e filosoficamente – para Malaguzzi. Conexão significa ver e compreender estruturalmente que os problemas da educação estão ligados aos tempos da política e aos da cultura.

> Sempre devemos ver, quando pensamos nos problemas de nossa profissão, que o fundamento de nossas capacidades lógicas é conectar mais coisas ao mesmo tempo, mais coisas, mesmo aquelas que parecem distantes devem ser aproximadas e conectadas [...].
> Quero dizer que a primeira viola[13] que você encontra na rua está conectada com os espaços, com a luz [...], então é possível pensar no mundo, nos grandes espaços como coisas que convivem. Essa conexão imediatamente dá uma imagem de grande solidariedade, grande compactação que é importante ainda hoje, no nível da ecologia, no nível de defesa do meio ambiente e da natureza.[14]

A ideia de um mundo interconectado nos leva a ver mais as complementariedades criativas dos acontecimentos, das relações sociais, culturais e políticas que afetam a escola e, por sua vez, que são afetados por ela mesma.

Um âmbito estético, amável

As ideias expostas sobre a conexão multidimensional nos levam a pensar a escola como um âmbito amável e comunicativo. Uma dupla de conceitos que se definem de forma recíproca.

Uma escola amável, para Malaguzzi,[15] é aquela que oferece um trabalho constante, que é acolhedora e capaz de inventar, habitável, visível e documentada. Um lugar de reflexão, de crítica,

---

[13] N. do E.: designação comum às plantas do gênero *Viola*, da família das violáceas.
[14] Loris Malaguzzi, *Relazione d'apertura. Modelli e congetture...*, *op. cit.*, p. 1-2.
[15] Loris Malaguzzi, "Per una pedagogia relazionale", *Bambini*, ano VIII, n. 1 (gennaio 1992), p. 6.

de pesquisa e de aprendizagem. Um lugar de satisfações no nível pessoal, que convida à familiaridade, ao diálogo e à supressão das distâncias. É um âmbito contrário à solidão, à separação e à indiferença que fazem da escola algo medíocre, um lugar inabitável. E o tamanho das escolas tem muito a ver com isso, sem dúvida.

> Fazer uma escola *amável* (trabalhadora, criativa, habitável, documentável e comunicável, um local de pesquisa, aprendizado, recognição e reflexão), onde crianças, professores e famílias estão indo bem, é o nosso destino. Dar-lhe organização, conteúdo, funções, procedimentos, motivações e interesses é a estratégia que visa fundir a centralidade, intensificar as relações entre os sujeitos protagonistas.
>
> Quem enfrenta um projeto pensa em ações destinadas a transformar situações existentes em situações desejadas. Procuramos planos, opções, reflexões de toda ordem objetiva, simbólica, refinamento das habilidades comunicativas: um ativismo de produções exploratórias e criativas de muitos atores, sem algoritmos certos, em que apenas os pontos de chegada têm uma representação convergente, e isso é o mais apreciado, é o princípio da satisfação intra e interpessoal.[16]

Uma escola amável, para o pedagogo de Correggio,[17] é um lugar pensado e agradável para as crianças, as famílias e os trabalhadores. Um lugar para o qual se volta cada dia com prazer, em que a identidade dos direitos de cada pessoa possa encontrar acolhida, intercâmbio e enriquecimento mútuo.

---

[16] Loris Malaguzzi, "La storia, le idee, la cultura", en Edwards, C. e Outros, *I cento linguaggi dei bambini*. Pedrengo, Junior, 1995, p. 68.
[17] Loris Malaguzzi, *Equipe allargata: partecipazione-consigli-elezioni 1º y 2º* (gravações sonoras realizadas em Reggio Emilia, em 20 de outubro de 1993).

Continuamente podemos ver em Malaguzzi um desejo de transformar a escola em um lugar prazeroso e alegre. Loris repudia[18] a pedagogia triste, melancólica, séria. E critica que a escola não seja um lugar onde se ri, onde se está alegre. Reflete como, em muitas ocasiões, a escola é vista como um lugar de sofrimento, de avaliações, de esforços sem sentido, uma espécie de currículo do calvário. Malaguzzi afirma que essa desconsideração da escola é um delito imperdoável para crianças, famílias e trabalhadores.

Na entrada da escola Diana, de Reggio Emilia (premiada internacionalmente em 1991 pela revista *Newsweek* como a melhor do mundo em educação infantil), podemos ver um grande cartaz, que é um convite provocante do centro educativo: "Nada sem alegria". Essa máxima ética e estética de Michel de Montaigne é, ao mesmo tempo, a entrada e a saída da própria escola, um lugar que declara que sem alegria não apenas não se pode educar ou formar, mas também não vale a pena viver. As seguintes palavras autobiográficas do pedagogo reggiano são relevantes:

> Não estou interessado aqui nem na regra de Montaigne, nem na de Sciascia.[19] Importo-me com o tema da alegria, um tema hoje (e sempre) emocionante. Isso pode ser feito sem alegria? É possível ensinar sem alegria? *Os jovens professores podem ser treinados sem alegria?* (queremos dizer uma alegria humilde, pacífica, sutil, uma sombra serena que suprimirá e regenerará desejos e interesses e coletará e difundirá o mesmo sentimento).
>
> Um tema, este (percebo agora), estranha e imperdoavelmente ausente nas leituras. Mas também das minhas reflexões.[20]

---

[18] Loris Malaguzzi, *Seminario rivolto agli educatori svedesi* (gravação sonora realizada em Reggio Emilia, em 29 de maio de 1992).
[19] "Oggi, al contrario, facciamo tutto senza gioia", citado por Loris Malaguzzi, "La regola di Montaigne: 'Non faccio niente senza gioia'", *Zerosei*, anno 6, n. 3 (novembre 1981), p. 3.
[20] *Ibidem*.

Alegria que, inevitavelmente, deve estar unida à esperança que deve ser conatural ao ato de educar. Um anseio que deve superar esse cansaço improdutivo e empobrecedor que algumas escolas e profissionais demonstram. Essa apatia, comenta Loris, trai o ânimo das futuras gerações que necessitam encontrar na escola um lugar em que se lute com alegria por um futuro incerto.

> Talvez se juntou o *cansaço* da esperança – que certamente não está perdida –, mas que tem de lidar friamente com o estado da escola, seus empobrecimentos culturais, seus recrutamentos inacreditáveis; e com modas, mitos, chamadas, atalhos, anonimato, violência ("a outra escola"), que o mundo leva adiante com nojo, com a traição dos jovens e de suas esperanças.[21]

Esperança e otimismo são uma dupla indissociável para Loris Malaguzzi. A escola como âmbito estético habitável significa recuperar a instituição educativa como um lugar empolgante e divertido. Otimismo, como provocação irritante, porque significa acreditar, de forma categórica, nas riquezas infinitas da criança, do adulto e da educação para projetar o futuro com esperança, sabendo antecipar problemas e linhas principais de atuação.

> Dessas sensações, há uma que também pode irritar.
> Ela é o otimismo, o ar otimista que emerge um pouco de tudo.
> Se mal é tolerável que o otimismo pertença às crianças, é muito menos que pertença aos adultos. As razões para a divergência podem estar lá.
> Mas a verdadeira razão é que não é fácil para os adultos aceitarem ser *reféns* de alguma forma das crianças pelas muitas consequências e medos que isso implica [...]. Afinal, ou a educação está do lado do otimismo ou derrete como sorvete ao sol, não se torna nada, sendo uma questão de ética e cultura.

---

[21] *Ibidem.*

Também no campo científico existem teorias alegres e teorias melancólicas. E não é verdade que as primeiras não tenham problemas: de fato, elas têm mais e, sobretudo, os veem melhor. Um otimista como Darwin escreveu: *"Se eu olhar para o caminho que percorri, acho mais difícil descobrir quais eram os problemas para resolver do que resolvê-los"*. Tendo tomado as distâncias necessárias, parece-nos que esse era o caminho do nosso trabalho.[22]

O otimismo de Loris é, também, um grande dedo indicador das direções que a escola deve seguir, trajetórias que podem ser diversas e desconhecidas, mas nunca separadas do caminho da esperança.

Esse otimismo não se pode conceber sem grande amor e paixão pelo próprio trabalho, algo presente em Loris Malaguzzi e em sua obra. Para ele, a escola, como instituição educativa, era, acima de tudo, um grande ato de amor. O fracasso escolar, comentava em alguma ocasião,[23] tem a ver com o fato de que existe um currículo imposto, que não é amado pelas crianças, pelos jovens e pelos professores. Portanto, fazer educação, para ele, é sentir com amor e paixão a própria profissão. Amor significa vitalidade e a capacidade de inovar continuamente sem cair na rotina que destrói a educação. Isso faz da escola esse desejável âmbito estético habitável.

> É, em definitivo, um ato de amor. Se você ama muito uma coisa [...] faz, também, gestos e discursos não habituais. Trata-se de uma transgressão contínua que quer dizer vitalidade. Logo, pode permanecer sobre o discurso da tradição, do intercâmbio amoroso com respeito a uma matéria, a um saber ou a outra pessoa.[24]

---

[22] Loris Malaguzzi e Outros, *I cento linguaggi dei bambini*, Correggio, Reggio Children, 1996, p. 25.
[23] Loris Malaguzzi e Sergio Spaggiari, *Participación en el 10º aniversario de las Escuelas Infantiles municipales de Pamplona 1* (videogravação de 28 de maio de 1990).
[24] Loris Malaguzzi, em Carlo Barsotti, *L'uomo di Reggio Emilia* (videogravação), Suécia, 1994.

Um âmbito habitável, de comunicação

Para Malaguzzi,[25] no ato de comunicar deve se aceitar uma contínua recursividade, sabendo que a comunicação nunca é unidirecional.

> Por exemplo, podemos ver que há duas pessoas que jogam pingue-pongue ou tênis. A tem uma série de qualidades X, e B tem outras qualidades Y. Ambos querem jogar juntos, mas há um que é melhor que o outro. A bola é lançada e, se B não a pega, o dilema é muito trágico. Ou A muda o jogo ou o jogo termina. Quando você joga com B, deve responder à bola do adversário, mas você não estará respondendo à bola do adversário, e sim à distância, à força, à posição, à geometria. A comunicação se produz dessa maneira.
>
> O importante é o prazer de jogar, que significa o prazer de estar juntos. E as crianças procuram e encontram o prazer de estarem juntas, e essa capacidade eles têm imediatamente.[26]

Já comentávamos que, para o pedagogo reggiano, a escola amável está ligada à possibilidade de que na escola se atue e se atualize a comunicação. Para Malaguzzi,[27] comunicar, fazendo referência à etimologia latina da palavra – *communico* e *communis*–, significa participar, comum-união ou a possessão de algo em comum. Trata-se de uma conexao complexa que se deve entender em profundidade.

> É necessário entender a complexidade que está dentro do ato de comunicar [...].
>
> Tudo isso para entender que a comunicação é um fato muito mais complexo, muito mais difícil, muito mais delicado, muito mais ambíguo do que geralmente pensamos.[28]

---

[25] Loris Malaguzzi, *Incontri Barcelona 2º* (gravação de 4 de julho de 1988).
[26] *Ibidem*.
[27] Loris Malaguzzi, *Incontri Barcelona 1º* (gravação de 4 de julho de 1988).
[28] Loris Malaguzzi, *Comunicare tra i bambini* (transcrição de uma conferência pronunciada em Reggio Emilia, em 29 de janeiro de 1989).

Para Malaguzzi, omitindo – em parte – a tese de Watzlawick (1972, p. 69), em que "não é possível não se comunicar", pode-se interagir sem se comunicar. Comunicar exige compartilhar um território comum de experiências, ideias, pensamentos, teorias negociáveis, sentidos, significados etc. Evidentemente, não pode existir comunicação sem interação. Interação no sentido de uma circularidade de ida e volta infinita. Malaguzzi trata, assim, da competência comunicativa, diferente da competência gramatical. A competência comunicativa é a de saber falar para escutar. Isso gera na criança um grande prazer comunicativo. Uma comunicação que não apenas tem a ver com a palavra, mas também com os olhos, o corpo, as mãos.

> Cem linguagens, dizia Malaguzzi, que eram necessárias na escola porque a criança é feita de cem; cem formas de ver, cem formas de se comunicar, e só utilizamos uma. E deixamos de lado olhares, gestos, sorrisos, posturas, silêncios, e o poder comunicante das formas, das cores e seus ritmos, e suas brincadeiras são formas de comunicar, e os ritmos de suas brincadeiras. E a capacidade de se surpreender e de se chocar, e a metáfora e a diversidade, e o "religar" os fatores biológicos e culturais que nos situam em uma fronteira, em um limite nos valores da natureza, e os universos de sentido em que acreditamos da nossa memória pessoal e social. Cem linguagens para conviver sentidos pessoais e significados sociais compartilhados. É preciso encontrar a rede estrutural de âmbitos em que o ser humano realiza suas ações, em que se desenvolve seu "fluir". (Cabanellas e Eslava, 2001, p. 7)

A comunicação se baseia em uma pluralidade de linguagens que certamente variam da ação verbal, mas apoiadas, ajustadas, contaminadas, equivocadas, enriquecidas por toda uma série de atos comunicativos que acompanham a palavra. Se ficarmos de pé ou sentados, se estivermos perto ou longe, se eu uso

> minhas mãos ou não, a comunicação muda. Muda se eu aumentar o tom da minha voz, se os olhos estão dentro ou fora do jogo [...] e existem outras linguagens implícitas que se afundam nas raízes mais íntimas e pessoais, que pertencem à história, nas experiências nas quais os indivíduos se movem.[29]

Estamos falando de comunicação entre as crianças, entre crianças e adultos, entre criança e objeto, entre criança e espaço etc.

A comunicação implica uma coordenação de ações que não depende do que se transmite, mas, sim, da capacidade de estabelecer uma escuta recíproca.

> Como observadores, definimos os comportamentos que ocorrem em um acoplamento social como *comunicativos* e definimos como *comunicação* o comportamento que resulta de comportamentos comunicativos [...].
> Nossa discussão nos levou a concluir que, biologicamente, na comunicação, não há "transmissão de informações" enquanto existir comunicação toda vez que houver coordenação comportamental em um domínio de acoplamento estrutural [...], cada pessoa diz o que diz e ouve o que ouve de acordo com sua própria determinação estrutural. Do ponto de vista de um observador, sempre há ambiguidade em uma interação comunicativa. O fenômeno da comunicação não depende do que é transmitido, mas do que acontece com o destinatário. E isso é muito diferente de "transmitir informações". (Maturana e Varela, 1987, p. 161 e 163)

Na obra de Malaguzzi, a comunicação é um ponto de encontro comum que não está em nenhum dos interlocutores. É, como comenta David Sacristán (1989, p. 40), uma síntese ou intersecção de uma unidade compartilhada e comum entre os sujeitos participantes

---
[29] Loris Malaguzzi, *Comunicare tra i bambini*, op. cit.

no momento da comunicação. E isso se deve ao caráter dialógico e relacional do ser humano. É ainda mais, pois é esse fato que o faz autenticamente humano: "Sempre o homem se faz homem porque se entrega ao outro diferente dele" (Jaspers, 1953, p. 262).

Vejamos essas ideias desenvolvidas por Loris Malaguzzi na seguinte citação:

> De acordo com um ponto de vista figurativo, simbólico, a comunicação entre A e B está dentro dessa ideia, mas a compreensão comunicativa não está nem em A, nem em B, mas, sim, na relação que se estabelece entre eles. A comunicação não está em nenhum dos termos porque, enquanto A se comunica, já não é mais A, nem B permanece B, convertem-se em A1, B1 etc.
>
> Por exemplo, quando falamos entre nós, quando fazemos uma pergunta e esperamos uma resposta, não somos os mesmos de antes, há uma modificação contínua do emissor e do receptor que se intercambiam e confundem os papéis continuamente.
>
> Essa é a chave que consente a A e a B ajustar a comunicação que se acomoda à qualidade da resposta que chega, que dou etc. Que chega não apenas por meio da linguagem, mas por meio de tudo o que pode me ajudar a entender o fato comunicativo. Se te dou as costas e não te vejo, já não posso continuar falando, porque não sei se você está me entendendo [...] e, quando você me responde, trata de me entender me analisando. Você não sabe por que lhe faço a pergunta nem conhece as motivações que estão debaixo da mensagem que são as que consentem entender a comunicação e toda sua complexidade.[30]

Na exposição desse princípio estético, vimos como, para Loris, a escola é uma rede de relações, um âmbito agradável, amável e alegre que forma um lugar qualificado de comunicação.

---
[30] Loris Malaguzzi, *Incontri Barcelona 1º*, op. cit.

Vejamos, agora, que estratégias concretas – segundo nossa opinião – se realizam nesse princípio.

2.1.2 As estratégias do princípio estético 1 (a escola é um âmbito estético habitável)

Vamos desenvolver duas estratégias fundamentais:

- Concepção da aprendizagem e do desenvolvimento da criança como um motivo de prazer.
- A qualidade do espaço-ambiente.

Primeira estratégia do princípio estético 1: concepção da aprendizagem e do desenvolvimento da criança como um motivo de prazer

Se analisarmos retrospectivamente o pensamento e obra pedagógica de Loris Malaguzzi, podemos descobrir uma tendência reiterativa a tratar o tema do prazer ou do prazeroso na criança. Não podia ser de outro modo, visto que Malaguzzi concebe a educação – como vimos – como um ato de otimismo e de amor. Porém, matizemos.

Já em 1958, quando Loris ainda trabalhava no *Consultorio Medico Psico Pedagogico Comunale*, tratava de temas bem controversos (nas chamadas *Lições para os pais*), como *a criança que chupa o polegar e rói as unhas*.[31] Nesse caso, destaca-se um Malaguzzi ainda de tendência psicologicista, na qual não há necessidade de ver ambos os comportamentos como doenças ou vícios, mas como costumes ou sintomas de uma situação de mal-estar, desadaptação interior

---

[31] Loris Malaguzzi, *Il bambino che si succia il pollice e si mangia le unghie,* Reggio Emilia, Consultorio Medico Psico Pedagogico Comunale, 1958.

ou frustração afetiva, que, às vezes, são manifestações normais do próprio crescimento da criança até a idade de quatro anos. Mas o importante, para o tema que nos ocupa, é saber que o pedagogo reggiano considera ambas as ações como uma fonte de prazer com as quais trata de equilibrar – como uma descarga – uma tensão interior (provocada por uma separação inesperada, uma mudança de alimentação ou o nascimento de um irmão) mediante uma evasão, uma regressão, uma autossublimação de caráter agressivo ou de caráter autoerótico. De qualquer maneira, Malaguzzi aconselha os pais a nunca reprimir esse fenômeno prazeroso, mas sim tratar o problema em sua raiz psicossomática.

> Seus apetites então exigem contentamentos substitutos. A fome pode ser satisfeita, mas a criança continua o movimento que lhe trouxe sensações e emoções agradáveis. O polegar pode facilmente criar a ferramenta necessária e ajudar a restaurar a ilusão de bem-estar da criança [...].
>
> O que importa é que o prazer não tem interrupções: daí a continuação dos automatismos, dos reflexos condicionados. Então você chupa o dedo [...].
>
> Com o tempo, outras mudanças ocorrerão e, se a criança não puder aceitá-las, provavelmente reagirá tentando recriar os prazeres de sua primeira infância.[32]

Vamos ver, pouco a pouco, a evolução desse conceito de prazer, onipresente no pensamento e na obra pedagógica de Loris Malaguzzi.

Em dezembro de 1986, Malaguzzi participa, em Turim, de um congresso sobre Escolas da Infância (0 a 3 anos).[33] Em sua intervenção (uma transcrição repleta de correções manuscritas dele

---
[32] *Ibidem*, p. 6-7.
[33] Loris Malaguzzi, *Sugli Asili Nido* (transcrição de uma intervenção em Turim, em dezembro de 1986).

mesmo), destaca a importância de chegar a estabelecer uma filosofia de educação das crianças. Para isso, como sempre, faz referência à definição de uma imagem de criança. O curioso, nesse documento, é que ele inclui três linhas interferentes de definição: a ideia de uma criança construtivista-interacionista, a ideia ecológica do desenvolvimento e a imagem de uma criança que participa do prazer (de reminiscência psicanalítica). Três aspectos que, segundo sua opinião, permitem realizar um trabalho prático adequado com as crianças.

> As referências são em relação à imagem da criança, à ideia da criança, uma interferência da ideia construtivista interacionista em si mesma, com uma ideia de desenvolvimento e da criança ecológica, como Bronfenbrenner nos mostra por meio de seus mais recentes testemunhos, aos quais eu pessoalmente adiciono uma imagem que eu diria estar ligada sobretudo a uma partilha de prazer que me parece um dado que abriga, que pertence à própria natureza da criança, é uma derivação de ordem psicanalítica.
>
> Esses são os três momentos que, na minha opinião, podem ser fundamentais, a fim de poder constituir uma história suficiente que permita conjeturar um tipo de trabalho direto e prático para as crianças.[34]

Portanto, Malaguzzi reconhece – inicialmente – no prazer uma derivação psicanalítica, mas não apenas isso. Recordemos que o *princípio do prazer* freudiano é um princípio organizador do funcionamento psíquico, segundo o qual o indivíduo não tende a mais do que a satisfação das quantidades de excitação que confluem no aparelho psíquico. A teoria do princípio do prazer – cuja finalidade é eliminar as tensões do desprazer –, oposta ao princípio da realidade, está ligada à teoria dos instintos (Freud, 1973; Taragano, 1974).

---
[34] *Ibidem*, p. 53.

Essa teoria afirma que a vida instintiva se submete a dois princípios: o de repetição e o de desprazer-prazer. O primeiro comanda os instintos da morte e da destruição em direção a um repouso absoluto. O segundo se refere aos instintos de vida que preferem o novo e perturbam o repouso. Esse instinto do qual falamos está ligado ao desejo. Desejo que é diferente da necessidade. O desejo não se esgota, é insaciável e errático (Catalá e Uriz, 1991, p. 11-13).

Nesse sentido, é muito interessante para o tema que nos ocupa comprovar e contrastar as teorias de Malaguzzi no que se refere ao objeto transicional.[35] Com um ato imaginário, a criança seleciona um objeto, dá-lhe vida e estabelece para ele alguns significados substitutivos de algo. Por meio desse objeto transicional, a criança adquire a segurança necessária para entrar em relação com outros ambientes que não são o familiar.

> O objeto de transição como relação de amor é colocado entre o prazer oral [...] e as primeiras construções de uma relação de objeto, ou seja, uma relação com a realidade.
>
> As primeiras <u>práticas de transição</u> são colaterais à amamentação ou à alimentação: chupar o dedo (por exemplo) pode recriar um estado de prazer além da amamentação e da alimentação e permite uma representação simbólica da mãe, do pai ou da pessoa que cria a criança.
>
> A ausência ou a distância dos interlocutores primários [...] que inicialmente aparecem como um obstáculo difícil de conciliar são, graças aos <u>objetos de transição</u>, progressivamente tolerados e aceitos.[36]

---

[35] Loris Malaguzzi, Pina Tromellini Calvano e Carolina Cantarelli, "Gli oggetti transizionali in famiglia e al nido", *Zerosei,* anno 6, n. 2 (ottobre 1981), p. 55-57; Loris Malaguzzi e Pina Tromellini (a cura di), *L'oggetto transizionale in famiglia e al nido*, Reggio Emilia, Municipio di Reggio Emilia, 1982.

[36] Loris Malaguzzi e Pina Tromellini (a cura di), *L'oggetto transizionale in famiglia... op. cit.*, p. 1.

Vemos como, nesses momentos (decorre o ano 1982), Malaguzzi parece aceitar as teorias de Spitz (1966), Lézine (1986) e Winnicot (1979). Teorias das quais, posteriormente, ele se separará por serem excessivamente redutivas com respeito às relações sistêmicas que a criança pode manter e, além disso, porque têm uma concepção muito tradicional e conservadora do objeto transicional. "Segundo René Spitz e Irene Lézine, esses objetos de transição têm requisitos particulares: são quentes, tenros, macios e flexíveis. Aqui o objeto de transição existe em virtude da capacidade de criar prazer e desprazer".[37]

Nas investigações posteriores, como as realizadas a partir da metade dos anos de 1980 sobre as personagens televisivas e as crianças, Malaguzzi se dará conta de que os objetos que as crianças amam e são fonte de prazer são bonecos de plástico ou metal, que não correspondem às características tradicionalmente destacadas.

De qualquer forma, considerando o tema que nos ocupa, o importante é que, no objeto transicional, o pedagogo reggiano vê uma forma de prazer que deve ser respeitada e favorecida nas crianças para que estabeleçam, defenderá um Malaguzzi de reminiscências psicológicas e psicanalíticas, o passo do princípio de prazer ao princípio de realidade.

> É precisamente com a sucção que as primeiras formas de adaptação se solidificam, com a boca, o lactente entra em contato principalmente com um mundo fora dele, no qual deve ser separado o *princípio do prazer* do *da realidade*. O recém-nascido busca e encontra o verdadeiro significado que a mãe lhe dá no momento certo, em um jogo de criatividade primária que dura alguns meses; de fato, com sua grande necessidade de amor, o bebê recria constantemente o contato com o calor do seio da mãe. O *princípio da realidade* começa mais tarde.[38]

---

[37] *Ibidem*, p. 1-2.
[38] Loris Malaguzzi, Pina Tromellini Calvano e Carolina Cantarelli, "Gli oggetti transizionali…", *op. cit.*, p. 55.

Em Malaguzzi,[39] podemos ver como o prazer pode ser a busca do ser humano pela vida, baseada no desejo de inovar, de não ficar no que se é. Esse é o desejo de crescer em situações, contemporaneamente, seguras e problemáticas. Porém, no crescimento, a criança encontra prazer e realidade. Loris não contrapõe ambos os conceitos, torna-os complementares. A ideia de prazer em Malaguzzi[40] deve ser vista como uma espécie de sentimento, de "inteligência pregnante",[41] como uma força energética ou uma busca de satisfação de que a criança dispõe quando, também, quer superar as dificuldades que lhe impõe o princípio de realidade.

Malaguzzi fala do sentido do prazer e do sentimento do prazer como elementos importantes que o adulto deve observar e que envolvem a totalidade psíquica da criança e que explicam sua obstinação e tenacidade para conseguir seus objetivos, suas direções, suas esperanças, seus desejos, suas investigações e suas necessidades de entender o significado das coisas que explora e de suas relações.

> Suas necessidades de entender, com respeito a um mundo extremamente complexo e que inclui pessoas, que inclui coisas, que até inclui os imaginários da criança, dentro do qual acredito que sempre persista esse tipo de impulso para satisfazer um prazer que me parece certo se ele pertence à natureza humana. Uma criança que gosta de crescer, uma criança que precisa de mais do que da proteção de situações tranquilizadoras e problemáticas ao mesmo tempo, que gosta de fazer, que gosta de explorar, que gosta de entender, que não adia para outra data posterior o início do desejo do prazer de entender e penetrar os significados das coisas, dos eventos, dos relacionamentos, dos laços etc. e que, de alguma forma, constituem um desejo impresso em termos não apenas figurativos.[42]

---

[39] Loris Malaguzzi, *Sugli Asili Nido*, op. cit.
[40] Ibidem, p. 56 e ss.
[41] Ibidem, p. 56.
[42] Ibidem, p. 57.

Essa teoria que Malaguzzi apresenta supera, contemporaneamente, a *pedagogia do acaso* e a pedagogia da necessidade, de influências piagetianas. Por uma parte, segundo Loris, a pedagogia do acaso situa a criança em uma espera perene. A pedagogia da necessidade a situa em um apriorismo adultocêntrico. Malaguzzi intercede por uma dialógica de ambos os conceitos que, no prazer, se fazem complementares se o adulto souber participar de forma adequada com sua cultura e com sua forma de escutar a criança.

Mas, em Malaguzzi, não podemos falar apenas do prazer no sentido psicanalítico. Devemos levar em consideração também o prazer no sentido estético. Com essa ideia, Loris se junta a todas as reflexões filosóficas (Ferrater Mora, 1990, p. 2581-2583) que tratam de restringir o conceito de prazer à mera satisfação de necessidades ou à ausência de mal-estar. Para o pedagogo reggiano, não existe oposição entre o prazer sensível e o prazer cognitivo. Mente e corpo são sempre uma unidade indissociável. Nesse sentido, o prazer estético (Souriau, 1998, p. 884-886) não teria uma natureza diversa ao prazer sensível (defendido pelos empiristas) e à alegria intelectual inerente ao juízo do gosto (defendida por Kant). Malaguzzi, assim como a estética moderna, põe em diálogo o agrado e a emoção do sentimento do belo e os elementos intelectuais. "É um sentimento com o qual tomamos consciência de que nossa personalidade se desprega e é o prazer estético em toda sua plenitude o que nos notifica sobre ele" (Souriau, 1998, p. 886).

É o prazer estético, também, como essa empatia sensorial-afetiva (Aumont, 1998, p. 71), que leva a nos comovermos estabelecendo, como dissemos, uma prolongação em um prazer intelectual.

Efetuadas essas matizações, vamos ver, por meio de vários documentos, de que maneira Malaguzzi posiciona diversos prazeres – para ver sua complexidade e sua extensão – em distintas experiências da criança.

Podemos ver como o prazer está ligado, para o pedagogo reggiano, ao tema da alimentação da criança.[43] Comer, que não significa apenas se nutrir. Significa estabelecer uma cultura adequada de relação interpessoal. "O prazer de alimentar a criança, mais do que a comida, depende das pessoas, das situações, da atenção que o adulto demonstra."[44]

Para que isso ocorra, são necessárias – vemos como a ideia de prazer se faz didática – diversas condições ambientais que evitem o excesso de ruído e de movimento, favorecendo o máximo de relação personalizada e significativa com as crianças por meio de tempos e ritmos respeitosos com cada um.

> O excesso de barulho, de movimento, a excitação de gestos e palavras, o ir e vir de adultos esmagam e violam situações, semeando desorientação, angústia e medos em crianças envolvidas em operações difíceis [...].
> É absolutamente necessário *o máximo de relacionamento personalizado e significativo* com as crianças durante o almoço [...].
> Algumas condições parecem importantes;
> • *que o almoço* possa ser consumido em locais distantes e descentralizados [...];
> • *que o almoço* possa ser consumido em períodos longos e calmos [...] destinados para *relaxar e tranquilizar* o diálogo e a relação entre a criança e a comida [...];
> • *que o almoço* possa incentivar os processos de participação e de responsabilização das crianças, por meio de uma atribuição cuidadosa de autonomias e serviços cooperativos.[45]

---

[43] Loris Malaguzzi e Outros, "Per i bambini mangiare al nido", *Zerosei,* anno 5, n. 4/5 (dicembre 1980), p. 41-54.
[44] *Ibidem*, p. 48.
[45] *Ibidem*, p. 44.

O prazer na comida está ligado, também, à possibilidade de que a criança experimente – com autonomia – comer sozinha, com um adulto próximo, mas não substitutivo. Nas diversas tentativas e provas, a criança pode desenvolver o prazer de descobrir posições e movimentos para usar, por exemplo, uma colher adequadamente: para um uso pertinente. Tudo isso é possível se o adulto considera a criança protagonista e sujeito objetivo de sua própria aprendizagem.

> Até recentemente, *comer* era uma conjugação para dois.
>
> Por um lado, o adulto, a mão do adulto que realizou todas as operações de carregamento, controle de termos e quantidades, aproximando-se da boca, pausas e ritmos de movimentos, de *alimentos*.
>
> Por outro lado, a criança que entrou no jogo, preparou o corpo e os músculos, refinou o prazer e a espera, abriu a boca, mastigou, engoliu.
>
> Sintonizada na mesma onda, a operação foi concluída, com contribuições mútuas e outros ajustes sutis.
>
> Quando a comida termina, a criança está está saciada, satisfeita, pronta para seguir outros percursos.
>
> Agora, apenas aparentemente, a conjugação é simplificada.
>
> A criança está sozinha em frente à comida (o adulto não desapareceu, está apenas mais distante): está sentada, encostada na mesa, sobre a mesa há a tigela, o prato (e dentro, a comida), a colher, o copo, a jarra de água.
>
> É como um quebra-cabeça, é preciso montar as peças de maneira não aleatória, com os critérios e horários corretos, coordenados, alinhados, é preciso pouco para cometer erros, quebrar o equilíbrio e as sequências de movimentos, desviar-se dos objetivos.
>
> A operação exige alta tecnologia: da mão, do olho, do peito, do movimento, da inteligência, da percepção (forma, profundidade, perspectiva). Amadurecimento, desenvolvimento, imitação e aprendizado são desencadeados, empurrados, aperfeiçoados [...].

> As crianças experimentam, tentam teorias e práticas, modelam punho, mão e dedos de acordo com as situações, exploram a resistência dos materiais, retornam a colher à mão e aos dedos, descobrem líquidos e sólidos, a lei do enchimento e esvaziamento, das distâncias percorridas para chegar à boca, da ajuda e das instruções das mãos dos adultos, dos jogos que podem ser inventados, como copos transformados em aparelhos telefônicos.[46]

Outro dos momentos, às vezes problemático, mas o qual Loris aborda sob o ponto de vista do prazer, é o tema do sono na escola da infância.[47] É importante para Malaguzzi que a criança viva com bem-estar e prazer o seu sono. Dessa maneira, consegue recuperar e construir ferramentas para sua vida psíquica e afetiva. É importante viver com serenidade o despertar. Nessa situação, há um jogo de elementos importantes, como a qualidade do ambiente e a relação com o adulto. Por essa razão, insiste o pedagogo reggiano em cuidar qualitativamente dos detalhes do próprio sono. Além disso, o *momento de ir dormir* é um momento especial, de intimidades e de consolidação de relações entre as crianças.[48] Algo também prazeroso.

Mas, além dessa questão, e isso é importante, existe, para Malaguzzi, um prazer cognitivo como um fator que antecipa, acompanha ou segue os resultados das ações que são muito sensíveis às crianças. Essa força, como comentávamos, envolve altos graus de concentração, de tenacidade, de resistência nas esperanças e de esforço. Virtudes – comenta Loris – muito necessárias para o êxito dos objetivos que cada criança apresenta. Trata-se do prazer

---

[46] *Ibidem*, p. 51.
[47] Loris Malaguzzi, Carolina Cantarelli, Carla Rinaldi, Pina Tromellini Calvano e Alfa Strozzi, "Cosa è il sonno del bambino", *Zerosei,* anno 5, n. 10 (maggio 1981), p. 107-124.
[48] *Ibidem*, p. 116-117.

de aprender sobre os problemas, de se indagar o porquê das coisas, buscando o sentido sobre o que essas coisas significam.

> Há nos livros, mas especialmente nas coisas (queremos dizer famílias e instituições), muita pedagogia que impede o prazer de aprender por conta de problemas, o prazer de investigar o porquê das coisas, de descobrir a dinâmica e as relações entre as coisas e os fatos e acessar, imediatamente, o desejo da criança de dar o máximo de integração e organicidade possível ao seu conhecimento: os modos que importam, ou seja, para dar corpo e espessura à *subjetividade* e à *personalidade* da criança e para preparar e propor, de longe, peças de reposição para a qualidade e quantidade de cultura.[49]

Esse prazer em aprender, conhecer e entender em interação, além do prazer do próprio esforço para conseguir as metas a que cada criança se propõe, é uma constante no pensamento e na obra pedagógica de Loris Malaguzzi.

> O prazer do aprender, do conhecer e do entender é uma das primeiras sensações fundamentais que toda criança espera da experiência que enfrenta sozinha, com colegas ou com adultos.
> Uma sensação decisiva que deve ser fortalecida para que o prazer sobreviva mesmo quando a realidade diz que aprender, conhecer, compreender podem custar dificuldade e esforço.
> É nessa capacidade de sobreviver que o prazer pode ir além da alegria.[50]

Para terminar essa parte do tema do prazer em Malaguzzi, apresentamos mais anotações originais. A primeira tem a ver com

---

[49] Loris Malaguzzi, *Che i bambini abbiano prove...* (documento escrito inédito da segunda metade da década dos anos 1980).
[50] Loris Malaguzzi, "Comentari". In AA.VV., *I cento linguaggi dei bambini, op. cit.*, p. 32.

a união da ideia de prazer com a ideia das *apetências*,[51] entendidas como uma tendência a satisfazer necessidades, desejos, aspirações fortes e, também diríamos, direitos. Malaguzzi, entre essas, distingue a apetência da felicidade, a apetência do bem-estar, a apetência da subjetividade, a apetência do conhecimento, que vai além da cultura particular, a apetência da agregação, a apetência de ver e descobrir outras línguas, a apetência de se realizar, a apetência de conseguir informações fora da escola e a apetência de edificar uma imagem de si mesmo. Malaguzzi comenta que se trata de um inventário parcial construído por elementos justapostos contraditórios e ambíguos, mas que pressupõe um quadro sobre o qual se move para se aprofundar nele social e culturalmente na era pós-industrial.

> Sociólogos e antropólogos, investigando processos de modernização, detectaram o surgimento de algumas apetências, entendidas como pedidos e aspirações por fortes traços individuais, de grupo e de massa. Mencionamos alguns. A apetência pela felicidade como a realização de um direito, muito marcante nos jovens, mas presente em todas as idades e sobre a qual Asor Rosa escreveu recentemente. A apetência pelo bem-estar, que é muito mais do que apenas segurança econômica. A apetência pelo conhecimento, que transcende as culturas de origem circunscritas e as áreas de culturas profissionais individuais e específicas. A apetência pela agregação de grupos homogêneos a vários interesses e afinidades. A apetência de ver, descobrir, viajar, aprender idiomas, abrindo brechas e encontros em espaços até então considerados intransitáveis. A apetência por realização e planejamento, fazendo escolhas retiradas de velhos costumes. A apetência, principalmente dos jovens, de fornecer informações e conhecimentos

---

[51] N. da T.: Do original italiano *appetizione*. Termo aristotélico presente no texto *De anima*. Em algumas traduções do termo, pode-se encontrar "apetite". Preferimos, como no original em espanhol, manter "apetência", por ser uma faculdade do apetite.

próprios, que a escola não dá ou não dá o suficiente: musicais, artísticas, científicas, ecológicas, informáticas. A apetência por uma imagem de si mesmo, diante dos outros, que recompensa a força e as características do corpo e das roupas de acordo com ritmos marcados pela moda e pelas mudanças relacionais e costumeiras.[52]

Apetências que poderíamos dizer culturais e que devemos reconhecer que estão além dos limites da escola e da família; porque a educação, para Malaguzzi, é muito mais que o escolar e o familiar, embora o educativo deva incluir esses âmbitos. O importante é que Malaguzzi vai muito além desses contextos quando fala das *apetências* profundas do ser humano.

A segunda anotação a que nos referíamos tem a ver com a expressão gráfica ou plástica da criança. Logo recuperaremos esse tema mais adiante, quando trataremos do ateliê, porém, agora, podemos antecipar algo dessa teoria original. Teoria que Malaguzzi constrói se baseando nos prazeres que observa, revelados pela criança, por exemplo, ao desenhar (Hoyuelos, 1998, 2002). Tal teoria[53] compreende o sentido e o significado que, para a criança, pode ser necessário deixar um rastro em uma superfície. Assim, Loris relata os diferentes prazeres (não apenas no sentido psicanalítico, como já tínhamos comentado) que cada criatura encontra ao desenhar. Prazer que, em nosso modo de ver, está unido à felicidade, à alegria e à amabilidade com as quais Malaguzzi concebeu todo o projeto de escola, sem cair, por sua vez, em uma fácil e redutiva concepção paradisíaca do âmbito escolar.

---

[52] Loris Malaguzzi, *L'infanzia e il bambino tra pregiudizi, realtà e scienza,* Reggio Emilia, Comune di Reggio Emilia, 1986, p. 14-15.
[53] Loris Malaguzzi y Mirella Ruozzi, *Modelli e congetture. Ricerca, accumulazione di immagini* (gravação sonora de 31 de maio de 1985); Loris Malaguzzi y Vea Vecchi, *Sobre la gráfica del niño* (anotações de 28 de fevereiro de 1987).

Vejamos, agora, esses prazeres que tratam de devolver à expressão gráfica da criança toda sua riqueza e complexidade. Os prazeres são ingredientes que podem aparecer juntos ou não; em um desenho podem aparecer alguns prazeres, todos, embora não necessariamente. Com essa teoria, Malaguzzi pretende, acima de tudo, devolver ao desenho infantil toda a complexidade que merece, toda riqueza que trata de fluir, como diria Morin, do perigo de uma explicação simples. Esses prazeres, apresentados como estão nesta ordem, não implicam que um tenha significado mais importante que outro:

- *Prazer motor e cinestésico.* A criança o procura por meio da ação motora e muscular.
- *Prazer visual.* Complementar ao anterior, tem a ver com aquele que o olhar revela.
- *Prazer tátil e auditivo.* Quando a criança desenha, pode encontrar um ritmo, inclusive um pequeno ruído, quando o lápis ou a tinta acaricia o papel. É uma "tatilidade" que inclusive o olho pode sentir.
- *Prazer rítmico-temporal.* Como aquele que se produz ao imprimir diferentes velocidades aos gestos ou o que se sente ao interromper uma pintura para fazê-la, de novo, percorrer o papel.
- *Prazer cognoscitivo.* O que se sente ao saber que desenhar é aprender a conhecer.
- *Prazer de dominância espacial.* O que provém de observar (comparar e contrastar) o espaço geométrico que se ocupa e o que não se preenche ao desenhar.
- *Prazer de variação espacial.* Trata de analisar como os gestos variam de acordo com o movimento que lhes é aplicado.

- *Prazer da repetição.* Não é visto como um sentido negativo. É a necessidade asseguradora e de reforço que tem a criança na realização de uma obra plástica.
- *Prazer alusivo.* A criança, por meio das marcas que deixam suas mãos, identifica-se e reconhece suas próprias linhas e manchas que percorrem a superfície gráfica.
- *Prazer lúdico.* A perambulação gráfica pelo papel não tem nenhum fim. Mover um lápis ou um pincel para descobrir as nuances significativas de uma cor que pinga, uma linha que contorna a si mesma ou uma mancha que adquire densidade ou transparência.
- *Prazer hedonístico-sexual.* É conceber o desenho como prazer em si mesmo, quase como um ato de conteúdo erótico.
- *Prazer construtivista.* É a vontade compositiva na ação da criança que, ao desenhar, trata de organizar um sistema coerente com seus próprios objetivos.
- *Prazer relacional.* Desenhar é relacionar. Relacionar os próprios índices plásticos e simbólicos dos grafismos e uni--los a imagens e desejos presentes ou ausentes.
- *Prazer de fabular.* Entendido como essa capacidade da criança de criar e inventar imagens novas, de mesclar e misturar lembranças que podem surgir em sua memória.
- *Prazer simbólico.* A criança descobre, com agrado, que as linhas ou manchas podem representar significados da realidade, objetos que podem ser nomeados. Mas, também, os primeiros gestos infantis, os mal denominados rabiscos (Cababellas, 1989; Matthews, 2002) podem simbolizar diferentes ações ou movimentos que a criança vive em sua forma de se expressar. São os símbolos que Isabel Cabanellas, extraordinária estudiosa dos desenhos infantis, chamou de enativos.

- *Prazer estético.* Os diversos grafismos que compõem um desenho, com sua largura, longitude, espessura e cor, não são inertes; são, como nos recorda Kandinsky, campos de forças que, em sua interação, geram um sistema dinâmico e virtual de seleções estéticas.
- *Prazer emocional.* Trata-se de um prazer não apenas sentimental, mas de algo que implica uma necessidade de superar o que já tinha sido concluído e de procurar novos projetos futuros na própria expressão.
- *Prazer comunicativo.* É o descobrimento de uma linguagem que pode falar, com base em sua própria especificidade e originalidade, com diversos interlocutores em interação social. Contudo, dizer que a criança sempre tem intenção de comunicar quando desenha seria uma enorme simplificação.
- *Prazer de identidade.* A criança pode encontrar no desenho uma forma de reconhecer sua imagem retratada, como se presumisse um conhecimento matizado de si mesma.

O que Malaguzzi mantém como pilares básicos, irremovíveis, nessa teoria sobre os prazeres, é a consideração da *plástica* como percepção visual, brincadeira, imaginação, relação, símbolo, espaço, movimento, ritmo e estética. Elementos inter-relacionados aos quais Loris agrega os aspectos construtivo, emocional, comunicativo e de conhecimento de si mesmo que acarreta o complexo ato de desenhar. Nessa forma de compreender a gráfica da criança, o pedagogo reggiano considera a expressão plástica como uma forma de conhecimento – ou melhor, de construtividade – de si mesmo (prazer de identificação-alusivo ou prazer de identidade) e uma forma de comunicação humana (prazer comunicativo) baseada na complexidade emocional das cem linguagens das crianças. Dessa forma, o desenho – como emblema – situa-se mais em um horizonte de relações múltiplas do ser humano consigo mesmo (emoção e cognição) e com os demais (linguagem interpessoal), por meio de ações *visíveis* (não apenas no sentido de percepção visual) explícitas.

Com essas ideias que consideram a aprendizagem e o desenvolvimento da criança como um motivo de prazer, damos por finalizada a exposição desta primeira estratégia neste princípio estético. Vejamos a segunda.

Segunda estratégia do princípio estético 1: a qualidade do espaço-ambiente

Comenta Malaguzzi que a escola tem direito ao seu próprio ambiente e à sua própria identidade arquitetônica na conceitualização e finalização de espaços, formas e funções. "Que a escola tem direito ao seu próprio *ambiente*, à sua *arquitetura*, à sua *conceitualização* e *finalização de espaços, formas e funções* é um dado indiscutível".[54]

Também Vea Vecchi[55] (1998, p. 133) sintetiza essas ideias com maior força:

> As crianças têm o direito de crescer em lugares agradáveis e bem cuidados; a educação também não pode se eximir dessa tarefa. A atenção à dimensão estética é um método pedagógico que apresenta excelentes resultados, uma vez que a busca pela beleza também pertence aos processos autônomos de pensamento das crianças.

Nessas ideias, podemos reconhecer, apenas parcialmente, algumas reminiscências dos modelos arquitetônicos froebelianos (Burgos, 2001; Lahoz, 1991, p. 107-133; Prüfer, 1930) nos chamados

---

[54] Loris Malaguzzi, "Diritto al ambiente", in AA.VV., *I cento linguaggi dei bambini, op. cit.*, p. 40.
[55] Vea Vecchi é uma das *atelieristas* (a da Escola Municipal da Infância Diana) que mais projetos realizou junto de Loris Malaguzzi.

Kindergarten,[56] ou em elementos cuidados das *Casa dei bambini* de Maria Montessori (Benoit, 1979).[57] Reminiscências que só têm a ver com a organização pensada de condições espaciais específicas para conseguir um ambiente idôneo para as crianças, que evite sua massificação ou amontoamento. Nada mais, nada menos. Isso é a lembrança que não podemos esquecer, mas o projeto cultural organizativo – arquitetônico e espacial – das escolas de Reggio revela uma originalidade que lhe concede características identificadoras próprias, que são as que vamos analisar nestas páginas.

Malaguzzi acredita, sobretudo, nas grandes potencialidades da criança e do ser humano. Porém, para que essas riquezas se expressem e se desenvolvam, as crianças têm direito a participar de um âmbito capaz de solicitar e de se converter em um interlocutor complexo dessas capacidades, para que possam, qualitativamente, se expressar e se desenvolver de forma profunda. Por conseguinte, o ambiente é concebido como um partícipe do projeto pedagógico. Comentava Malaguzzi, assim, que o ambiente é mais um educador que, entre outras coisas, não paga previdência social.

> [...] a competência dos operadores está boa, sua disponibilidade e suas atitudes estão boas, no horário certo, a correta relação numérica com as crianças, a correta atualização cultural. Mas tudo isso não é suficiente. São necessárias a solidariedade e a capacidade de resposta do ambiente onde se trabalha, a capacidade de fortalecê-lo e flexioná-lo em seus mecanismos organizacionais, de torná-lo comunicativo e amigável em suas relações internas e externas, de torná-lo capaz de fazer uma memória e um registro que pensa e que

---

[56] N. da T.: termo alemão criado por Friedrich Froebel para o que conhecemos no Brasil por "jardim de infância".
[57] Para uma análise da escola Montessori, construída por Herman Hertzberger, pode-se ver: Isabel Cabanellas, Clara Eslava y Miguel Tejada, "Espacios construídos desde propuestas pedagógicas" en Clara Eslava (coord.), *Territorios de la infancia, op. cit.*

dialoga. Nada de milagres. Mas a afirmação é incontestável e necessária.[58]

O ambiente entendido como uma escolha consciente de espaços, formas, relações, cores, vazios e cheios, mobília, decorações etc. Um ambiente que deve ajudar e refletir a convivência pedagógica e cultural que se constrói nas instituições educativas.

> Alguém escreveu que o ambiente deve ser um tipo de aquário onde as ideias, a moralidade, as atitudes e culturas das pessoas que vivem lá são refletidas.
> Nós tentamos caminhar nessa direção.[59]

Evidentemente, não se trata da concepção de um espaço como "determinante estrutural" estimulador do sujeito em uma relação reducionista de causa e efeito, mas em uma ideia de vínculo na qual a organização e a estrutura do sistema humano seleciona – entre as ofertas do ambiente – os aspectos viáveis para definir sua identidade.

> Talvez seja útil lembrar como os espaços, os móveis, as ferramentas disponíveis não são apenas extremamente importantes, mas muitas vezes sugestões valiosas [...].
> Aqueles que projetam um ambiente onde se vive muitas horas por dia e em uma época em que o cérebro, o corpo e os sentimentos são extraordinariamente reativos e em formação devem estar cientes das possibilidades que oferecem às crianças de expressar e treinar todas as dotações genéticas que têm, dos vínculos estabelecidos, do que é negado.
> Espaços, materiais, cores, luzes, móveis devem participar e ser solidários com a grande alquimia que cresce em uma comunidade. (Vecchi, 1998, p. 133 e 135).

---

[58] Loris Malaguzzi, Manuela Catellani, Mara Montagna e Paola Strozzi, "Come arricchire l'ambiente", *Zerosei,* anno 5, n. 3 (novembre 1980), p. 36.
[59] Loris Malaguzzi, "Diritto all'ambiente", *op. cit.*

O ambiente, portanto, é revelado como essa ideia de âmbito que expressamos anteriormente e que está "vinculado ao conceito de encontro e ao de habitar, tomado no sentido transitivo que destacam Heidegger e Merleau-Ponty" (López Quintás, 1987, p. 183). Essa trilogia de conceitos define e cria essa escola amável e habitável de que Malaguzzi fala.

A habitabilidade do espaço, segundo Heidegger (1984), relaciona-se com fazer e deixar espaço para que o homem se sinta hospedado, também, em sua temporalidade existencial e se origine esse desejável sentido de pertencimento ou de acolhida sobre o qual tanto comenta Malaguzzi.

> O fazer-espaço traz o livre, o aberto, para um assentar-se e um habitar do homem.
> O fazer-espaço é pensado naquilo que lhe é próprio, livre doação de lugares [...].
> Em segundo lugar, o dispor prepara para as coisas a possibilidade de pertencer a algum lugar e, a partir daí, para se colocar em relação entre elas [...].
> No local, o recolher tem o papel de guardar, que liberta as coisas no seu território [...].
> Esse termo indica a livre vastidão. Graças a ela, o aberto é colocado em uma condição de deixar surgir cada coisa, no seu descansar em si mesma.
> Mas isso significa, ao mesmo tempo, guardar, o recolher das coisas no seu recíproco copertencer-se. (Heidegger, 1984, p. 26-27)
> Os espaços se abrem por meio disso, do que lhes deixam entrar no habitar do homem [...] **são**, isto é: **habitando** suportam espaços com base em seu estar junto a coisas e lugares [...].
> A essência do construir é o permitir habitar. A realização da essência do construir é erigir lugares por meio da ligação de seus espaços (Heidegger, 1989, p. 151, 157).

Habitar se relaciona, além disso, com esse conceito de espaço existencial (Norberg-Schulz, 1982), em que cada ação humana tem um aspecto espacial e se produz dentro de uma estrutura espacial que a torna significativa. O ambiente "é o cerco dentro do qual se aloja um ser vivo que o habita. Habitar se refere a essa relação com o cerco que atua sobre o habitante como envoltura, envoltura sonora ou envoltura objetual" (Trías, 1991, p. 87).

O verdadeiro espaço, além disso, convida a transformá-lo para sentir novas vivências (Cabanellas e Eslava, 2003), que nascem das metáforas construídas ao nos construirmos com eles. Essa construção de sentidos não é de todo catalogável, já que tem a ver com a afetividade e com a sensibilidade íntima.

O âmbito – como lugar habitável de encontro (López Quintás, 1987, p. 184 e ss.) – pode ser entendido como um espaço dinâmico, inter-relacional, qualificado e aberto às possibilidades múltiplas das ações humanas, as quais dão sentido existencial. Um espaço também – como diria Gaston Bachelard (1983) – poético.

Uma habitabilidade espacial que – para Malaguzzi – realça uma arquitetura cultural que decide a qualidade do trabalho dos adultos e a qualidade da vida das crianças.

> Habitabilidade com objetivos claros, centrados no crescimento e no desenvolvimento mais unitário e individualizado das crianças, e, simultaneamente, na evolução do que foi vivido e nas experiências de profissionalismo e cultura dos profissionais e das famílias e de uma maior abrangência da tolerância, compreensão, aprofundamento crítico e, acima de tudo, capaz de chegar à programação e à finalização convergentes.[60]

---

[60] Loris Malaguzzi, *Sul nido* (intervenção de Malaguzzi em Berlim, em 1984).

Essa habitabilidade cultural que acolhe as crianças e os adultos, proporciona-lhes os sentimentos necessários de segurança e de pertencimento para que se sintam acolhidos pela instituição. E, dessa maneira, superam-se, também, os questionamentos disjuntivos piagetianos (Holloway, 1982) entre espaço vivido e espaço representado, entre orientação e interiorização e representação do ambiente. Ambiente que vem definido em todo o seu valor complexo.

> Na coincidência das duas arquiteturas estão a qualidade e o sucesso da instituição e, na experiência, a apropriação daqueles sentimentos de segurança e pertencimento que são fornecidos não apenas para crianças, mas também para adultos. E que facilitam, não apenas em crianças, a superação de supostas discrepâncias conceituais piagetianas entre espaço de ação e espaço representativo, entre orientação e interiorização e representação do ambiente, consideradas na complexidade de sua valência de ordem perceptiva, afetiva, intelectual e relacional. Um fenômeno de valor considerável.[61]

Um ambiente que Malaguzzi define como estético:

> Até a estética (um assunto difícil de definir) é um fato que perseguimos com todos os meios. Às vezes com sorte, às vezes com menos. Acredito que uma prova disso é (não muito e apenas por obstinação de incluir o ateliê) o cuidado com ambientes, móveis, objetos, locais de atividade, com a escuta e a documentação dos processos e dos produtos das crianças como "golfos de reflexão"[62] e com a liberdade que tentamos preservar: algo que vai muito além da mera função.[63]

Acreditamos que essas reflexões prévias são importantes para entender o ponto de partida sobre o tema do espaço-ambiente no

---

[61] *Ibidem.*
[62] N. do E.: o termo *golfo* (espaço geográfico) foi muito usado por Loris Malaguzzi, como um golfo, como um porto de chegada. As tradutoras de Reggio Children decidiram sempre manter o termo *golfo*, para não trair o pensamento de Loris Malaguzzi.
[63] Loris Malaguzzi, "La storia...", *op. cit.*, p. 81.

pensamento e na obra pedagógica de Malaguzzi. Essa é uma questão que particularmente preocupou o pedagogo reggiano. Quando trabalhava como psicólogo, ao final dos anos de 1950, no *Centro Médico Psicopedagógico*,[64] Malaguzzi tinha uma preocupação especial pela mobília, pelas cores e pela adequação do espaço para torná-lo menos clínico e mais agradável. A sua constante preocupação por esse tema também é demonstrada em diversas circulares e cartas que Malaguzzi enviava à prefeitura com o objetivo de participar na construção dos espaços, ou quando se queixava de que não o deixavam fazê-lo.[65] Da mesma maneira, podemos ver seu interesse e sua preocupação por esse assunto na "invenção" (como veremos mais adiante) da figura do *atelierista*,[66] do qual uma das funções é ajudar a planificar – por suas competências profissionais específicas – um espaço-ambiente mais habitável. E, da mesma maneira, podemos revelar a importância desse tema no diálogo constante que Malaguzzi exigia ter com arquitetos, engenheiros, inspetores e construtores dos edifícios.

> A creche Arcobaleno, acredito que pode representar um bom exemplo da relação que existe na experiência reggiana entre o discurso pedagógico e o arquitetônico.
> Ainda que represente um diálogo que ocorreu há alguns anos. Falo de uma relação na qual se vê que a arquitetura é uma forma de pensamento pedagógico. E não é casual que a Arcobaleno tenha nascido de uma estreita colaboração entre os pedagogos, a pedagogia e os arquitetos.[67]

---

[64] Um serviço municipal para crianças com dificuldades de diferentes tipos. Essas ideias foram recolhidas em uma entrevista com Marta Montanini, em 10 de junho de 1996.
[65] Loris Malaguzzi, *Carta al sindaco* (15 de janeiro de 1969); Loris Malaguzzi, *Carta all'assessore* (29 de março de 1969); Loris Malaguzzi, *Carta alla Div. IV lavori pubblici-Ufficio Manutenzione* (5 de novembro de 1971).
[66] A original figura do *atelierista*, da qual nos ocuparemos mais adiante, é uma invenção de Loris Malaguzzi. Na prática, pressupõe a introdução, na planilha orgânica das escolas para crianças de 3 a 6 anos (embora também realizem projetos com as de 0 a 3), de uma pessoa com formação inicial artística que compartilhe o projeto educativo junto das professoras e do resto dos funcionários da escola da infância.
[67] Carla Rinaldi en Carlo Barsotti, *L'uomo di Reggio Emilia* (película realizada sobre Loris Malaguzzi), Estocolmo, 1994.

Para Malaguzzi, o tema do espaço deve se integrar em toda a relação que o homem mantém com o mundo nos níveis social, cultural, antropológico e político. A escola, desde essa concepção, faz emergir seu próprio espaço de forma que possa enobrecer a si mesma, conquistando eficácia, autonomia, vitalidade e criatividade educativa.

> As mesmas fronteiras da escola [...], que a enobrecem ao máximo para que ela própria, de acordo com o que lhe cabe, seja capaz de conquistar espaços, eficiências, autonomias, vitalidade e criatividade em favor da educação mais livre e feliz do homem, são a aspiração geral dos funcionários que nela trabalham.[68]

Por esse motivo, o espaço e os objetos revelam a cultura das pessoas que o habitam. Mais uma vez, topamos com o tema – reiterativo no pedagogo de Correggio – de uma necessária formação cultural das pessoas para construir o projeto educativo. O espaço-ambiente é, portanto, uma instituição cultural que reflete os valores dominantes que a sociedade quer transmitir. A instituição educativa, comenta Loris,[69] é uma invenção histórica para poder modelar as gerações no processo de socialização. Mas essa escola – não autônoma, reprodutora, sofredora de um poder externo a ela e acrítica com a própria sociedade – não é a escola de Malaguzzi.

> O longo estágio humano para enriquecer e superar o ponto de partida "cultural", o fato de que tal estágio ocorra no contexto das experiências sociais, a invenção não casual por parte da humanidade de lugares específicos para a educação (e de ferramentas específicas), o início contemporâneo da relação com as outras instituições sociais, a mobilidade incessante de todos esses fenômenos que fazem da escola e dos seus nexos com a sociedade um fato de transitoriedade inevitável e ajuste contínuo.[70]

---

[68] Loris Malaguzzi, "La scuola, l'edilizia, l'arredo: vite parallele, vite impossibili?". In AA.VV., *Arredo Scuola, 75,* Como, Luiggi Massoni, 1975, p. 13.
[69] *Ibidem*, p. 13.
[70] *Ibidem*, p. 13, 14.

Fazendo uma síntese histórica para esclarecer sua crítica à escola tradicional e propor uma alternativa, Malaguzzi comenta sobre como, com o nascimento da fábrica na sociedade industrial, se estabelecem novas relações de equilíbrio e de coerência entre os lugares de instrução e de trabalho. E nasce, sobretudo com o Iluminismo, a ideia de realizar uma intervenção pública no campo da educação, evitando o histórico monopólio da igreja. O problema é que, ao construir as escolas, a marca da cúria autoritária se manifesta na própria concepção arquitetônica delas, que são vistas como fortificações, palácios, quartéis ou castelos. Uma escola repleta de vigilâncias extremas, de normas, de medos e de autoritarismos dirigidos contra um povo analfabeto, que se instruía por meio de uma didática confiada à onipotente palavra que procedia – disciplinarmente – das cátedras.

> É uma didática confiada à palavra que veio apenas da cátedra, alta e distante, às compilações no quadro-negro e à vara de bambu ou salgueiro, ferramentas precárias – pré-industriais –, mas de eficácia efetiva à disciplina e à sujeição.
>
> A mobília, quando existia, estava toda aqui: a cátedra, o estrado, a carteira escolar de cinco ou dez lugares, o quadro-negro, o armário. Eram objetos universais que estavam bem ali, do jardim de infância à universidade, que garantiam uma continuidade absoluta da função e, acima de tudo, da cumplicidade com construções edificadas igualmente idênticas e repetidas em uma visão homogênea e indiferenciada das necessidades de idade, níveis psicológicos e modalidades de aprendizagem.[71]
>
> Nossa pedagogia, ainda hoje, não tem *uma cultura do meio ambiente*: não existe na escola, nas salas de aula, bem como em casa, na cidade, na fábrica, no escritório etc. Deixa tudo – indiferente e pouco produtivo – para as grandes máquinas e grandes grupos administrativos das economias ministeriais e periféricas, para o livre

---

[71] *Ibidem*, p. 14.

mercado, para arquitetos estatais do século XIX, domesticados para entender que uma pedagogia da arte, da ordem, da autoridade, da moralidade, tem seus modelos históricos e imutáveis, bem como seus custos mais baixos e mais convenientes. (Basta pensar nos critérios de arquitetura, mobília e uso da escola primária – a única verdadeira escola nacional –, com suas salas de contenção, os corredores de controle, as janelas muito altas, para se afastar da terra e se aproximar do céu, as cadeiras redutoras de movimento, a cátedra em forma de sacada e de catafalco,[72] o crucifixo, o retrato do presidente.)[73]

Definitivamente, uma escola de caráter fascista, que sofreu em sua própria pele, que não amou e contra a qual – pela vida – lutou, também, para dar às construções educativas uma nova concepção arquitetônica e espaçoambiental. A escola tradicional que resiste em seu modelo durante muitos anos é um tipo de instituição incapaz de incorporar, em sua identidade, a investigação e a experimentação. É uma escola nascida para o controle, por meio de um longo e reto corredor, as janelas altas para evitar distrações e com a mobília imobilizadora. Uma escola pouco criativa que se repete, atemporalmente e fora das conjunturas históricas, em diversos lugares com o afã de controle universal.

> Não havia necessidade de analisar demais a relação entre o prédio da escola, a distribuição de seus espaços, usos, destinos didáticos e educacionais após a descoberta do essencial; ou seja, uma pedagogia da ordem, da autoridade era a que convinha e a que custava menos [...], com um projeto educacional que torne a criança, o menino, o garoto, o jovem, um portador de disciplinas e conhecimentos incomunicáveis, reprimido no

---

[72] N. do E.: estrado alto sobre o qual se coloca o caixão ou a representação de um morto a quem se deseja prestar honras. (Fonte: Houaiss, Antônio. *Dicionário Houaiss da língua portuguesa*. São Paulo: Objetiva, 2009.)
[73] Loris Malaguzzi, "Pedagogia come arte: il bambino senza ambiente e senza cose", *Zerosei,* anno 5, n. 3 (novembre 1980), 2.

espírito crítico e de pesquisa modelado em conformação passiva, autoridade, disciplina, repressão sexual, competitividade, desconfiança em direção a uma sociabilidade ativa e responsável; incapaz de sair de uma cultura ligada a tradições e memórias e de usar a pesquisa e a experimentação como ferramentas de conhecimento, de descoberta, de promoção didática, cultural e social.[74]

Portanto, uma escola ligada completamente à alfabetização, à hierarquia, à burocracia, à centralização e à concentração do poder. Uma escola que, subalterna, não era criadora de cultura, mas, sim, consumidora passiva de uma parte dela mesma. Um espaço no qual se reprimiam o espírito crítico e a investigação como instrumentos de descobrimento e de promoção cultural.

Com o *boom* da escolarização na Itália, no decênio de 1960 a 1970, Malaguzzi critica o Estado italiano, considerando-o incapaz de criar estruturas educativas adequadas e de construir edificações e equipamentos idôneos para educar com qualidade. Reprova, também, que durante anos não existisse uma lei sobre a arquitetura escolar; dessa maneira, as crianças eram "metidas" em qualquer parte e de qualquer forma (algo que, por desgraça, nem foi superado ainda, por exemplo, em nosso país).[75] É, portanto, uma escola que nasce velha em construções novas. Uma instituição incapaz de inovar, porque a arquitetura é uma construção do passado. E isso, comenta Malaguzzi, se deve ao fato de que a arquitetura – como a pedagogia – não é neutra, mas, sim, um reflexo de uma ideia política. Uma arquitetura escolar humilhada e, elucida Loris, duas vezes subalterna: como arquitetura e como arquitetura escolar. A escola não se apresenta como coprodutora de cultura, é uma escola retórica que não participa da transformação política, da ciência, da tecnologia, do comércio, da indústria e da mudança.

[74] Loris Malaguzzi, "La scuola, l'edilizia, *op. cit.*, p. 15.
[75] N. da T.: recordemos que o autor está falando da Espanha.

> Inclusive, a arquitetura é, em primeiro lugar, um objeto político e, depois, um objeto cultural: como a escola e o resto [...], no nosso país, paga penas extraordinárias porque está dentro da concepção de uma escola consumidora, e não produtora e coprodutora de cultura; depois, [dentro] dos códigos napoleônicos; depois, dos tempos da burocracia; depois, do controle de uma necessidade retrógrada que garante a proibição de reviravoltas ou desvios e, podemos também acrescentar, a uma teorização pedagógica que repugna a política, a ciência e as atividades humanas e, portanto, a pesquisa, a experimentação, a dúvida, a programação, a mudança, que é o ritmo autêntico da vida e das estruturas de nosso tempo.[76]

Uma escola construída e mobiliada como a igreja, com carteiras que olham em direção a um palanque ou uma cátedra, concebida para dar sermões. Uma instituição incapaz de sair de sua pré-história, de se renovar. Com umas edificações cúmplices do atraso pedagógico, da multiplicação do autoritarismo e da criação de terríveis desigualdades sociais.

> Já ficará claro, pelo que dissemos, que o destino da edificação é o da escola: sem uma escola que decida sair de seus mausoléus, dar-se uma estratégia de renovação, arrumar falhas e desperdícios, adquirir e programar os meios necessários, no âmbito de um objetivo geral finalizado de progresso, a construção (no que diz respeito a requisitos) e a arquitetura (no que diz respeito à qualificação de requisitos) tornam-se, para dizer com elegância, artes reais que são por direitos de sangue, artes de sermões; dos sermões puros.[77]

---

[76] *Ibidem*, p. 18.
[77] *Ibidem*, p. 19.

Malaguzzi, diante desse panorama, mostra-se contrário a que os projetos arquitetônicos das edificações sejam decididos de forma hierárquica e centralizada. Essa solução faz que os membros da comunidade educativa sejam apenas parasitas, e não partícipes da educação. Ele defende que sejam os entes locais os que, com meios adequados (subvenções), possam gerar sua própria arquitetura escolar, fazendo partícipes do projeto os que devem ser protagonistas da educação. Esse necessário protagonismo é o que consegue, de forma responsável, reformar a escola para garantir um equilíbrio justo entre os direitos dos indivíduos e os da sociedade para alcançar mudanças democráticas.

> A demanda por instrução não é mais a antiga demanda por alfabetização: é uma demanda por um saber diferente que permita capacidades críticas e de intervenção em áreas cada vez mais amplas, capacidades cuja iniciação seja logo, de fato, uma experiência ativa de participação nos mesmos processos cognitivos; é uma demanda por contar mais, pelo bem-estar, pela segurança e por todos os direitos civis [...]. Em nossa opinião, o ponto crucial, ao analisar e lidar com todas as responsabilidades e apelos de corréu necessários, a totalidade das implicações vindas do quanto de coincidência e do quanto de descartes que idealizamos e realizamos entre os protagonistas e os momentos de produção cultural, os protagonistas e momentos de produção de bens e serviços. [...]
> Em outras palavras, ou melhor, com as palavras finais do relatório OCDE 1074 [...] "... a questão primordial é saber como – por meio de uma reforma da escola – um equilíbrio justo poderá ser alcançado entre os direitos dos indivíduos e os da sociedade como um todo e como tudo poderá ser conciliado em um processo democrático, criador de mudanças e reformas.[78]

---

[78] *Idibem*, p. 19-20.

Assim, Malaguzzi, seguindo Edgar Faure (1973), afirma – ao tratar o tema do espaço-ambiente que agora nos ocupa – que temos de decidir que sociedade desejamos, para, dessa maneira, conseguir que a escola – com sua arquitetura, com seus objetos, com suas decorações e seu mobiliário – se torne cúmplice dessa ideia. São elementos vitais que, além de seu formalismo, propõem uma própria funcionalidade (sintonia formal e funcional) ambiental que integra a arquitetura com um novo projeto pedagógico. Para isso, é necessário um diálogo transdisciplinar de campos especializados que, tradicionalmente, foram incapazes de integrar, juntos, ideias inovadoras para a escola.

> As opiniões são convergentes, mesmo as que vêm de outros países. A mobília é um objeto atrasado porque é muito requisitado e conveniente: os usuários não dizem nem estimulam muito; a administração adora manter o hábito; a pedagogia continua a discursar; a arquitetura oferece pouco e não propõe nada e, se propõe, deve lidar com os administradores de assuntos públicos e com as restrições da lei; se eles não têm uma escola para amar, os alunos não entendem o encaixe dos móveis; o melhor em funcionalidade e estética; o ergonomista é geralmente um profeta desconhecido; fica claro que uma lenta evolução tecnológica e um lento movimento de pesquisa e ideação respondem a um comércio com poucas variáveis [...]. Na realidade, o pedagogo, o arquiteto, o projetista e o ergonomista sabem pouco ou nada, como as disciplinas que representam: mesmo que, durante séculos, inconscientemente, eles tenham sido convincentes como fantasmas de um castelo inglês. Mas eles nem conhecem o sociólogo, o médico, o antropólogo, o economista, o cientista, o político e todos viajam sobre seu cavalo.[79]

---

[79] *Ibidem*, p. 21.

> Não se trata de tirar dos "técnicos" a competência do *design*, mas de transformar esse momento em uma oportunidade de reunião e elaboração coletiva, com o objetivo de construir um ambiente em que as crianças se sintam "bem acolhidas" e que elas próprias possam "bem acolher" [...] Qual deve ser a equipe educacional e auxiliar, o horário do trabalho, a distribuição do tempo de trabalho, as atribuições de tarefas, as funções, as ferramentas e a finalidade da gestão social, a qualidade e a quantidade de móveis e materiais educativos são todos momentos-chave a serem acordados com os técnicos e a se tornar um ponto de referência no processo de desenvolvimento do projeto.[80]
>
> Por esse motivo, projetar uma escola é, antes de tudo, criar um espaço de vida e de futuro e requer a produção de uma pesquisa comum entre pedagogia, arquitetura, sociologia e antropologia; disciplinas e saberes convocados a declarar suas epistemologias, comparar suas linguagens e sistemas simbólicos, em uma nova liberdade que surge da vontade de confronto e diálogo. Uma pesquisa que se abre para a contribuição da experimentação mais avançada no campo musical, coreográfico, do *design*, do espetáculo e da moda (Rinaldi, 1998, p. 114).

A escola que propõe Malaguzzi é, antes de tudo, uma instituição de criação cultural, porém, não separada ou alienada do território urbano e social. Âmbito que, como veremos, extrai inspirações arquitetônicas e ambientais das praças, das ruas, das instituições recreativas. O importante, na ideia de Loris, é construir uma escola amável, capaz de abrigar, por meio de espaços relacionados, os direitos das crianças, dos trabalhadores, dos pais e dos cidadãos. Espaços que devem recolher as marcas, presenças e memórias de todos os seus coabitantes.

---

[80] Loris Malaguzzi, "Idee per pensare e progettare il nido", *Zerosei*, anno 1, n. 2 (novembre 1976), p. 47.

> A hipótese de uma escola (nesse caso, escola da infância) não mais vista como uma instituição separada, mas como um momento institucionalizado e específico de socialização e responsabilização educacional, cultural e política em torno da figura da criança, não podendo deixar de contribuir para a construção de uma sociedade educativa para comparar e integrar dialeticamente seus próprios conteúdos e fins [...], a criança é um conjunto de relações historicamente determinadas e o ambiente em que vive não pode deixar de se conectar a essa proposição [...] Então, a escola é um conjunto concreto de presenças e intervenções: da criança, dos professores (masculino e feminino), dos auxiliares, dos pais, dos cidadãos, das organizações culturais, políticas, sindicais dos cidadãos. Os espaços devem proporcionar essa presença composta e articulada. Não apenas isso. Eles devem favorecê-la.[81]

Nesse sentido, as oportunidades que as ruas e praças que a cidade oferece são vistas como espaços educativos da escola e vice-versa: a escola é um âmbito cultural para a cidade.

> Os professores também dão importância aos espaços que circundam a escola: ao espaço urbano, com suas peculiaridades históricas ou cotidianas, culturais e humanas, ao território circundante que, com suas características naturais e as do trabalho agrícola, pode se tornar uma exibição do espaço escolar. A escola recebe de fora e se expande para fora (Gandini, 1995, p. 239).

Não é por acaso que muitos dos projetos realizados nas escolas de Reggio Emilia (e documentados por meio do catálogo e da exposição *I cento linguaggi dei bambini*)[82] são realizados na parte externa, seguindo a concepção anterior. Assim, poderíamos falar das seguintes

---
[81] Loris Malaguzzi, "Spazi per l'infanzia", *Riforma della scuola* n. 6/7 (1975), p. 47.
[82] AA.VV., *I cento linguaggi...*, óp. cit.

experiências documentadas em tal catálogo e que refletem essa ideia: *Para fazer o retrato de um leão, A cidade e a chuva, A inteligência do charco, Se o olho segue uma folha de bananeira, Colher uvas com os camponeses, Sombras, O parque de diversões para os pássaros* e *Nas entranhas da terra*.[83]

Falamos em páginas anteriores da importância de que a escola encontre e manifeste sua própria identidade. Para desenvolver essa identidade, Malaguzzi[84] propõe algumas características qualificantes:[85]

- Que seja uma espécie de túnel transparente que não interrompa o espaço; por esse motivo, as escolas de Reggio – em seu exterior e interior – gozam de grandes vidraças transparentes que fazem a luz – de dentro e de fora – gerar o que chamam de *paisagens luminosas*, que são tão apreciadas pelas crianças, capazes de perceber as nuances que a iluminação propõe.

  > A luz, por exemplo, primeiro foi distinguida como "luz solar" e "luz que se acende" (luz natural e artificial), então eles passaram a qualificá-la em relação a um dia ensolarado – "Uma montanha de luz", "Luz mediana", "Pouca luz"; e em um dia sem sol: "Luz cinza". Eles então representaram graficamente os diferentes modos de luz com grande competência e sensibilidade simbólica (Vecchi, 1998, p. 135).

- Que seja capaz de acolher e promover a exploração por parte da criança, deixando marcas e testemunhos culturais dessa própria exploração.

---

[83] Outra experiência mais recente sobre o mesmo tema está recolhida em Mara Davoli y Gino Ferri (a cura di), *Reggio tutta. Una guida dei bambini alla città*, Reggio Emilia, Reggio Children, 2000.
[84] Loris Malaguzzi, "Spazi per l'infanzia", *Riforma della scuola* ... óp. *cit.*, p. 48-49.
[85] Esse tema também foi trabalhado em Alfredo Hoyuelos, La cualidad del espacio-ambiente en la obra pedagógica de Loris Malaguzzi en Clara Eslava (coord.), *Territorios... op. cit.*

[...] é um local capaz de receber crianças por muitas horas do dia, mas também é um ponto de partida por suas viagens exploratórias e contemporaneamente uma espécie de grande receptáculo cultural e científico de achados, testemunhos, problemas.[86]

- Que seja potencializadora a participação e a gestão social da escola, que se transforma em uma escola que comunica por meio da documentação qualificada em seus próprios muros.
- Que seja uma estrutura articulada, unitária e familiar,[87] a que a criança possa recorrer, adotando todos os seus espaços sem encontrar limites e proibições inadequadas. Ao visitar as escolas de Reggio, chama-nos a atenção o *tamanho das escolas*. Não é que seja apenas algo particular da experiência reggiana, já que temos encontrado escolas pequenas em muitas cidades italianas, mas esse não é um aspecto que pode ser evitado. O fato de que as escolas tenham sido construídas para um número pequeno de crianças significa que as instituições educativas são acolhedoras e amáveis. Uma escola amável é, para Loris,[88] um lugar em que todos e todas – crianças, equipe e famílias – somos conhecidos por nossos nomes. O anonimato é algo que Malaguzzi não suporta. Nessa escola, a criança e os adultos são conhecidos e reconhecidos. Para a criança – comenta – é muito importante que todos a chamemos por seu nome. As escolas grandes – pouco *familiares* – burocratizam-se e nor-

---
[86] *Ibidem*, p. 48.
[87] As escolas da infância de Reggio Emilia acolhem um máximo de 66 crianças nos edifícios para 0 a 3 anos, e – normalmente – 78 crianças para o ciclo 3 a 6 anos. Esse tema também expusemos no livro: Alfredo Hoyuelos, *La ética en el pensamiento y obra pedagógica de Loris Malaguzzi*, Barcelona, Rosa Sensat-Octaedro (*no prelo*).
[88] Loris Malaguzzi, *Problemas, propuestas, experiencias para niños e instituciones infantiles en una época de grandes cambios. Encuentros en Pamplona* (vídeograbación del 8 de abril de 1986).

matizam absurdamente. E a criança como indivíduo não existe, ou apenas existe como número. As escolas pequenas favorecem as importantes relações informais, deixando maior liberdade de entradas e saídas dos pais em horários mais flexíveis. Dessa forma, a escola pequena é um âmbito que tem a possibilidade de tornar mais partícipes as pessoas do próprio projeto. É uma escola na qual ninguém tem por que se sentir um estranho. Uma escola amável é uma pequena comunidade educativa, um sistema de elementos interdependentes, em que todas as pessoas participam do mesmo projeto educativo, um projeto de investigação e de discussão permanente. Algo mais fácil de realizar – de maneira relacional – se a escola não é grande.

> Muitos confessam que uma visita às nossas escolas sempre dá uma sensação de descoberta e serenidade e eles me perguntam como conseguimos manter uma tensão tão fresca e produtiva depois de tanto tempo.
> O que é importante, respondo, é que concordamos em ir por essa direção. E afaste-se de qualquer forma de artifício e hipocrisia tanto quanto possível. É necessário ter uma aliança de ideias, mas também de organização do trabalho. A começar pelo ambiente [ ].
> Professores que trabalham em pares e planejam com colegas e famílias. Todos os funcionários, que se reúnem uma vez por semana para discutir e investigar e que participam das mesmas atualizações [...].
> Todo ato de organização viva é identificado e expresso por meio de um processo de cognição [...].
> Somente ajuda e esforço contínuo para manter uma boa tensão de trabalho e pesquisa, bom profissionalismo metodológico e didático, boa colaboração interna e com as famílias, uma visão extremamente confiante do potencial e das capacidades das crianças e, finalmente, a vontade de discutir e refletir [...]. A escola

é, na verdade, um organismo vivo, um sistema. Dizer que é um sistema significa enfatizar o dinamismo e a construtividade dos relacionamentos e das interações de suas partes, para que, em cada parte, o organismo funcione como um todo e vice-versa.[89]

Uma escola pequena e amável, em sua riqueza formal e informal, oferece maiores possibilidades de ofertas mais próximas à participação real dos indivíduos que compõem tal instituição.

- Que possibilite o uso orgânico e funcional – e não separado – do que está dentro e do que está fora (pátio, bairro e cidade).
- Que ofereça uma qualificada possibilidade, a todos que ali convivem, de se verem, de se encontrarem e de conversarem em diversas situações cotidianas e extraordinárias.
- Que seja um modelo de um grande ateliê (como uma exaltação mais do fazer do que do falar) em reciprocidade com outros espaços.

> [...] que reassuma (por dentro e por fora), recusando qualquer concessão superficial e infantilizada, e desperdício e retórica de novas inspirações, uma arquitetura sóbria e funcional, que atenda essencialmente ao modelo de um grande ateliê (à exaltação de fazer mais do que falar) pretendida como uma área parcialmente organizada e parcialmente organizável onde seja possível brincar e trabalhar, aprender e ensinar, fazer limpeza pessoal, comer e dormir, estar juntos (nas dimensões que dissemos) e coexistir, formando um tecido mútuo e unitário de experiências.[90]

---

[89] Loris Malaguzzi, "La storia, le idee...", *op. cit.*, p. 75-76.
[90] *Ibidem.*

- Que satisfaça uma série de direitos (direito a ter uma relação segura e positiva, direito a um espaço suficiente de ação, direito a se sujar, direito ao barulho, ao silêncio, direito a estar com os outros, sozinho ou com poucos, e o direito a comer e a dormir), mas dos quais o ambiente deve participar e favorecer para que a criança possa construir e intercambiar experiências de significado vital.

  > [...] e, finalmente, o direito de comer e o direito de dormir, dois direitos de extrema importância para as implicações em nível psicológico, afetivo, emocional, intelectual, agora colocado em risco por ataques de certas teorias do economismo e do consumismo, que postulam a oportunidade de ulteriores subtrações e restrições, para os danos da criança, tanto mais graves quanto mais brutal seja a intervenção sobre a relevância de uma vida em uma instituição muito elevada e estressante (8-10-12 horas) e já abertamente contraditória em relação às suas necessidades e aos propósitos da própria instituição, para a qual, no projeto da construção, é solicitada a inclusão da cozinha em uma área destinada a essa finalidade, reservada para crianças e adultos almoçarem e, dentro das salas de aula, armários que facilitem a retirada e a guarda de camas dobráveis, e tudo que ainda for julgado útil para que os dois momentos possam ser vividos com prazer, segurança e gratificação e, sobretudo, com o máximo de gestão ativa e autônoma por parte das crianças.[91]

- Que o espaço permita se dividir e se subdividir para que as crianças possam se encontrar, de forma natural, em pequenos grupos ou em intimidade, se assim o desejarem.
- Que, em sua própria arquitetura, não hierarquize papéis e funções. Estamos nos referindo, em particular, à

---
[91] *Ibidem*, p. 48–49.

importância educativa – na experiência reggiana – da cozinha.[92] A cozinha é, para Loris, o símbolo emblemático e cultural de uma forma de escola diferente. Inclusive, arquitetonicamente, a cozinha – em algumas construções reggianas – ocupa, de maneira privilegiada, o centro da escola. Mas o importante é que, destacando a cozinha, acabamos por retirá-la de sua clandestinidade e damos o reconhecimento a cozinheiros e auxiliares, e isso repercute nas possibilidades (aumentadas) educativas do centro. Graças à cozinha e aos profissionais ligados a ela, as crianças têm a grande oportunidade de ver as pessoas trabalhando e de conhecer mais processos de conhecimento (os da elaboração dos pratos), e não apenas os produtos finais. E isso é uma contribuição de vital importância para aumentar o número de relações possíveis que se dão nas aprendizagens, além de as crianças descobrirem um valor imprescindível: que todos os trabalhos são importantes e que não se devem valorizar, socialmente, uns mais do que outros.

> Normalmente, a cozinha está relegada. Sempre se encontra em porões, subterrâneos... de modo que não atente contra a "sacralidade" da educação. Mas, se ela é transportada ao centro da escola, não é para que apenas se dê a importância à cozinha, mas, sim, que, por sua vez, se torne relevante a categoria profissional de quem trabalha nesse local. Trata-se de reconquistar o lugar que corresponde a uma profissão que, caso contrário, se encontrará marginalizada, para que ela possa tomar parte nos sistemas de comunicação.
> De outra forma, pode acontecer que as crianças só conheçam os pratos: o cozido de legumes, a carne, a fruta. Ou seja, de todos os processos desenvolvidos

---

[92] Esse tema também é tratado no livro: Alfredo Hoyuelos, *La ética en el pensamiento, op. cit.*

na cozinha, conhecem nada mais que o produto final, quando o que interessa são esses processos – isso não apenas com respeito à cozinha, mas também com respeito a todas as demais aprendizagens.

Se a cozinha está no centro e, além disso, construímos uma parede transparente de vidro, as famílias, de alguma maneira, terão um encontro muito agradável que destaca a cozinha e o trabalho que nela se realiza. As crianças verão durante todo o dia o que se passa dentro desse lugar. É muito importante que entendam e valorizem o que ocorre na cozinha e as profissionais que fazem que todo esse processo aconteça.

Deve-se insistir, ainda, nesse aspecto conflituoso e exemplar da organização espacial de toda a escola. A cozinha deixa, assim, de ser um serviço clandestino. Existem muitas escolas em que as crianças encontram, antes ou depois, uma ou duas pessoas que não conhecem. Trata-se de aparições imprevistas: a(o) cozinheira(o) e os(as) auxiliares de cozinha. O que importa é que as crianças conheçam rapidamente a organização e a presença de todos os adultos, porque sua vida com eles será muito longa; não dura apenas pela manhã, até às 4 ou 6 da tarde, mas durará anos. Depois de conhecer e se familiarizar tanto com os professores quanto com os auxiliares ou o pessoal da cozinha, a criança percebe que não fazemos nenhuma diferença ou, ao menos, a menor diferença possível.[93]

No fundo dessa questão, existe a concepção de que tudo que acontece no centro e que a escola oferece deve ser educativo, sem separações hierárquicas entre algo mais educativo (por exemplo, propostas de pintura, números, trabalhos com o computador) e algo menos educativo (a comida, o banho, o sono). De fato, a equipe

---

[93] Loris Malaguzzi en Alfredo Hoyuelos, "El proyecto pedagógico y organizativo de las escuelas infantiles de Reggio-Emilia. La cocina en el centro de la Escuela Infantil", *Itaca* n. 5 (diciembre 1989), p. 49-50.

educadora participa das tarefas educativas do banho, da comida e do cochilo, que são parte estrutural de suas funções educativas. É a ideia da não separação das funções educativas e o respeito à integridade ou ao caráter da criança e de sua experiência no âmbito educativo. Essa atitude de dar centralidade à cozinha tem muito a ver, nesse sentido, com criar um projeto de complementariedades e de ofertas múltiplas não disjuntivas.

> Existe uma regra antiga que descreve a partição arquitetônica de espaços e funções internas dos edifícios para uso escolar e coletivo em termos emblemáticos, é a partição primária, aquela que não transige e afasta, em diferentes esferas espaciais, a área nobre *e curial* da creche ou escola da infância onde ocorrem os momentos e as atividades consideradas educacionais e a área logística-vulgar dos serviços de cozinha, despensa etc., onde as necessidades do corpo e da fome são satisfeitas.
> Geralmente, a lei é inflexível: o máximo de distância, de ocultação, de invisibilidade perceptiva. Quem fomenta a lei é a cumplicidade da disciplina arquitetônica com aquela pedagógica, em que teorizam, na medida do possível, imagens bipartidas e hierárquicas: *aqui a cabeça*, lá o corpo; aqui o professor, ali o cozinheiro, aqui os blocos lógicos de Dienes,[94] lá os potes, os fogos, os utensílios de cozinha: na chave psicanalítica *aqui eu, lá não eu* [...].
> A cozinheira e a equipe da cozinha saem do anonimato: têm um rosto e, acima de tudo, um nome que imediatamente se populariza.
> Esse papel é muito agradável e percebido pelas famílias; suas apreensões sobre a alimentação das crianças, bem como seu desejo por informações, encontram os interlocutores certos. A cozinheira e a equipe da cozinha sabem e sabem muitas coisas: muitas vezes se

---

[94] N. do. E.: blocos lógicos são conjunto de pequenas peças geométricas, idealizadas pelo matemático húngaro Zoltan Paul Dienes, com a finalidade de auxiliar na aprendizagem.

> tornam confidentes, muitas vezes, conselheiros e consultores. Reuniões noturnas com as famílias sobre questões de alimentação das crianças (na instituição e em casa) e tendo a cozinheira como interlocutora constituem momentos úteis e bem-sucedidos, comparáveis às reuniões com professores sobre tópicos de aprendizagem e metodologias educacionais. A creche e a escola revelam uma organização maior e mais coerente e finalização mais homogênea e direcionada: fato que aumenta a confiança de todos: crianças, famílias e funcionários.[95]

Essas ideias, levando em conta que foram recolhidas de um documento de 1975, são certamente importantes por sua relevância histórica e demonstram, então, alguns dos pilares fundamentais sobre os quais se desenvolverá o tão estudado internacionalmente e atrativo projeto de espaço-ambiente das escolas reggianas (Barlett, 1993, p. 113-125; Ceppi e Zini, 1998; Rabitti, 1994, p. 34-52).

Um desenho[96] espacial que é parte constitutiva do projeto educativo. Desenho e arquitetura que, por essa razão, se integram com uma adequada organização da escola que rompe com o tradicional assistencialismo, gerando âmbitos de liberdade, socialização, desenvolvimento, amadurecimento e aprendizagem da criança.

> A creche é vista como uma entidade orgânica e unitária, articulada em suas necessidades, incentivos e respostas específicas e evolutivas que se desenvolvem e se correlacionam por meio de diferentes espaços, todos tendendo ao máximo do encontro, da percepção, da participação, da socialização.[97]

---

[95] Loris Malaguzzi, "Emarginazione e centralità della cucina", *Bambini,* anno II, n. 5 (maggio 1986), p. 20-21.
[96] N. da T.: no original, em espanhol, existem duas palavras para *desenho*. *Diseño*, utilizada aqui, é um termo que se relaciona mais a um projeto gráfico. Parte de um ponto de vista mais formal, envolvendo a observação e a investigação. Também existe o *dibujo*, que parte de um ponto de vista mais abstrato e imaginativo.
[97] Loris Malaguzzi, "Idee per pensare e progettare il nido", *Zerosei,* anno I, n. 2 (novembre, 1976), p. 47.

Malaguzzi concebe o espaço na mesma linha de um princípio ético inspirado em Von Foerster: *educar significa incrementar o número de oportunidades possíveis*. Para tal, é necessário romper com toda essa tradição pedagógica, destacada anteriormente, que não se interessa pelos espaços, pelos materiais, pelas decorações e que baseia toda a sua força na vulgaridade e na onipotência da palavra. Também critica essas escolas da infância nuas, com as paredes brancas, seguindo o modelo das escolas primárias, que são medíocres, miseráveis, esquálidas e moralistas.

> A pedagogia não se interessa por espaços, móveis, objetos, materiais, ferramentas, o ambiente que prepara e cria: termos e evocações de outro mundo, inertes, vulgares, sem sons próprios, para que a arte da voz e da palavra apareça mais alta e mais imponente.
> Quem conhece a realidade arquitetônica e funcional das escolas da infância e até das creches [...] ainda pode descobrir a regra antiga. As crianças, muitas vezes, ficam dentro de estufas, amontoadas e entristecidas em um ambiente de miséria, entre coisas de péssimo gosto. Até mesmo são regularmente despidas e jogadas em sinais e vestimentas institucionais de infinita estupidez classificatória e moralista, sobre os quais sombreiam a exemplaridade iluminadora do branco e do preto, dos coletinhos e dos pompons "elementares".[98]

E, de fato, uma coisa que chama poderosamente a atenção ao entrar em uma escola municipal de Reggio Emilia é a riqueza e a diversidade de objetos, materiais e paredes que *falam* e que comunicam. Objetos que não são inertes, mas com vida, que habitam com ânimo o espaço, seguindo essa ideia de Edward T. Hall (1989), de *El lenguaje silencioso*.

---

[98] Loris Malaguzzi, "Pedagogia come arte: il bambino senza ambiente e senza cose", *Zerosei,* anno V, n. 3 (novembre, 1980), p. 2.

> É preciso praticar espaços, variar os interlocutores, afundar os olhos, as mãos, a mente em coisas, ter relacionamentos intensos. Reconhecendo também para as coisas (e não para a subjetividade animista) a capacidade de sentir, de ter hábitos, regras, estilos, conceitos, reagir e interagir.[99]
> Mesmo os objetos e materiais introduzidos no espaço não são considerados passivos ou inertes, mas podem conter um plano de ação ou provocar uma troca entre as crianças. (Gandini, 1995, p. 239)

Os objetos são significativos porque são interpretados com base em uma rede de relações de grande complexidade. Nessa complexidade, os "objetos geram um espaço e emanam seu próprio cerco [...], espectadores de um fato entre o cotidiano e o insólito" (Cabanellas e Eslava, 2003, p. 23). O objeto, como destacam Argan (1984) ou Ceruti (1994), estabelecem

> campos de emoção, campos de continuidade entre nós, o espaço e os objetos que o habitam [...], os objetos como construtores de espaços, redes, horizontes, paisagens [...], campos semânticos para que ressoem como um deslumbramento diante do mundo, que estende fios entre sujeito e objeto, fios de uma relação de múltiplos instantes, assim como de ativação da memória e do sonho". (Cabanellas e Eslava, 2003, p. 24)

Para esse tema voltaremos, reiterativamente – com novas nuances – mais adiante.

Paredes e muros documentados, repletos – também de silêncios, para que novos protagonistas possam falar – de testemunhos e memórias que a escola vive e viveu. O tema da documentação já será abordado, especificamente, mais adiante, mas, agora, apenas queremos destacar que calçadas, tetos, vidros e paredes são aproveitados nas escolas reggianas como oportunidades para que a escola

---
[99] *Ibidem.*

fale de sua própria identidade cultural, por meio de diversos painéis documentais que narram histórias ou processos vividos, os quais os adultos tornam visíveis com uma estética pensada e cuidada.

> O uso de painéis e/ou murais na parede como ferramentas de informação, comunicação e, sobretudo, documentação contínua e atualizada sobre atividades e produções infantis e para destacar situações significativas (as famílias adoram ser informadas do que acontece na creche e a creche tem tudo para ganhar com sua imagem <u>em movimento</u>), é apenas uma das maneiras pelas quais as transformações podem ser feitas no ambiente.[100]
> Uma coisa é uma escola que fala, outra é uma escola que cala. Se é uma escola que fala, devemos pensar sobre isso. Seria um lugar para passar a documentação que permita que os pais permaneçam. Um ambiente específico, onde há poltronas e sofás, onde os pais podem parar e receber esse fluxo, essa transformação contínua de mensagens. Onde pessoas, pais e professores trocam discursos.[101]

Portanto, para Malaguzzi, é necessária uma organização do ambiente entendido como "*conteúdo* do conteúdo, *método* do método".[102] Um ambiente em que é necessário pensar e viver dentro de um projeto cultural-educativo em que as crianças devem se sentir nominalmente presentes, capaz de solicitar multissensorialmente sua presença e suas múltiplas formas de interação.

> E porque as crianças se sentem em um ambiente sintônico e amigável, não anônimo e amontoado de maneira aleatória, não banalmente funcional, mas vivo, estimulante, esteticamente cuidado, dinamizado por uma competência que reorganiza e ajusta continuamente.[103]

---

[100] Loris Malaguzzi, *Sul nido, op. cit.*
[101] Loris Malaguzzi en Lella Gandini (1995, p. 243).
[102] Loris Malaguzzi, "Pedagogia come arte...", *op. cit.*, p. 3.
[103] *Ibidem*, p. 2.

> A consciência de que o espaço pode ser definido como uma linguagem muito potente, que condiciona, por ser analógico. Ele "fala" com base em concepções culturais precisas e em profundas raízes biológicas. Como qualquer outra linguagem é, portanto, um elemento constitutivo da formação do pensamento. A leitura dessa linguagem é multissensorial e envolve tanto receptores remotos quanto imediatos, como a pele, as membranas e os músculos; além disso, é subjetiva e holística, muda com a variação das idades e está profundamente ligada à cultura de pertencimento.
>
> A aquisição dos meninos e das meninas revelam inata e altíssima sensibilidade e competência perceptiva, polissêmica e holística em relação ao espaço. (Rinaldi, 1999, p. 8)

Essa filosofia espaçoambiental que estamos apresentando, no pensamento e na obra pedagógica de Loris Malaguzzi, é fruto da experimentação, da investigação e do necessário diálogo transdisciplinar realizado, em particular, com os *atelieristas*. No princípio dos anos de 1970,[104] Malaguzzi reúne um grupo desses profissionais para mostrar sua insatisfação sobre a habitabilidade do espaço e lhes sugere realizar uma pesquisa com o objetivo de modificar o ambiente escolar que Loris declarava inadequado e desconectado do próprio projeto pedagógico. Assim, um grupo deles, ajudado pelo arquiteto Tullio Zini, analisava e refletia sobre os movimentos e a forma de habitar o espaço que tinham as crianças, a equipe e as famílias, observadas em diferentes horários por meio de muitas redes de coleta de dados.

---

[104] Ver a narração de Vea Vecchi, "Quale spazio per abitare bene una scuola?", in Giulio Cepppi y Michele Zini (a cura di), *Bambini, spazi, relazioni* (Modena: Reggio Children, 1998), p. 129. Também nos aprofundamos nesse aspecto em uma entrevista realizada em outubro de 1995 com Mara Davoli e Vea Vecchi (duas atelieristas das Escolas de Reggio Emilia).

O outro grupo refletia sobre as diferentes propostas que a escola oferecia e a qualidade dos materiais, dos objetos e das decorações.

Os resultados de ambas as pesquisas eram discutidos com o objetivo de modificar concretamente o próprio espaço, individualizando novas identidades dos espaços, e construindo novos materiais e instrumentos mais adequados para o projeto pedagógico.

Dessa pesquisa se beneficiaram as primeiras reestruturações da escola Diana[105] e a nova construção da creche Arcobaleno,[106] que foram projetadas segundo alguns elementos que, hoje em dia, identificam a arquitetura reggiana. Vejamos alguns desses dados estruturais concretos do novo projeto arquitetônico que "procuraram seguir as linhas conceituais do projeto educativo."[107] Projeto que vê a escola como uma pequena cidade na qual se estabelecem relações, como estudar, descansar, querer – em alguns momentos – estar sozinho, onde se trabalha, onde se necessita comer e dormir. A escola é, por fim, como um embrião complexo da sociedade, que deve promover lugares como âmbitos habitáveis. Vejamos, agora, uma lista esclarecedora que identifica a arquitetura educativa das escolas municipais da infância reggianas:[108]

- Essa nova arquitetura rompe com os condicionantes higiênico-sanitários que impunham a tradição meramente assistencial das creches pertencentes ao Omni

---

[105] Para ver um plano da Escola da Infância Diana, pode-se recorrer a *I nidi e le scuole dell'Infanzia del Comune di Reggio Emilia. Cenni di stroia, dati e informazioni,* Reggio Emilia, Centro Documentazione e Ricerca educativa. Nidi e Scuole dell'infanzia, dicembre 1999, p. 16.

[106] Lembremo-nos que tal creche foi projetada em 1975 e construída em 1976. Para ver um plano desenvolvido e explicado dela, pode-se conferir "Idee per pensare…", *op. cit.* p. 48-49.

[107] Loris Malaguzzi, *Sul nido* (1984), óp. *cit.* Também fazemos referência – para construir esse conjunto – aos seguintes documentos: Tullio Zini, *La arquitectura escolar* (notas de uma conferência realizada em Reggio Emilia, em 31 de maio de 1996); Vea Vecchi, "Quale spazio per abitare bene…", *op. cit.*, p. 128-129.

[108] Para quem quiser fazer uma observação pela Escola da Infância La Villeta, propomos ver Giordana Rabitti (1994, p. 34-52).

(Opera Nazionale per la Protezione e l'Assistenza alla Maternità e all'Infanzia).[109]
- Trata-se de um projeto espacial que deve levar em conta a organização geral de toda a escola, com seus horários e seus tempos de abertura e fechamento, e que deve se integrar com todo o projeto de participação e de gestão social com as famílias, promovendo-o e qualificando-o.

> Um segundo aspecto foi dado pela organização funcional e habitacional da creche, que precisava saber combinar as necessidades de vida das crianças, dos profissionais e das famílias no desempenho de suas atividades participativas.
> Embora as experiências de vida das crianças tenham um valor primário, aquelas relativas aos profissionais e às famílias conotavam uma tipologia da qual cada um – principalmente as crianças – tinha sentimentos de um pertencimento tranquilizador.[110]

- Desenvolvimento do edifício em um único andar, com "transparências e conexões entre os ambientes e com o exterior que se tornam testemunhos visíveis de relacionamento e comunicação" (Vecchi, 1998, p. 128-129). Transparências que, além de serem externas, são internas. Por meio de muitas janelas situadas no interior do edifício, oferecem-se comunicação, visibilidade, circulação e transparência à escola, para poder facilitar a crianças e adultos o reencontro e encontro nos lugares depois de uma segura exploração. Ideias que se relacionam com um conceito arquitetônico de democracia, diálogo e socialização.

---

[109] Operação Nacional pela Proteção e Assistência à Maternidade e à Infância. Trata-se de uma série de instituições assistenciais criadas, mediante lei, pelo governo fascista italiano em 1925, com o objetivo de oferecer proteção e controlar os aspectos morais e espirituais das crianças.
[110] Loris Malaguzzi, *Sul nido, op. cit.*, p. 3.

O baixo posicionamento das janelas externas, o uso de vidraças e de janelas redondas entre as áreas internas, que dessem às crianças a possibilidade de dominar grandes espaços em todos os lugares, assimilando movimentos, gestos, funções e significados distantes, mas em conexão com a sua experiência e o desejo de dominar e conhecer a multiplicidade de eventos.[111]

- Uma entrada à escola que se "tornou uma metáfora do cartão de visita, com apresentações e informações da escola e de seus habitantes".[112] A entrada como o primeiro lugar em que alguém se encontra ao penetrar no *habitat*, como uma representação de si mesmo. Entrada que é, também, saída, e que implica permitir um limite do interior e do exterior. Ao fazê-lo partindo do exterior, cada pessoa recebe holograficamente uma imagem de toda a escola. É uma espécie de filtro simbólico que gera e constrói diversas expectativas. Ao fazê-lo partindo do interior, supõe a despedida em direção a um exterior com o qual vai se encontrar de outra maneira depois da experiência vivida. A entrada é, também, lugar de reencontro, que deve ajudar cada pessoa a se situar e a reconhecer sua identidade.
- Nem marginalização nem subalternidade dos serviços, segundo os esquemas tradicionais, com recuperação de todos esses serviços e, em absoluto, a cozinha, que se torna central e transparente em relação à escola, tal como explicamos anteriormente.

A compactação e a divisão articulada da creche não deveriam permitir a marginalização e subordinação dos serviços de acordo com os esquemas arquitetônicos tradicionais: todos os locais que hospedavam o

---

[111] Loris Malaguzzi, *Sul nido, op. cit.*, p. 3.
[112] *Ibidem*, p. 128.

trabalho indireto dos colaboradores, vestiários, salas de passar roupas, cozinhas, escritórios e assim por diante, tinham que fazer parte da lógica da distribuição [do edifício], com absoluta paridade, tornando-se evidentes, visíveis e participáveis para as próprias crianças. O trabalho dos adultos era constituir uma tela aberta sobre a qual as crianças desenham imagens e sensações de valor educacional indiscutível.

A cozinha, por exemplo, um dos locais mais importantes e delicados do complexo mecanismo funcional, tinha que ser colocada no centro do edifício (junto com a cantina das crianças mais velhas), com uma grande parede de vidro que permita aos pequenos conhecer todas as ações que ali ocorrem e até assumirem funções familiares.[113]

- A divisão das crianças em classes ou grupos segundo a idade, mas com a criação de alguns espaços comuns, organizados para o encontro e as relações interidades e intergeracionais, com diversos móveis flexíveis para possibilitar encontros diferenciados e múltiplos: em grupo grande, médio, pequeno ou em privado.

Consistência, divisões separadas e conjuntas dos espaços; máxima coparticipação e sínteses perceptivas; boa habitabilidade das partes; deslocamentos de atividades estruturadas de forma seccional e intersetorial; garantias, por parte dos grupos, de poderem permanecer juntos com uma grande possibilidade de familiarização mútua entre crianças e adultos e sua dissolução em atividades ou passeios descentralizados e experiências individuais; áreas protegidas projetadas para crianças que querem ficar sozinhas ou se divertir com um colega; tocas para efusões íntimas.[114]

---

[113] Loris Malaguzzi, *Sul nido, op. cit.*, p. 3.
[114] *Ibidem*.

- Formato das salas de aula rompendo a tradicional planta retangular e incorporando as formas em L ou em T, que permitem maior flexibilidade na adequação dos espaços em âmbitos diferenciados de atividade. Além disso, Malaguzzi (tomando algumas ideias de Piaget, 2000), propõe a construção das classes subdivididas em dois ou três espaços adjacentes, o que permite uma estruturação autônoma do grupo-classe, em diversos e pequenos grupos de trabalho.
- Um espaço emblemático, que identifica as escolas municipais [da infância] de Reggio é a *praça* central. Um lugar para favorecer múltiplos encontros, que lembram a praça renascentista como um lugar de intercâmbio de ideias com uma finalidade que, claramente, se distancia da finalidade tradicional do pátio de recreio.

A praça, de certo modo, é como uma estrutura dissipativa estruturante não estruturada (Delgado, 1999), como esse espaço intersticial (Remy, 1998), que não está associado a atividades precisas e disponíveis, para que transcorra o mais essencial e trivial da vida cidadã. Um ambiente antropológico, onde surgem encontros previstos e imprevistos em uma perambulação errante – uma travessia – de situações instáveis e criativas por sua ambiguidade. Um fluir social distante do equilíbrio e da linearidade,[115] no qual mais que "representar um roteiro prescrito, o que fazem os protagonistas das relações urbanas é brincar [...], nas [relações] em que existe um forte componente de imprevisibilidade e acaso" (Delgado, 1999, p. 14).

Uma praça que vem, ademais, para ser utilizada para favorecer diversas iniciativas culturais: teatro, exposições, assembleias...

---

[115] Essa ideia está exposta em algumas notas entregues por Manuel Delgado em um curso de doutorado realizado na Universidad Pública de Navarra, no dia 2 de maio de 2003.

Loris Malaguzzi diz: Em 1970, muitas coisas estavam sendo trabalhadas, mas não estavam prontas ainda. Algumas sim, como a transparência, as luzes imensas, a continuidade entre o interior e o exterior. Que existia a "praça" central, sim. Deve-se ter em mente que isso deve ser um pensamento vivido, não é apenas uma extensão das seções, inclui reuniões e outras atividades. Nós carregamos outras finalidades.

Para nós, é como a praça da cidade renascentista; é o espaço onde nos encontramos, onde conversamos, onde discutimos, fazemos negócios, fazemos política, teatro, manifestações. A "praça" é o sonho para onde se flui continuamente, onde se intensifica a qualidade das trocas tanto das crianças como dos adultos. Enquanto estão juntos, quanto mais se encontram mais circulares são as ideias entre adultos e crianças. Podemos dizer que a "praça" é um lugar onde as ideias chegam e saem.

Vea Vecchi: É importante ressaltar que na escola tradicional existem grandes salas centrais, mas que não se trata apenas de ter um espaço, e sim de como esse espaço é usado...

Loris Malaguzzi: Essas grandes salas são usadas para o descanso – "a recreação", porque, das 10 às 10h30, há uma pausa –, mas não há outro objeto, equipamento ou outra finalidade além do objetivo hipócrita e tolo de dar espaço às crianças para que elas possam fazer o que querem por meia hora!

Vea Vecchi: Eu realmente queria enfatizar isso. Se definirmos esse espaço central como "praça", significa que damos uma atribuição teórica em relação ao uso. Os espaços podem ser mais ou menos parecidos, mas, se não estiverem dentro de uma cultura e de um pensamento pedagógico de vida, o significado muda completamente. Os objetos que estão aqui neste espaço amplo permitem uma série de encontros possíveis.

Loris Malaguzzi: A "Praça" é também uma passagem. Sempre há crianças. Em parte, é estruturada por objetos, em parte permite rolar, caminhar ou parar livremente.[116]

---

[116] Entrevista com Loris Malaguzzi e Vea Vecchi realizada por Lella Gandini, em maio de 1992, e publicada em Lella Gandini, "Uno spazio che riflette una cultura dell'infanzia". En Carolyn Edwards, Lella Gandini y George Forman (a cura di), *I cento... op. cit.*, p. 236.

- A ideia dessa praça implica, além disso, que seja um distribuidor organizado de todos os espaços que confluem nela. Isso leva à eliminação dos corredores que, para Malaguzzi – como vimos –, lembravam tanto a escola tradicional da ordem, do autoritarismo e da disciplina.
- A centralidade do ateliê e a aparição posterior dos miniateliês (aspectos dos quais falaremos mais adiante).
- Aparição de diversos refeitórios para conseguir zonas descentralizadas, pequenas e acolhedoras para o momento da refeição.
- Estabelecimento de algumas zonas diferenciadas e acusticamente isoladas, para permitir adequado repouso ou cochilo.
- Construção de banheiros independentes, adequados e adjacentes às turmas.
- Soluções dos problemas de orientação espacial interna e externa por meio de um sistema visível de transparências e a utilização de um cromatismo adequado para a mediação dessa questão.
- Idealização de alguns serviços autônomos para os adultos: escritório, arquivo, lugares para encontros de estudo e de repouso, refeitório independente, sala de reuniões etc.
- Articulação do espaço externo da escola como um âmbito de ofertas múltiplas e de contato com a natureza por meio de inúmeras plantas e árvores.

Todos esses elementos básicos, práticos, construtivos e identificadores – apresentados como um manifesto cultural – foram objeto de muitas reflexões, também com os *consigli di gestione* [conselhos de gestão], daqueles grupos de investigação do início dos anos de 1970. Aspectos que foram estudados – internacionalmente – de forma crítica.

> Tomando como referência (manifesto cultural) os resultados da pesquisa, cada escola projetou móveis, ferramentas, situações novas, que foram construídos pelos pais e funcionários, renovando o *design* de interiores da escola.
>
> Foi uma operação cultural, social e política muito interessante que equipou as escolas com uma cultura e uma ampla atenção em relação ao ambiente e ao habitar, fornecendo diretrizes para futuros trabalhos.[117]

Como dissemos, aquela pesquisa feita acarretou, prática e concretamente, a construção de diversos espaços organizados, mobiliários, instrumentos e decorações que, como nos projetos das investigações das vanguardas, formam parte da própria proposta arquitetônica global da escola.

Com relação aos espaços organizados, é muito significativo um artigo de Loris Malaguzzi, de 1977, intitulado *Gli spazi organizzati*.[118] Nele, Malaguzzi fala da importância de organizar o espaço, mas sem condenar sua desejável flexibilidade.

> O ambiente escolar não pode ser um cenário único e fixo: deve mudar não apenas para superar as saturações perceptivas e o cansaço das crianças (e dos próprios pais e professores), mas para responder tempestivamente às mudanças e ao fluxo de seus argumentos didáticos.[119]

A organização do espaço, para Loris, é uma contribuição que tem implicações afetivas, estéticas, sociais e cognitivas. Os espaços organizados devem possibilitar uma ampla gama de referências, estímulos, disponibilidades de materiais que são oferecidos

---

[117] Vea Vecchi, "Quale spazio...", *op. cit.*
[118] Loris Malaguzzi, "Gli spazi organizzati", *Zerosei,* anno 2, n. 1 (settembre 1977), p. 44-47.
[119] *Ibidem*, p. 45.

à criança como situações de jogo[120], de atividade, de trabalho e de interesses diversos.

> Uma bateria de *unidades de ensino* capazes de contribuir para o atendimento dos pedidos e das necessidades das crianças, das alternâncias dos interesses e das escolhas delas, estimulando a mobilização e a concentração das energias físicas e psíquicas para a projetação e o alcance de objetivos.[121]

Com essas premissas, Malaguzzi apresenta[122] uma relação desses espaços organizados, dividida em tipos de jogo e o tipo de espaço adequado para esse jogo:

- Jogos com o corpo: espaços do tapete e do "pequeno ginásio".
- Jogos consigo mesmo e com o outro: espaços das construções, de carpintaria e de mecânica.
- Jogos de lógica expressiva e comunicativa: espaços de pintura, argila, materiais de reciclagem e música.
- Jogos de lógica fantástica: espaços com marionetes, espaços para o teatro e para a dramatização.
- Jogos de lógica científica: espaços de pesquisa, de medição e de criação e cuidado de animais.
- Jogos de lógica prática: espaços da cozinha, da casa, da tenda e do jardim.
- Jogos de leitura de imagens e símbolos: espaços para a leitura, para decodificação e codificação.
- Jogos de intimidade: espaços de casinhas diversas.

---

[120] N. da T.: é interessante salientar que em espanhol a palavra *juego* tem um duplo sentido, podendo significar jogo ou brincadeira. Como no caso em questão citado por Hoyuelos, dentro do contexto de Malaguzzi, trata-se de atividades pensadas para as crianças, todas partindo de uma logística que envolve organização de ideias, grupos, espaços e materiais, o que me fez optar pela tradução "jogo", porém, acredito ser importante considerar que durante todo o livro há uma defesa pela liberdade e ação das crianças, não podendo ser deixado de lado essa dubiedade lúdica que existe tanto na palavra quanto no contexto em que está sendo empregada.
[121] *Ibidem*, p. 46.
[122] *Ibidem*, p. 44.

No que diz respeito ao tema dos objetos, mobiliário, instrumentos ou decorações para o espaço, existe outro artigo significativo de 1980, intitulado *Come arricchire l'ambiente*.[123] Nele, Malaguzzi e seus colaboradores desenvolvem – com palavras e imagens – diferentes objetos e móveis que identificam as escolas reggianas. Hoje em dia, em um recente catálogo da empresa italiana ISAFF,[124] assessorada por Reggio Children (por intermédio de Carla Rinaldi e Vea Vecchi),[125] podemos ver belas representações de tais elementos para sua comercialização.

Malaguzzi comenta que, no desenho de objetos, decorações e mobiliário, é necessário não fetichizar nada, mas, sim, trabalhar a sintonia desses elementos e instrumentos com o ambiente físico, cultural e humano da escola. Esses elementos prolongam, integram, mediam e fortificam a atuação de crianças e adultos. Não são materiais, no sentido tradicional pedagógico, mas instrumentos que fazem as contas com o projeto educativo, que concretizam sua atuação prática e que são um testemunho vivo de uma pedagogia que ama experimentar e mudar.

> Não são, portanto, os materiais ou os subsídios da antiga escolha pedagógica (que acontece de tudo exceto sua própria "onipotência"); são instrumentos que contam em sentido estrito e que não estão indiferentemente dentro de qualquer teoria ou projeto educacional.[126]

São coisas que – naquele momento – não estavam sendo comercializadas e não dispunham de patente, que foram elaboradas

---

[123] Loris Malaguzzi, Manuela Catellani, Mara Montagna y Paola Strozzi, "Come arricchire l'ambiente", *Zerosei,* anno 5, n. 3 (novembre 1980), p. 27-38.
[124] N. da T.: é possível conferir a história da empresa, seu envolvimento com a Reggio Children, bem como os móveis citados, no *site* oficial. Disponível em: http://www.isaff.com (sessão *Chi Siamo*). Acesso em: 20 jul. 2020.
[125] Atelier 3. Arredi per l'infanzia.
[126] Loris Malaguzzi, Manuela Catellani, Mara Montagna y Paola Strozzi, "Come arricchire l'ambiente", *op. cit.,* p. 27.

pelos trabalhadores e pelos pais, em diversos momentos de participação social, e que tratam de reduzir as distâncias entre a experiência prática e os parâmetros do conhecimento. São materiais que ajudam a tornar mais habitáveis e acolhedores os espaços organizados. Trata-se de instrumentos como caixas, cabanas, berços, cestas, carros, tubos, cordas, grandes balões, carroças, balanços originais, objetos musicais fabricados com tubos de ferro, vasos de flores, castelos de papelão, cortinas com materiais elásticos, grossas ondas de madeira, aviões construídos com tábuas etc. Na inspiração de todos esses elementos, não podemos evitar ver as ideias, provavelmente conhecidas por Malaguzzi e integradas em sua obra pedagógica, de Aldo Van Eyck (Strauven, 1998), Peter e Alison Smithson (1970, 1973, 1991, 2001) ou Charles e Ray Eames (Neuharth, J. *et al.*, 1994), arquitetos e desenhistas que, nos anos de 1950-1960, mostram uma vontade acentuada de recuperar a vida das coisas cotidianas na própria arquitetura.[127]

Esses materiais são diversos, mas respondem a uma adequada seleção qualitativa, baseada em critérios de economia de espaço, funcionalidade e estética.

> A escolha e a distribuição dos móveis obedecem a critérios de economia de espaço, funcionalidade e boa estética. A estrutura resultante não deve ser de rigorosa homogeneidade ou de época. Nem de estilo nem de todos os modelos miniaturizados. Acima de tudo, deve contribuir, juntamente com os objetos, para elevar a natureza interlocutória do uso, do gesto, do movimento, da ordem, do relacionamento e da fala das crianças e facilitar as tarefas dos adultos e as qualidades de desempenho das crianças. Até os móveis têm sua própria habitabilidade.[128]

---

[127] Para aprofundar sobre esse tema ver: Clara Eslava (coord.), *Territorios… op. cit.*
[128] Loris Malaguzzi, *Sul nido, op. cit.*

Portanto, são objetos que não permanecem banalizados nesse objeto *kitsch*[129] sobre o qual escreve Abraham Moles (1990), como um modelo que trata de amontoar *souvenirs* de forma turística, tendo objetos esterilizados por mera funcionalidade, sem escutar suas propriedades formais que são, também, funcionais, quando não domina uma cultura ocidentalizada da possessão como aquisição e desejo de monopolizar.[130]

Todos esses objetos não são elementos de uma leitura simplificada ou unilateral, são entidades que levam em seu peito ou coração, possibilidades múltiplas de brincadeiras e jogos diversos.

> Portanto, eles trazem consigo ofertas e múltiplas possibilidades de diversão, trabalho, exploração, pesquisa, interação, imaginação, motricidade, conhecimento, autonomia, orientação e domínio espacial".[131]

A conotação de cada objeto ou material está em sintonia com cada contexto, com a adequação de papéis simbólicos desenvolvidos nesse âmbito, com o tempo, com a natureza do ambiente, com a estrutura de identidade da criança e com as finalidades do projeto pedagógico.

> Por esse motivo, eles podem desaparecer ou empobrecer antes de serem iguais: eles podem crescer, enriquecer ou ter uma vida longa e intensa.

---

[129] N. do E.: que se caracteriza pelo exagero sentimentalista, melodramático ou sensacionalista, frequentemente com a predileção do gosto mediano ou majoritário, e pela pretensão de, fazendo uso de estereótipos e chavões inautênticos, encarnar valores da tradição cultural (diz-se de objeto ou manifestação de teor artístico ou estético). (Fonte: Houaiss, Antônio. *Dicionário Houaiss da língua portuguesa*. São Paulo: Objetiva, 2009.)

[130] Para entender melhor essa ideia, aconselhamos ler a obra de Herrigel (1988) ou de Morrison (2001).

[131] Loris Malaguzzi, Manuela Catellani, Mara Montagna y Paola Strozzi, "Come arricchire l'ambiente", *op. cit.*, p. 28.

> Podem ser discriminados por crianças. Mas eles podem ser os únicos a discriminá-los. Eles podem ser reproduzidos parcialmente e com anexos grandes. Eles podem ser favoritos, abandonados, traídos ou encontrados. Podem ser usados abaixo do seu potencial estimulante. Podem sugerir desempenhos solitários, em grupo ou coletivos. Eles podem ser investidos de significados e relacionamentos originais. Eles podem, também, falar ou se calar, ser objetos de provocação, desafio, companheiros de negócios, meios de emulação e confirmação. Podem ser objetos pontuais de encontro e segurança.[132]

Assim sendo, os materiais, os instrumentos e os objetos têm uma alma, uma linguagem própria, uma proposta e uma mensagem interna. De certo modo, essa ideia lembra as teorias ecológicas perceptivas de Gibson (1974, 1979) ou o que George Forman (1994, p. 37-41) define como as *affordances*,[133] que são as relações entre as propriedades mutáveis de um meio e o desejo da criança de usar essas propriedades para criar símbolos.

> Cada meio tem seu próprio conjunto de propriedades físicas, e essas propriedades, quando examinadas pelo artista, expressam alguns significados mais facilmente do que outros. A corda, mais facilmente que os blocos, representa a volta de uma ação em outra. As propriedades físicas da corda permitem esse movimento circular. Dizendo de uma maneira um pouco diferente, a corda tem a *affordance* para representar o conceito de voltas.
> Cada meio tem propriedades físicas que fazem alguns conceitos serem representados mais facilmente que outros. A facilidade dessa representação é determinada por quão facilmente a criança pode variar a propriedade física de um meio [...]. Uma *affordance* é a relação entre as propriedades mutáveis do meio e o

---

[132] *Ibidem*.
[133] N. da T.: termo sem tradução para o português, mas que pode ser entendido como "oportunidades". É o potencial de um objeto ser usado como foi projetado para ser usado.

desejo da criança de usar essa propriedade para produzir símbolos. (Forman, 1994, p. 38)

Depois dessa introdução sobre a importância dos objetos, Malaguzzi e seus colaboradores, no artigo destacado, dedicam-se a narrar as possibilidades de diversos "dispositivos" ou instrumentos, como: a grande onda que permite jogos motores em pequeno grupo; o canto do "achou"[134] como um lugar onde se esconder e brincar sozinho de forma relaxada; a casa de madeira como um âmbito de declarações, amizades e confidências; o berço-cesta para que as crianças possam entrar e sair para descansar nele; a grande almofada etc.

Todos esses instrumentos permitem incorporar outros que as crianças trazem de casa e construir um espaço flexível, no qual elas possam deixar suas marcas e a memória de sua identidade.

Merecem menção especial, entre todos os objetos apresentados, os grandes objetos e o espelho, aos quais Malaguzzi dedica seus respectivos artigos.

Os grandes objetos[135] têm, para as crianças, um valor relevante, porque permitem grande praticidade de uso, solicitam habilidades motoras e provas de força individuais e coletivas que levam a modificar atitudes, motivações, expectativas, emoções e experiências vitais. Objetos feitos por artesãos, pais e trabalhadores que se rebelam contra uma cultura pedagógica do medo e do temor, que foi disseminada por meio das tradicionais mesas e cadeiras, que imobilizavam as crianças.

A qualidade e os ritmos da maturação neurológica e muscular das crianças, juntamente com o impulso

---

[134] N. da T.: o jogo do *cucú*, no original, ou também conhecido como *cucútras*, consiste numa brincadeira em que a criança esconde seu rosto atrás de um pano ou manta, para aparecer logo depois, seja para seus pais ou para professores e amigos, no caso. Tem esse nome por causa do pássaro cuco.
[135] Loris Malaguzzi, "I grandi oggetti", *Zerosei,* anno 1, n. 8 (maggio 1977), p. 24-26.

muito vivo que eles sentem de se prover em jogos nos quais seu corpo ou partes dele são amplamente usados e o desejo de obter gestos, forças, conhecimentos e sentimentos, que fortalecem sua própria identidade e familiaridade em relação aos espaços, coisas e outros, tornam os grandes objetos interlocutores de extraordinária fecundidade.

Se prestarmos atenção ao que acontece entre crianças e grandes objetos, faremos um inventário longo, mas extraordinariamente importante, de gestos, degustações, medos, mudanças de opinião, propósitos, atos destemidos, medições precisas, olhares, resultados por milímetro, invenções, de soluções confiadas ao acaso, à inspiração, à lógica mais restrita, de convites e rejeições, de seduções e traições, de caretas, de berros e gritos de raiva e de alegria, de cantos de vitória, de histórias iniciadas e inacabadas, de excelentes comentários e silêncios reservados, de provocações impiedosas, de adiamentos calculados. É uma história complexa [...].

Nas escolas da infância e creches, a antiga marca essencialmente higiênico-pediátrica da ONMI e sua defesa fóbica e obsessiva do meio ambiente e da criança contra a onipotência bacteriana que produziu despovoamento, imobilidade e violência estão sendo superadas.[136]

Os grandes objetos implicam um desafio a essa pedagogia tradicional, que trata de criar a criança "a leite com pera", para que não corra riscos. As crianças necessitam desses grandes objetos para desafiar e revelar uma identidade mais potente, também nas múltiplas cenografias que tais objetos podem criar e provocar. Dessa forma, é importante que o adulto valorize e aprecie as possibilidades desses grandes objetos.

---

[136] *Ibidem*, p. 24-25.

Os grandes objetos (pelo menos alguns) lembram medos e perplexidades por parte dos pais e educadores? A questão não deve ser excluída: porque a cultura pedagógica infantil sempre privilegiou um protecionismo ultrarrealista decepcionante e não natural para a criança; porque as normas arquitetônicas geralmente proporcionam espaços estreitos que são mais uma garantia de economia de gastos e de um imobilismo defensivo da criança; porque os criadores de móveis, em geral, não costumavam ir além da antiga liturgia da caixa, da cadeira, da mesa, do armário e do escorregador.[137]

Esses grandes objetos vivem melhor se há espaço em volta deles. Assim como as crianças necessitam de espaços para se realizar. Elas têm o direito de que lhes demonstremos confiança no diálogo – por que não, arriscado – que podem começar com esses elementos.

Outra das questões pelas quais as escolas de Reggio chamam a atenção é a diversidade de espelhos que se encontram em seus espaços. Espelhos que ampliam e dão aos lugares uma nova dimensão e uma magia especial.[138]

Malaguzzi dedica um artigo, intitulado *Lo specchio senza narciso*,[139] para refletir e analisar a importância cultural do espelho. Um elemento que a literatura popular encheu de preconceitos e superstições. E que a psicanálise – por meio de Baldwin, Klein, Bühler, Lacan – e as pesquisas psicológicas – com estudos como os de Wallon e Zazzo – encarregaram-se de valorizar.

Por sua vez, a cultura mercantil-industrial, graças aos meios de comunicação, apresenta novos mitos do corpo, da beleza, do consumo, por meio da moda.

---

[137] *Ibidem*, p. 26.
[138] Ver AA.VV., *Lo specchio attraversato dai bambini*, Reggio Emilia, Comune di Reggio Emilia, 1984.
[139] Loris Malaguzzi, "Lo specchio senza narciso", *Zerosei*, anno 8, n. 9 (aprile 1984), p. 10.

Esse sentido cultural não pode ser esquecido na experiência da criança com o espelho, mas deve ser normalizado em novas oportunidades. Essa é a ideia de Reggio Emilia: oferecer a possibilidade de experiências com espelhos, mas limpas de excessos interpretativos. O espelho pode ajudar a criança a construir sua identidade junto com a identidade das coisas e dos outros, sabendo que a unidade do corpo e do eu não é uma aquisição fácil, mas, sim, uma conquista complexa.

O espelho, para Loris, é um instrumento que revela quadros de referência (Lowenfeld-Brittain, 1970), que faz mais ricas e flexíveis as relações das crianças com o ambiente, e serve para a familiarização da criança, abrindo comunicações e trocas imediatas e complexas, como fonte e ocasião de experiências extraordinárias, um aliado que precisa estar integrado à sensibilidade e à inteligência dos adultos.

> Isso serve para uma extensão dos quadros de referência (seguindo Lowenfeld-Brittain), que torna as relações das crianças com o ambiente mais ricas e flexíveis; e serve (nós o verificamos amplamente) porque sua familiarização com a criança é fácil e ocorre muito cedo, abrindo comunicações e trocas imediatas; ainda serve para nos dizer que o espelho se torna um objeto peculiar e imediatamente difundido, e as crianças produzem manifestações precoces, indiferentes aos tempos sacralizados dos pesquisadores, com repercussões significativamente benéficas.[140]

Da mesma maneira, o jogo de aparecer e desaparecer, próprio da brincadeira do "achou", provocado espacialmente por um mobiliário adequado, pressupõe um ir e vir. Portanto, consolida-se a densidade do sentido do eu e do outro, em uma relação carregada de animação e felicidade.

---

[140] *Ibidem.*

Assim, os espelhos – em diversidade de formas e localizações – acompanham e preenchem sem abusos os espaços educativos das escolas reggianas: espelhos na entrada para receber as crianças todo dia, espelhos nas classes para aumentar as percepções espaciais, espaços em ângulos para amplificar os pontos de vista, espelhos nas paredes do banheiro para estabelecer um jogo de intimidade com a própria identidade, espelhos nos tetos dos trocadores de fralda para que a criança possa descobrir imagens ocultas de seu eu, espelhos no canto das fantasias para revelar as mudanças e a permanência da própria identidade, espelhos de mão para poder manipular e transportar a imagem e o reflexo, espelhos nas portas para permitir que se encontrem com a própria imagem antes de mudar de ambiente, periscópios para ver o invisível, caleidoscópios humanos para multiplicar a projeção do eu ao infinito, espelhos deformantes para fazer um irônico jogo com nosso reflexo ou mesas de espelhos para aumentar a profundidade das propostas e dos materiais.

Agora, para finalizar essa seção, vamos compilar algumas ideias sobre o significado que, para Loris Malaguzzi e para a experiência reggiana, tem essa estratégia estética de que estamos falando: a qualidade do espaço-ambiente.[141]

A primeira questão é que o ambiente tem que ser visto como um sistema de relações com transições e trocas entre as diversas partes que o compõem. Um sistema complexo, mas não complicado; simples, em sua legibilidade, para evitar um estresse perceptivo. O espaço-ambiente compõe uma espécie de sistema reticular em que cada objeto, símbolo, cor, luz, odor, transparência, som material, som

---

[141] Para elaborar essa compilação, seguimos as ideias contidas em Carla Rinaldi, *El papel del ambiente en la vida del hombre y en el proyecto educativo* (anotações de 12 de abril de 1989); Carla Rinaldi, "L'ambiente dell'infanzia", *op. cit.*; Laila Marani, *Laboratorio personale auxiliario ambiente* (19 de março de 1986); Loris Malaguzzi, *Conferenza ambiente* (anotações de 17 de março de 1989).

ou odor está vinculado ao outro para obter sua compreensão significativa e sua completude. Uma espécie de rizoma, do qual falam Gilles Deleuze e Felix Guattari (1977). De todos esses elementos, nasce uma simbiose ou sinfonia que provoca uma riqueza que sintoniza com essa imagem rica da criança, da qual Loris Malaguzzi fala.[142]

> No espaço relacional, é predominante a questão dos relacionamentos que ele permite, das funcionalidades que podem ser implementadas, das informações e dos filtros que podem ser ativados lá. Quando falamos de espaço relacional, entendemos um espaço integral (não virtual) no qual as categorias dimensionais do projeto arquitetônico e do *design* são superadas, diante de processos em que pequena e grande escala coincidem sem muitas distinções disciplinares [...].
>
> O espaço das relações não deriva de um projeto unitário, mas de uma maneira de entender a realidade, de uma forma de desmontá-la e remontá-la, e da consciência da queda definitiva dos sistemas figurativos (e narrativos) da arquitetura [...].
>
> O espaço relacional não é composto de zoneamento funcional, mas surge de sua fluidificação. Todos os lugares são iguais, porque os códigos estilísticos relacionados às funções especializadas (viver, trabalhar, produzir, viajar, negociar) estão se fluidificando, produzindo um sistema de não lugares, como diria Marc Augé, com baixo nível de identidade, mas com grande flexibilidade de uso (Branzi, 1998, p. 126-127).

Portanto, um ambiente e uma arquitetura formados por um conjunto de elementos físicos, sociais e culturais compostos de espaços, mobiliário, objetos, decorações e construções das crianças e dos adultos que provocam inúmeras informações, comunicações, vivências pessoais e coletivas. Um espaço-ambiente que não

---

[142] Imagem da infância que está desenvolvida em Alfredo Hoyuelos, *La ética en el pensamiento y obra pedagógica... op. cit.*

é neutro em relação ao projeto educativo e que trata de procurar uma coerência entre a arquitetura e o modelo educativo escolhido, de outra forma, podem ser produzidas deficiências e interferências funcionais (culturais, educativas) que impeçam que os objetos do próprio projeto sejam realizados. Em outras palavras, o projeto educativo adquire sentido e significado apenas se o espaço-ambiente participa dele. Para a realização dessa ideia, é necessária a imprescindível colaboração e diálogo entre a arquitetura e a pedagogia.

De acordo com essa concepção, trata-se de um espaço amável para todos os que o habitam: meninos, meninas, equipe do centro, famílias e cidadãos. Um espaço acolhedor e que, com amabilidade, permita desenvolver, com autonomia e em interação social, as máximas potencialidades de cada um.

Um espaço-ambiente do qual podemos, com respeito, apropriar-nos, "já que nos apropriarmos de um espaço não é apenas ter o uso reconhecido de um lugar, mas, sim, estabelecer uma relação com esse lugar, integrá-lo dentro da própria vivência, poder se arraigar, deixar a própria marca, arrumá-lo e ser o ator da própria transformação" (Morales, 1982, p. 20). Um lugar (Molina, 1982) que satisfaça as necessidades fisiológicas, permita o desenvolvimento da personalidade global de cada aluno, garanta a segurança afetivo emocional, a confiança em si mesmo, a responsabilidade, a disponibilidade; construa o desenvolvimento da motricidade, da linguagem, da organização espaciotemporal, da simbolização, dos processos lógicos; permita a aquisição vivenciada dos conhecimentos, compará-los, relacioná-los, investigar; facilite a crianças e adultos a expressão, a tomada de iniciativas, a criação e a fantasia; possibilite a convivência e a comunicação; compartilhe o espaço e os objetos; facilite a aquisição de hábitos de estudo e de organização; proporcione a aquisição de autonomia pessoal; e contribua para a educação estética e a da sensibilidade.

Os espaços devem conseguir relacionar o pessoal, o emocional e o social, convidando à comunicação, à interação, à pesquisa etc. Portanto, um espaço flexível, aberto a mudanças, mas com uma identidade clara: a do projeto educativo. Um ambiente diversificado (García Paredes, 1993), rico, estimulante (em seus espaços, materiais, texturas, cores, condições luminosas, higiênicas, térmicas e acústicas), que possa acolher a diversidade das pessoas que o habitam.

Um ambiente que, em síntese, permita aos usuários (crianças, educadores e pais) se sentirem acolhidos para expressar suas potencialidades:

> O objetivo será construir e organizar os espaços que permitam:
>
> *Ao/à menino/a:*
> - expressar sua potencialidade, sua competência, sua curiosidade;
> - explorar, pesquisar sozinho e com outros, colegas e adultos;
> - sentir-se construtor de projetos e do projeto máximo, que é o projeto educativo que se realiza em sua escola;
> - ser capaz de reforçar sua identidade, também sexual, sua autonomia e sua segurança;
> - ser capaz de se fazer comunicar com os outros, de ver respeitadas sua identidade e sua privacidade.
>
> *Ao/à professor/a:*
> - sentir-se assistido e integrado em seu relacionamento com as crianças e os pais;
> - sentir-se amparado na realização de projetos, em sua organização e e seu arquivamento;
> - ser favorecido em suas necessidades de encontrar com adultos, colegas e pais apenas em espaços e mobiliário apropriados;

- ser reconhecido na sua própria necessidade de privacidade;
- ser apoiado na implementação dos processos de formação e de atualização.

Aos pais:
- serem acolhidos;
- serem informados;
- poderem se encontrar com outros pais e professores em horários e de maneiras adequadas para permitir uma colaboração real real.
(Rinaldi, 1998, p. 119-120)

A citação anterior completa[143] algumas das ideias de Loris Malaguzzi sobre a qualidade do espaço-ambiente, uma estratégia que, junto com a concepção da aprendizagem e do desenvolvimento como motivos de prazer, nos presenteia com uma ideia de escola como uma esfera estética habitável, como destaca este primeiro princípio de caráter estético. Passemos, agora, ao segundo princípio.

---

[143] O tema do espaço-ambiente em Reggio Emilia é um processo contínuo de investigação. Fruto desse processo, nasceu uma aprofundada pesquisa realizada entre o centro superior de arquitetura, a Domus Academy Reserch Center de Milán e Reggio Children. Uma pesquisa que está publicada no extraordinário livro dedicado a Loris Malaguzzi, nas mãos de Giulio Ceppi e Michele Zini (1998). Nele, desenvolve-se uma série de conceitos e metáforas-chave para compreender, culturalmente, um espaço para a infância. Essas chaves que, agora, citamos (e que seria interessante, em futuras pesquisas, compreender em sua riqueza e complexidade) são: complexidade branda, relação, osmose, multissensoriedade, epigênese, comunidade, construtividade, narração e normalidade rica. A obra também dá uma série de indicações projetuais para construir um instrumento que sirva para projetar espaços para a infância. Estas são: formas relacionais, a luz, a cor, os materiais, os odores, o som e o microclima. A terceira parte da obra recolhe extraordinários ensaios e textos (alguns já citados aqui) sobre o desenvolvimento da própria investigação sobre os conceitos de ambiente e desenho. São os autores: Carla Rinaldi, Andrea Branzi, Vea Vecchi, Jerome Bruner, Antonio Petrillo, Paolo Icaro, Alessandro Sarti e Alberto Veca. Sem dúvida, um livro que ajuda a entender em profundidade, e de forma crítica, o espaço-ambiente e a arquitetura das escolas que Loris Malaguzzi começou em uma linha ou caminho que, todavia, não finalizou. Essa é a grande virtude dessa pedagogia.

2.1.3 Princípio estético 2: construir pedagogia é sonhar a beleza do insólito[144]

O estranhamento

Malaguzzi amou a estética do insólito. Não suportava a rotina e a clonagem estereotipada e tópica que levam a educação a uma repetição absurda. Procurou, desse modo, como artista, a estética de conhecer o novo, ou de ver o mesmo com as lentes do insólito. Para realizar essa operação, é necessário aprender a escutar. A escuta nos ajuda a entender como as crianças pensam e acreditam que crescem. A escuta nasce, também, de tornar estranho o familiar; esse *ostraneny* [ostranenie], um termo introduzido por Sklovskij (1968), e poetas como Majakovskij (1993)[145] e Ajamátova (1998). Bruner, ao refletir sobre a experiência de Reggio, assim compreendeu.

> [...] a palavra russa "ostranenyi" significa "tornar estranhas ou alienar as coisas que nos parecem familiares para poder examiná-las de uma maneira nova ou para poder refletir sobre o que estamos fazendo". Os poetas trataram de lançar um olhar novo sobre o mundo e foram um perigo para qualquer forma de dogmatismo e, frequentemente, foram feitos prisioneiros nas prisões de Stalin. Viver como poeta ou praticar a "ostranenji", viver a "experiencia do estrangeiro", significava viver perigosamente. (Bruner, 2000, p. 12)

---

[144] Esse princípio está também desenvolvido em Alfredo Hoyuelos, "Loris Malaguzzi. Somiar la bellessa d'allò que és insòlit", *Infància* 138 (maig-juny, 2004), 5-12.

[145] "Maiakovski é um grande talento ou, como define Blok, um enorme talento. É capaz de apresentar coisas que já vimos muitas vezes de uma maneira que nos parecem novas. Manuseia as palavras e o dicionário como um maestro audaz que trabalha de acordo com suas próprias leis, quer goste ou não goste de seu artesanato (León Trotsky, 1993, p. 9).

Também Gianni Rodari, fonte contínua de inspiração para Malaguzzi, fala desse tema:

> Para o conceito de "estranhação" ou "estranhamento", ver o ensaio de Victor Sklovskij, *La struttura della novella e del romanzo* e *L'arte come procedimento* do livro *I formalisti russi* (Einaudi, Torino, 1968). Cito de um e outro: "A função da arte é transmitir a impressão do objeto como visão, e não como reconhecimento..." "O procedimento da arte é o procedimento do estranhamento do objeto..." "Para fazer de um objeto um fato artístico, é necessário extraí-lo da categoria dos fatos da vida... agitar o objeto... extrair o objeto da série de associações cotidianas..." (Rodari, 1979, p. 204).

Esse estranhamento tem a ver, diretamente, com a ideia dos *ready-made* de Duchamp[146] ou com as obras do *pop art,* embora toda obra de arte ou artista (Malrieux, 1971) – por definição – participem dessa ideia. E essa *ostranenie sklovskiana*, da qual também fala Malaguzzi,[147] é um princípio e uma estratégia para escutar e revelar essa estética do conhecer infantil. Por isso, surpreendem tanto suas apreciações que nascem de escutar as crianças. Escutar é estar alerta para deixar de considerar as coisas como naturais e óbvias. Nisso ajuda essa atitude de estranheza que resgata da evidência trivial do extraordinário inesperado que há nas palavras, nos gestos, nos desenhos e nos olhares das crianças. É necessário desconfiar do evidente para buscar significados mais profundos no que parece banal. Isso transforma em algo mais divertido uma profissão como a de educar.

É o que, em outras ocasiões (Hoyuelos, 1993, p. 10-14), definimos como inovação educativa; ou seja, como uma recriação circular à procura (como demanda ou solicitação) de novos pontos

---

[146] N. do E.: proposta estética do artista francês Marcel Duchamp, em que objetos comuns, industrializados, são retirados de seu contexto usual e transformados em obras de arte.
[147] Loris Malaguzzi, "Se l'atelier è dentro una lunga storia e ad un progetto educativo", *Bambini,* anno IV, n. 12 (dicembre 1988), p. 31.

de vista interpretativos interdependentes e intercambiáveis em contextos específicos das aparentemente mesmas atividades que sempre vemos sendo efetuadas. Se perdemos a aptidão de reinterpretar (ou inovar) o que aparentemente sempre temos feito, isso pode nos levar a uma rotina inercial. Procurar o entusiasmo no novo como diferente em que, sem pensar que o diferente pode estar na capacidade potencial de olhar o mesmo (o que já não é igual) de outra maneira, para abrir novas expectativas do ver e do saber estar.

Significa, de alguma forma, colocar em prática o que alguns definem como "observação flutuante":

> Consiste em se manter vago e disponível, sem fixar a atenção em um objeto preciso, mas deixando-a "flutuar" para que as informações penetrem sem filtro, sem *a priori*, até que façam aparecer pontos de referência, convergências, disjunções significativas, eloquências..."[148]

O deslumbramento

Para Loris, é necessário que nos demos conta, em primeiro lugar, do deslumbramento que se lê nos olhos das crianças.

> Trabalhar com crianças quer dizer ter que fazer as contas com poucas certezas e com muitas incertezas. O que nos salva é buscar e não perder a linguagem da maravilha que perdura, em troca, nos olhos e na mente das crianças. É necessário ter a coragem de produzir obstinadamente projetos e seleções. Isso é competência da escola e da educação.[149]

---

[148] Manuel Delgado, *El animal público*, Barcelona, Anagrama, 1999, p. 49-50.
[149] Loris Malaguzzi, citado por Laura Rubizzi, "I diritti degli insegnanti". In AA.VV., *Una carta per tre diritti*, Reggio Emilia, Centro Documentazione e Ricerca Educativa Nidi e Scuole dell'Infanzia, 1995, p. 21.

Essa *fascinação* pressupõe, para o pedagogo de Correggio, uma maneira de entender e compreender os processos de construção da criança. Um deslumbramento que Malaguzzi distingue curiosamente da maravilha. Aquele nos faz estremecer de emoção. Trata-se de uma atitude de atenção e de espera que pode conseguir aumentar o deslumbramento da criança ou reduzi-lo a nada, matando as potencialidades originais de uma criança que necessita investigar e se deslumbrar para crescer. O deslumbramento é essa emoção sutil que nos põe em alerta para procurar os significados importantes das coisas que vemos, sentimos ou reconhecemos.

> O último fato... se podemos realmente trabalhar com o deslumbramento da criança ou se o deslumbramento continua sendo uma espécie de incógnita que não conseguimos integrar [...].
>
> Não podemos mais deixar de notar o sentimento de admiração que é demonstrado por meio dos olhos, da mímica facial [...].
>
> Quero dizer que o deslumbramento, esse ato compartilhado e apetitoso da criança, de partilha em relação a algo que acontece do qual ela possa ter sido a autora [...]. Tente pensar nos laços de sangue que podem existir entre deslumbramento e estratégia [...]. Talvez estejamos preocupados em entender que o deslumbramento pode ser o instrumento que não apenas pertence naturalmente à criança, que pode ser uma ferramenta que, de alguma forma, usamos para manter alta a capacidade de tensão da criança, em todas as pausas de exploração, de pesquisa, que ela realiza constantemente em torno de si, mas também para torná-lo uma ferramenta que conduza para dentro de uma complexidade processual, de um processo delicado, que, no entanto, pode ser impulsionado por essa expectativa de deslumbramento ou recuperado como uma entidade do deslumbramento que pode surgir na criança.

> Não sei quantos jogos de deslumbramento você transcreveu em seu diário de continuidade com as crianças. Mas acredito que indubitavelmente se trata do deslumbramento, diferente da maravilha, o deslumbramento é mais sutil, mais leve, pode ser perseguido porque vale a pena, a maravilha pode ser perseguida, mas vai de encontro a muitas dúvidas, perguntas, você nunca sabe se poderia ser uma maravilha dramática ou espetacular, mas o deslumbramento é um sentido solar, de plenitude, de *eros*, da festa que a criança faz ou quando certas atitudes produzem esse deslumbramento, ou então ela percebe que está enfrentando uma espécie de discrepância, de pequeno abismo, vertigem além da qual está o deslumbramento.
> A brincadeira do "achou" é um jogo muito belo, simples, mas com a aparência de um arrepio nas costas [...]. Basta um gesto nosso, um olhar nosso para aumentar ou diminuir o deslumbramento da criança.[150]

Esse deslumbramento estético que produz o *estranhamento* leva a descobrir essa ideia do Padre Balducci (1992), e também de Gaston Bachelard (1994), tão amada por Malaguzzi, da criança portadora do inédito. Inédito visto que implica a fascinação do desconhecido, da incerteza do escondido, das possibilidades submersas que desejam sair à superfície para serem olhadas; essa nostalgia do futuro da qual fala Malaguzzi.

> O fascínio da criança não é aquele que um certo romantismo nos sugere, é um fascínio metafísico, no sentido de que, na criança, percebemos as possibilidades inéditas que existem, sentimos a condição humana em seu estado de aurora. Nós adultos já somos o que somos.

---

[150] Loris Malaguzzi, *Laboratorio su: la progettazione alla scuola dell'infanzia* (transcrição de uma palestra proferida em Reggio Emilia em 28 de março de 1988), p. 35. Ver, também, sobre esse aspecto: Loris Malaguzzi, *Valore ecologico e formativo della strategia, la ricerca e lo stupore come procedura e stile relazionale dei bambini. Nuove ipotesi scienticiste e culturali per una coscienza ecologica 1º y 2º* (gravações sonoras de uma palestra proferida em outubro de 1988).

> A criança, em vez disso, está diante de nós no espelho, é a transparência da possibilidade do homem oculto. Quem se aproxima sempre sente esse fascínio. (Balducci, 1992, p. 5)

No entanto, para que essa ideia do inédito revele toda a sua força e toda a sua potência é importante, para Malaguzzi, que sejamos capazes de realizar uma educação inexplorada, fora da retórica, dos cânones e dos marcos estabelecidos. Uma educação que provoque, ao mesmo tempo, desenfreamento, tumulto, deslumbramento, admiração e assombro. Definitivamente, um escândalo.

> Breton diz a Buñuel quando está prestes a morrer: "Enfim, meu amigo, não é mais hora de escandalizar ninguém!" Devemos encontrar o prazer de causar escândalos tanto quanto a pedagogia permitir. Que possa ser como um despertar nunca visto. Algo que nos permita ver um mundo diferente do de antes, do dia anterior. Encontrar o novo nos conecta a um pensamento de Saint-Exupéry, que fala sobre "nunca esquecer que qualquer um de nós pode ser a oportunidade para [ser] um homem diferente". E essa é uma das coisas que também devemos procurar nas dimensões da criança.[151]

Neste princípio estético desenvolvemos as ideias do estranhamento, do deslumbramento e do inédito para sermos capazes de ver (desvendar), com outros olhos, o que nos parece igual. Vejamos, agora, as estratégias concretas com as quais, a nosso modo de ver, Malaguzzi colocou em prática tal princípio.

---

[151] Loris Malaguzzi, *Seminario svedesi. Relazione d'apertura. Modelli e congetture... op. cit.* (transcrição de uma palestra proferida em Reggio Emilia em 19 de maio de 1993).

2.1.4 As estratégias do princípio estético 2 (construir pedagogia é sonhar a beleza do insólito)

Vamos falar de duas estratégias que executam esse princípio:

- Primeira estratégia: o ateliê.
- Segunda estratégia: a metáfora.

Primeira estratégia do princípio estético 2: o ateliê

Encontramo-nos diante de uma das contribuições mais originais de Malaguzzi na experiência reggiana e para a qual já dedicamos estudos anteriores (Hoyuelos, 1996, 1998, 2002).

No fim dos anos de 1960, ocorre a Malaguzzi a ideia de implementar, em cada escola da infância, um ateliê com um educador especializado em formação artística: o *atelierista*. Nasce, dessa forma, a ideia do ateliê. Loris teve a intuição e a converteu, como estava habituado, em possibilidade, ideia, vontade e necessidade.

Devemos fazer um esforço mental para retroceder no tempo e imaginar a dificuldade de incluir no molde orgânico de cada uma das escolas um profissional *não pertencente* ao mundo educativo. Deve ter sido, certamente, uma manobra difícil e engenhosa. Em 1966, três anos após a inauguração das primeiras escolas municipais da infância para crianças de 3 a 6 anos, Malaguzzi cria a figura do *atelierista*, um profissional inédito que, a Loris, em uma genialidade, ocorreu incluir nas escolas. Trata-se de uma figura que, com a aparição do ateliê, vai pressupor uma revolução na concepção pedagógica e cultural das escolas. Podemos nos lembrar, em relação a isso, de Vittoria Manicardi,[152] uma professora que trabalhava na escola de

---

[152] Vittoria Manicardi en Ettori Borghi, Antonio Canovi e Ombretta Lorenzi, *Una storia presente,* Reggio Emilia, Associazione internazionale Amici di Reggio Children e Reggio Children, 2001.

Cella, à qual Loris Malaguzzi convoca, por ter visto em seu diploma um dez em desenho, para que colocasse em funcionamento o ateliê da escola Anne Frank. Ela narra como Malaguzzi a obrigou a escolher e a mudar a cor das paredes, buscando um tom mais quente para a escola, a fim de realizar uma exposição fotográfica mais bem apresentada. Juntos fizeram os primeiros esboços para a construção de cavaletes, mesas e mobiliário diverso.

> [...] a escola era toda branca. E nada, ele a queria uma cor mais quente. Eu tinha que escolher, porque queríamos exibir as fotografias tiradas durante a exposição do mês de maio anterior [...] e, como todas eram em preto e branco, ele queria que fosse uma cor mais quente. Então, eu me lembro ter dito "Ah, certo, eu vou procurar" [...] e, durante todo o dia, da manhã à noite, até depois do jantar, falou sobre essa cor nas paredes porque, enfim, também eram grandes, e eram necessárias mãos duras, porque a escola seria inaugurada na manhã seguinte, eis, mas o doutor Malaguzzi sempre pedia as coisas no último momento e com pressa. De fato, nós o chamávamos de vulcão.[153]

A força da ideia criou essa figura. No início, não existia uma cobertura legal (foi preciso esperar até 1972 para que o regulamento municipal das escolas a incluísse no molde orgânico) para contratar esse tipo de profissional. Malaguzzi, em uma manobra *ilegal*, tem a ideia de contratar pessoas com formação e sensibilidade artística como auxiliares ou monitores para realizar as funções de atelieristas. No organograma das escolas, existiam as professoras (tutoras de um grupo), as assistentes ou auxiliares (que ajudavam as tutoras), monitores e as equipes da cozinha e da limpeza. Posteriormente, com a institucionalização do atelierista, esses profissionais entraram para

---
[153] *Ibidem*, p. 150.

fazer parte das instituições educativas com uma formação inicial artística, certificada com o diploma correspondente.

Surgem, assim, o atelierista e o ateliê que ocupam – junto de outros elementos – o baricentro da escola reggiana. Mas, para que criou o ateliê?

Pensamos que, para ele, era um jogo: o de se divertir. Loris era divertido e divergente. Gostava da seriedade lúdica, das ideias incômodas, das rupturas sistemáticas, das complexidades criativas, da normalidade das loucuras e de chegar ao limite do impensado.

Sabemos (Efland, 2001, p. 86-87) que o termo *atelier* se referia, principalmente, nos séculos XVIII, XIX e começo do XX, à oficina ou ao estúdio de um artista. Eram lugares, principalmente, de experimentação, de busca de novas técnicas e processos artísticos. Essa ideia de busca constante é a que Malaguzzi recupera para o campo educativo.

No ateliê, âmbito que é mais que espaço, Loris rompe com as rotinas seculares da pedagogia para abrir relações e diálogos inimaginados, caminhos. Rompe e interrompe os estereótipos e preconceitos de uma educação atrasada em termos e conceitos exclusivamente psicológicos e pedagógicos. Cria um obstáculo, um desequilíbrio e um conflito. Impede de ver e interpretar o mundo, um mundo só visto pelas lentes simplificadas e reducionistas da cultura didática. Malaguzzi fala, não por acaso, do ateliê[154] como um lugar impertinente.

> Produziu uma erupção subversiva, uma complicação e instrumentos adicionais, capazes de fornecer riquezas de possibilidades combinatórias e criativas entre as linguagens e as inteligências não verbais das crianças, defendendo-nos não apenas do desgaste – que eram parte predominante das teorias didáticas da época e quase a única ferramenta confiada às professoras –, mas também daquela pseudocultura da

---

[154] Loris Malaguzzi, "La storia, le idee…", *op. cit.*, p. 93.

"cabeça-contêiner" que já se presumia e, que ainda hoje, segundo muitas reclamações, é o modelo que dá, ao mesmo tempo, a maior impressão do progresso cultural e a maior depressão do ponto de vista do aumento efetivo do conhecimento.[155]

Assim, no ateliê, como diria López Quintás (1987, p. 239-244), o espaço transita ao âmbito artístico e permite estabelecer significados múltiplos com os elementos expressivos.

Malaguzzi, dessa forma, toma da cultura artística algumas fontes das quais extrai, em parte, as ideias para construir, de forma original, o projeto do ateliê e colocá-lo em relação ao conjunto de seu projeto pedagógico. Dessas referências artísticas, gostaríamos de ressaltar – em parte – da obra de Giulio Carlo Argan (1977 e 1992)[156] as seguintes:

- Um retículo de elementos inter-relacionados, que compõem um espaço vital, em que cada elemento, cada linha, traço, ponto, cor ou forma, necessita ser visto em função da totalidade da obra (ver qualquer obra de arte).
- Um relativismo que foge do absoluto das leis gerais, como nas obras abstratas de Kandinsky, que nascem do silêncio do branco que "está cheio de promessas e de esperança"

---

[155] *Ibidem*.

[156] Lembremos que Giulio Carlo Argan foi um autor apreciado por Malaguzzi e do qual ele retirou diversas ideias. Ver: Loris Malaguzzi, "Tre libere conversazioni. Con Argan, Stern y Branzi", *Zerosei,* anno VII, n. 11/12 (giugno 1983), p. 22-33. Também nos ajudaram, para elaborar essa seção, entre outras, as seguintes obras: J. Beljon, *Gramática del arte,* Madrid, Celeste, 1993; G. Dorfles, *Últimas tendencias del arte de hoy*, Barcelona, Labor, 1976; Ruhrberg y Otros, *Arte del siglo XX* (Volumen I y Volumen II), Madrid, Taschen, 1999; Karin Thomas, *Diccionario del arte actual,* Barcelona, Labor, 1994; R. Huerta (ed), *Los valores del arte en la enseñanza,* Valencia, Universitat de València, 2002; A. D. Efland, *Una historia de la educación del arte,* Barcelona, Paidós, 2002; B. Croce, *Breviario de Estética,* Madrid, Aldebarán, 2002; E. H. Gombrich, *Meditaciones sobre un caballo de juguete y otros ensayos sobre la teoría del arte,* Madrid, Debate, 2002; E. H. Gombrich, *Los usos de las imágenes. Estudios sobre la función social del arte y la comunicación visual,* Barcelona, Debate, 2003.

(Kandinsky, 1996, p. 11), para revelar as infinitas nuances dos objetos.
- Uma ruptura com os excessos totalizadores que algumas ciências tratam de ter.
- Uma recusa dos conjuntos de ideias fechados e determinantes, como podemos ver – por exemplo – nas obras de Malevich.
- Uma ideia de protesto, de escândalo, de desconstrução, de desconcerto, do insensato, do disparatado, do antiprograma, como podemos ver – por exemplo – nas obras dadaístas dos *ready-made* de Marcel Duchamp.[157]
- Uma tensão expressiva como nas obras de Auguste Rodin.
- Uma ideia criativa de espaço ilusório, mas possível, como nas obras de Escher.
- A busca da multiplicidade, como nos ensinaram o Cubismo e Picasso.
- Um caráter democrático de comunicação intersubjetiva, como pretendeu a malograda Bauhaus, "com seu repúdio aos mitos sublimes da arte e sua separação da experiência de vida",[158] ou a Black Mountain College de Nova York (Solana, 2002).

---

[157] "Os *ready-made* são objetos anônimos os quais o gesto gratuito do artista, pelo simples fato de escolhê-los, converte em obras de arte. Ao mesmo tempo, esse gesto dissolve a noção de "objeto de arte". A contradição é a essência do ato; é o equivalente plástico do jogo de palavras: este destrói o significado, aquele, a ideia de valor. O *ready-made* é uma zona vazia entre a arte e a antiarte. A abundância de comentários sobre sua significação revela que seu interesse não é plástico, senão crítico e filosófico. Seria estúpido discutir sobre sua beleza ou feiura, tanto porque estão além da beleza e da feiura como porque não são obras, mas, sim, signos de interrogação ou de negação perante as obras. O *ready-made* não postula um valor novo: é um dardo contra o que chamamos de valioso. É uma crítica ativa; um pontapé contra a obra de arte sentada em seu pedestal de adjetivos. A ação crítica se desdobra em dois momentos. O primeiro é de ordem higiênica, um sanitário intelectual, o *ready-made* é uma crítica do gosto; o segundo é um ataque à noção de obra de arte" (Octavio Paz, 1994, p. 31, grifos nossos).

[158] Loris Malaguzzi en Enzo Catini, "Intervista a Loris Malaguzzi. Se l'atelier è dentro una lunga storia e ad un progetto educativo", *Bambini,* anno IV, n. 12 (dicembre 1988), p. 27.

- Uma necessidade de contar com o espectador para completar a obra, como demonstram algumas instalações de Rebecca Horn (AA.VV., 2000).
- Uma busca de uma visão plástico-imaginativa que implique uma apreciação estética do mundo, como nas obras de Piet Mondrian, Juan Navarro ou de toda a vanguarda artística.

> Ver plasticamente é contemplar em consciência. Melhor ainda: é ver através. É distinguir, é ver verdadeiramente. Ver plasticamente conduz a comparar e, em consequência, a ver relações... pela própria ação da visão plástica destruímos a aparência natural e reconstruimos a aparência abstrata das coisas. Mediante a visão plástica, corrigimos, de certo modo, nossa visão habitual [...] a pura visão estética permite a expressão do verdadeiro por meio do belo [...]. Contudo, o belo não pode ser a beleza puramente exterior, pelo fato simplíssimo de que a visão plástica pura vê através das coisas [...], não é outra coisa senão ver a verdade em consciência (Mondrian, 1989, p. 58).

- Um encontro com o absurdo, com o imprevisto, uma combinação inesperada e enigmática, uma reação contra a monotonia, alterando as combinações habituais, rompendo esquemas *normalizantes*, por exemplo, nas obras surrealistas de Magritte.
- Um olhar metafórico (Gombrich, 2002) e irônico sobre a realidade para revelar – de forma transgressora – significados ausentes, estabelecendo relações (Lowenfeld, 1965) sensíveis novas e originais.
- Também alguns movimentos artísticos (Gombrich, 2003) não se afastam do contexto e são capazes de estabelecer uma sátira ou crítica social às vezes impiedosa. Isso demonstram, por exemplo, todos os retratos satíricos que apareceram na história da arte no começo do século XVII.

- Uma não distinção entre o real e o imaginário, entre o exterior e o interior. Um gosto pelo pequeno, pelo detalhe e, também, em algumas ocasiões, pelo grande.
- Uma aproximação do mundo educativo e, em particular, dos desenhos infantis, como acontece em algumas obras de Paul Klee (1993).
- Uma busca da expressão e das capacidades de percorrer o próprio caminho; no processo de construção formal e compositiva, como na extraordinária série de Antonio Eslava sobre o Caminho de Santiago. Também Chillida, nesse sentido, é ilustrativo quando comenta: "Quando trabalho, sinto o aroma, deixo-me guiar pela intuição, mas desconheço o resultado final da obra."
- Uma tentativa, como dizíamos, de ocupar um espaço e transformá-lo em âmbito estético, como ocorre com algumas esculturas de Jorge Oteiza ou nas de Mat Mullican (Solana, 2000), que nos desvelam um espaço vazio, quieto, silencioso, acolhedor.

> A criança precisa, pois, do sentimento, da visão e do comportamento estético do artista provocador de sensações, exaltado guerrilheiro audiovisual da imaginação, com o brinquedo da realidade. Capaz, digamos, de indicar com o dedo uma diagonal invisível no espaço e de segui-la, saltá-la, dançar com ela, cantá-la, capaz de prolongá-la ou rompê-la, de conjugá-la sempre em uma sequência contínua de percepção, estímulo e reações. A criança imita, entra no jogo, descobre sua liberdade e se compromete com jogo, ao participar dele e ao vivê-lo [...].
>
> Mas o educador se detém, interrompe o jogo para atender à criança, pensa que a criança pode se machucar. Para o bom educador, o jogo estético não se deve interromper. (Oteiza, 1974, p. 135-136)

- Também, em algumas ocasiões, a arte realizou conscientemente uma intervenção respeitosa sobre a natureza, fugindo da sacralidade dos museus, para construir algumas espécies de mapas que tornam legível essa própria natureza. Assim demonstram-nos algumas obras do *land art*.[159]
- Uma ressonância com as ideias e com a cultura contemporânea, usando todos os meios em uma busca estética e em processos de criação de uma nova cultura visual e audiovisual. É a arte que se move ou antecipa os tempos, como nas obras de videoarte de Nam June Paik, a arte do videoclipe de Pipilotti Rist, as construções de *net art* de Zush (Millán, 2002). Vivemos em um mundo no qual as novas tecnologias, as redes informáticas e o virtual formam uma cultura com a qual convivemos; uma cultura que criamos simbolicamente enquanto ela nos produz. Hoje (Hoyuelos, 2002), a sociedade e a cultura artística mostram uma clara tendência à *con-fusão* (Oliveira, 2000), à experimentação com materiais novos e à pesquisa de novas formas de expressão, mesclando o que vem sendo denominado de *alta cultura* (identificada com a vanguarda) e o que se caracterizou como *cultura popular* (identificado com o *kitch*). Dessa maneira, a arte sai de seu pedestal para se contaminar com o cotidiano, com a cultura de massas.[160]

---

[159] N. do E.: movimento artístico também conhecido como *earth art* ou *earthwork* (arte da terra, em tradução livre), surgiu na década de 1960 nos Estados Unidos e na Europa e busca fundir a natureza e a arte.

[160] Inclusive, estão aparecendo na Europa centros culturais que tratam, em suas propostas, de mesclar diferentes atividades artísticas e disciplinas que, normalmente, foram consideradas como disjuntivas e vistas de forma separada (ver como referência Fabrice Raffin, "Spazi liberati per un'arte collettiva", *Le Monde Diplomatique* (ottobre 2001).

> Na mesma direção, há de ser entendida também a substituição dos termos *expressão plástica* ou *artes plásticas* por outros, mais difusos e integradores, como *configuração visiva, cultura visual* ou *artes visuais*, que sugerem um imaginário e um universo de referência mais amplo, que inclui todo tipo de territórios, desde os de forma clássica e classista ocupados pelo museu até os mais hipotéticos e dinâmicos, como os da moda, do desenho, das revistas, dos videoclipes, dos *video games* ou da televisão. A cultura visual é tudo aquilo que povoa a iconosfera que respiramos: as imagens que circulam em todo tipo de meios e suportes, e que caracterizam e definem este presente que fragilmente habitamos. (Oliveira, 2000, p. 18)

Trata-se, não somente, de uma nova cultura visual, mas de uma mescla e mestiçagem de diferentes sentidos (novos sons, novos gostos e sabores com a multiplicação de cozinhas que vêm de outras culturas, novos tatos e odores etc.). Esse universo contemporâneo provoca uma complexa rede de relações, de uma versatilidade surpreendente, que sugerem novas atmosferas e sensações. Hoje, alguns jovens artistas procuram uma hibridação cultural que legitime novas formas de expressão. Um consolidado artista como o coreano Nam June Paik mescla, em suas obras, por exemplo, a videocriação e as novas tecnologias com elementos de inspiração budista e materiais da natureza (terra, fogo...), talvez para comunicar que o natural já não é o biologicamente puro, mas um conceito confuso e confundido com o cultural, com o pós-moderno. Essas novas sensações da cultura e da arte contemporânea – basta ver as obras do *net art* (Hart, 2002) – atravessam o mundo do real e do atual para se submergirem no mundo do virtual. A *virtualização* entendida "não como uma desrealização (a transformação de uma realidade em um conjunto de possibilidades), mas como uma mudança de identidade, uma mudança do centro de gravidade ontológico do objeto" (Lévy, 1997, p. 8). Portanto, o mundo do virtual se revela como uma translação das coordenadas espaçotemporais para procurar novos pontos de vista potenciais. Cada vez mais se fala de uma mescla complementar entre biologia e tecnologia, natureza e cultura, corpo e máquina. É a cultura chamada ciborgue (Millán, 2000).

> "No fim do século XX – nossa era, um tempo mítico –, todos somos quimeras, híbridos teorizados e fabricados de máquina e organismo; em uma palavra, somos ciborgues. O ciborgue é nossa ontologia, outorga-nos nossa política."[161]
>
> O ciborgue é o epítome mais esclarecedor do desaparecimento das fronteiras entre cultura-tecnologia e natureza-biologia, é o "resultado de uma produção simultânea de matéria (corpo) e ficção (cultura)".[162]

- Uma irremediável necessidade de identificar sinergias interativas que ponham em relação as ideias e as ações como lugares de procura de significados. Como uma inelutável necessidade de passar as ideias à ação.

Com todas essas ideias, não gostaríamos de identificar totalmente os artistas com Malaguzzi, seria um abuso de um reducionismo terrível para ele, para os artistas e para os meninos e as meninas.

---

[161] D. Haraway, "Manifiesto para Cyborgs: ciencia, tecnología y feminismo socialista a finales del siglo XX", en *Ciencia, cyborgs y mujeres. La reinvención de la naturaleza*, Madrid, Cátedra, 1991), p. 254 (citado por Manuel Olveira, *Pure por for People. Cultura visual de Hoxe para xente de hoxe*. Congreso celebrado em Santiago de Compostela em julho de 2000).

[162] A. Martínez-Collado, "Tecnología y construcción de la subjetividad. La feminización de la representación cyborg", *Acción paralela* n. 5 (enero 2000), p. 113 (citado por Manuel Olveira, *Pure por for People, op. cit.*).

> A singularidade das crianças em comparação aos artistas parece evidente assim que são observadas e documentadas algumas "lascas" de processos utilizadas pelas crianças ao fazerem seus trabalhos [...].
> A relação empática com as coisas, mantendo firmemente os aspectos cognitivos entrelaçados com os expressivos, a facilidade de uso de forma transversal e com grande facilidade de várias linguagens simultaneamente [...], a alegria, o esforço de interpretar são atitudes semelhantes, características comuns a crianças e artistas.
> Assim como a construção frequente de metáforas e as conexões entre sujeitos diferentes e inesperados, provavelmente porque ambos (crianças e artistas) são capazes de imagens mentais não incluídas em categorias rígidas de pensamento.
> No entanto, o que diferencia crianças e artistas [...] é a tensão do artista mostrando as fendas, as contradições, a face oculta das coisas; mas, acima de tudo, é o compromisso das crianças de viver (e crescer) em mundos que têm tempos e instintos diferentes. (Vecchi, 2004, p. 140)

É, portanto, oportuno e necessário, manter as justas diferenças entre crianças e artistas para evitar distorcer a identidade e os percursos que ambos realizam com grande criatividade. Da mesma maneira, devemos ter muito cuidado em analisar como aproximamos as obras de arte das crianças: nunca com o objetivo de que os artistas se tornem um modelo a ser copiado, para pintar como eles, mas como uma forma de provocar uma cultura visual ou artística que possa ser um alimento a mais para o desenvolvimento do imaginário pessoal das crianças. Isso significa se opor a essa didática da arte que considera os artistas (Vecchi, 2004, p. 141) os únicos geradores de criatividade. Enquanto esta, para que se desenvolva, necessita de subjetividade, confiança nas possibilidades infantis e liberdade de expressão.

Portanto, não se trata de identificar crianças e artista, mas, sim, podemos pensar, como Loris em rigor o fazia, nas possíveis implicações dessas ideias no mundo educativo. O importante dessas ideias é que amplificam pontos de vista sobre o mundo infantil e sobre a observação de seus processos construtivos. Um estudioso como Elliot W. Eisner também se ocupou desse tema em um brilhante capítulo intitulado "Lo que la educación puede aprender de las artes" (Eisner, 2004, p. 239-253). Esse professor de arte da Universidade de Stanford distingue dez contribuições da arte para o mundo educativo. Aspectos que, agora, queremos destacar porque acreditamos que estão em relação direta com o desenvolvimento do projeto do ateliê nas escolas da infância de Reggio Emilia e porque são questões que devemos, de imediato, atribuir – como potencialidades – às crianças que temos inexoravelmente que observar e cujos processos devemos documentar. Mas em nenhum momento, queremos deixar bem claro, desejamos identificar o projeto educativo de Reggio Emilia com a ideia – que algumas vezes lemos em inadequadas interpretações da experiência reggiana – de serem escolas de arte ou de desenvolvimento de um currículo artístico. Estes são os aspectos que Eisner destaca:

- As artes nos fazem ver que pode haver mais de uma resposta para uma pergunta e mais de uma solução para um problema.

    > As artes ensinam às crianças que seu selo pessoal é importante [...]. Nas artes, há mais de uma maneira de interpretar uma partitura musical [...]. Nas artes, a diversidade e a variabilidade ocupam um lugar central. (Eisner, 2004, p. 240)

- Nas artes, forma e conteúdo se interpenetram mutuamente. A forma como temos de dizer algo molda o significado e a forma se transforma em conteúdo.

- As artes ajudam a refinar e a usar a sensibilidade fugindo, de certa maneira, do factual, da exatidão, do linear, do excessivamente concreto.
- Além disso, o estético não pode ser separado da experiência intelectual. Ambos se formam mutuamente:

> [...] isso é o que fazem os cientistas e os artistas; percebem o que é, mas imaginam o que poderia ser e então usam seu conhecimento, suas aptidões técnicas e sua sensibilidade para aprofundar o que imaginaram. (Eisner, 2004, p. 243)

- As artes também nos ensinam a ver a importância das relações entre as partes.

> A maneira como as formas se relacionam entre si é fundamental, tanto que os artistas dedicam anos para refinar as relações de suas obras [...], a prestar atenção nas relações, a escapar da influência limitadora da percepção focal para ver como uma série de formas se unem em um todo. (Eisner, 2004, p. 245)

- Quando as satisfações estéticas se desenvolvem, surgem as motivações intrínsecas dos processos construtivos do conhecer. Esses processos ou projetos das pessoas não são realizados por medo, obediência ou pelas práticas de reforço tão habituais nas escolas, mas, sim, pela alegria vital em converter a experiência em uma experiência voluntária de vida.
- As artes também nos ensinam como a linguagem literal ou a quantificação não são os únicos meios para compreender algo nem para representar essa compreensão. Existem infinidades de linguagens (cem, diz Malaguzzi metaforicamente) para expressar tudo o que queremos dizer. Essa legitimidade das cem formas de conhecer e de expressar é algo que as artes, com sensibilidade, nos ajudam a ver.

- As artes atestam a importância da flexibilidade de propósito no curso do próprio trabalho:

  > [...] a atividade artística é oportunista [...], caracteriza os aspectos mais inteligentes da conduta organizada. Uma organização pode definir objetivos, mas sem perder de vista o contexto, a fim de modificá-los quando for necessário. De modo similar, quem trabalha nas artes [...] aproveita qualquer fato ou acontecimento imprevisto para marcar objetivos que não faziam parte de sua agenda original [...]. Podemos ver um exemplo muito claro da flexibilidade de propósito na improvisação do *jazz*. (Eisner, 2004, p. 250-251)

- As artes podem ensinar à educação a importância de dedicar tempo para saborear a experiência que alguém procura. Esse "dar tempo", que Malaguzzi tanto levou em conta (Hoyuelos, 2004), é uma enorme lição de escuta e de respeito aos ritmos infantis:

  > [...] o objetivo da arte é precisamente o enriquecimento da experiência. Dado que as qualidades estéticas não se limitam ao que normalmente chamamos belas artes, uma vez que surgem ao fazer ciência, ao fazer matemática, na história e em outros campos, permitir às pessoas que aprendam a prestar atenção nesses campos sem perder de vista o estético e lhes oferecer tempo suficiente para que disfrutem de seu sabor. (Eisner, 2004, p. 252)

- Todos os campos ou todas as disciplinas são suscetíveis de serem tratados por suas propriedades estéticas e por sua capacidade de gerar experiência estética. Esse acontecimento faz que se enriqueçam e enriqueçam o mundo educativo.

Em todas essas ideias, e em outras que veremos a seguir, é que ficam justificados o ateliê e o atelierista. E é nessa dimensão cultural e de projeto que Malaguzzi procurou novos diálogos e interpretações do mundo infantil e adulto, também por meio do ateliê e do atelierista. Como diz Vea Vecchi (1995, p. 137),

> a formação artística me deu uma abordagem não esquemática dos problemas, flexível, capaz de favorecer a relação entre estruturas, curiosidades e uma atitude bastante irônica e divertida. A formação artística produz maior liberdade de pensamento e variedade de estilos de abordagem, em sintonia com os motivos pelos quais Loris Malaguzzi optou por introduzir o ateliê nas escolas para crianças pequenas.

Assim ficavam gastos os velhos e unidirecionais esquemas pedagógicos. O atelierista nasce para obstruir, no sistema-escola, a *normalizante* rotina educativa. Mas é muito importante entender que o ateliê e o atelierista não ficam reclusos em uma sala concreta para fazer educação artística (voltaremos nesse aspecto mais adiante), mas contaminam qualquer canto da escola para escandalizá-la.

Pouco depois, Malaguzzi se dá conta, e em inúmeras ocasiões apontou isso, da marginalidade da expressão, que relegava a educação uma mera falação.

> Pensar em uma estreita relação entre pedagogia e ateliê tem um significado, desde o começo, de experimentar o encontro entre duas linguagens "poderosas": a da palavra, tradicionalmente dominante na escola, e a visual, mais próxima do mundo da arte.
>
> Muitos anos atrás, como hoje, o relacionamento deve ser inventado, ser construído por profissionais com formações diferentes, mas com uma ideia comum de criança e de educação. Na nossa experiência, o diálogo entre ateliê e pedagogia é destinado a ampliar o relacionamento com outras linguagens, renovando-se continuamente em uma busca inacabada, capaz de alimentar curiosidades e perguntas.[163]

---

[163] Laura Rubizzi en "Se la pedagogia incontra l'atelier", Vea Vecchi e Claudia Giudici (a cura di), *Bambini, arte, artisti,* Reggio Emilia, Reggio Children, 2004.

Para ele, era importante inventar algo que desse, metafórica e praticamente, privilégio à ação, à mão que atua, tanto para crianças como para os adultos. O ateliê e o *atelierista* nascem para possibilitar a crianças e adultos o uso de suas cem linguagens.

> O ateliê tem, com sua chave de leitura, as referências que você diz. Mas, desculpe-me, se incomodo Wittgenstein para dizer que mesmo o conceito de ateliê (como todos os conceitos) não explica, mas é explicado. Explicado por seu uso, por sua prática [...]. Seu papel, integrado e combinado no âmbito da estratégia didática, nascia não apenas como retaliação e confronto à marginalidade e ao servilismo da educação expressiva e de uma concepção pedagógica feita de palavras e direitos pouco mais que *balísticos*, mas antes de tudo, como a recuperação de uma criança mais rica em recursos e interesses, interacionista, construtivista, de uma escola mais consciente e orientada e de um profissionalismo docente que, entristecido pela baixeza da escola magistral, tinha necessariamente que se refazer em campo.[164]

Assim nasce o ateliê, por suas competências, para sensibilizar o bom gosto e o sentido estético, sendo capaz de criar novas relações interpretativas entre os acontecimentos educativos.

O início do ateliê coincide com a fascinação que, naqueles anos, Malaguzzi mostrava por todas as teorias da percepção e pelas teorias da *gestalt*, que tanto discutiu com alguns atelieristas que as viam como culturalmente rígidas e atrasadas. Mas aquelas teorias fizeram Loris ponderar sobre dois aspectos que considerava esquecidos na educação tradicional: a educação da visão perceptiva (interconectada cultural e transdisciplinarmente com outros campos) e a importância da expressão.

---

[164] Enzo Catini, "Se l'atelier è dentro una lunga storia e ad un progetto educativo" (intervista a Loris Malaguzzi), *Le intelligenze si trovano usandole,* Bergamo, Juvenilia, 1990, p. 51.

> A cultura visual está relacionada com os fatos visuais, nos quais a informação, o significado ou o prazer são registrados pelo consumidor em um artefato com tecnologia visual. Entendemos por tecnologia visual, como nos recorda Mirzoeff (1999),[165] qualquer "aparelho" ou "suporte" desenhado para ser olhado ou para facilitar a visão natural, desde a pintura a óleo até a televisão e a internet (Hernández, 2002, p. 114).

Em uma interessante conferência,[166] da qual agora retiramos algumas ideias, o pedagogo reggiano dá as chaves – segundo nossa opinião – de leitura do conceito de ateliê, segundo os dois pontos de vista destacados.

A expressão

O problema é que o campo da expressão na educação foi tradicionalmente desvalorizado.[167] Valorizando a expressão, pensava Malaguzzi, poderia ser realizada uma educação mais integral, mais capaz de pôr em diálogo os jogos da lógica com os da imaginação e os da memória, suscitando uma zona mais disponível e inteligente para as experiências da vida cotidiana.

> [...] (o olho) visto não como um órgão isolado, mas como um amplificador, pelas coisas mencionadas anteriormente, das mãos, do nariz, do cérebro, das linguagens da fala, da escrita, do corpo [...].
> A criança está sujeita a mudanças contínuas [...], consequentemente, modifica seus modos de ser, de se sentir, de se mover, as relações mudam; pode a percepção permanecer a mesma? [...]

---

[165] O livro de Nicholas Mirzoeff foi traduzido ao espanhol por Paidós (2002).
[166] Loris Malaguzzi, *Sobre la percepción 1º y 2º* (gravações sonoras de 21 de fevereiro de 1987).
[167] Ver, por exemplo, a análise que realiza dos últimos anos do franquismo na España sobre esse tema Fernando Hernández (2001).

> A colocação, em uma história, do objeto ou da situação, na qual eles ainda permanecem, que os faz nascer, transformar, às vezes se dissolver e morrer. Esse ver objetos e situações dentro de uma história entrelaçada e complexa, coloca a criança em uma relação mais participativa e solidária com as coisas. (Vecchi, 1982)

Mas podemos nos perguntar o que significa expressão para Malaguzzi. Duas questões para explicarmos. A primeira é que acreditamos que Loris toma o conceito com base em um ponto de vista etimológico. Lembremo-nos que expressão provém do vocábulo latino *exprimo*, que significa – entre outras acepções – fazer sair, tirar, pronunciar, fazer subir, representar, pintar, descrever, esculpir ou traduzir. Se recorremos ao dicionário, o conceito de expressão amplia seu significado:

> 1. Ação de expressar. Manifestar com palavras ou por meio de outros signos exteriores o que alguém pensa ou sente. Manifestar o artista com vivacidade e exatidão os afetos próprios do caso. Como sinônimo, interpretar.
> 2. Palavra, frase.
> 3. Signos exteriores com os quais se expressa um estado de ânimo.
> 4. Coisa que presenteia em demonstração de afeto.
> 5. Vivacidade ou exatidão com que se manifestam os afetos.
> 6. Ação de exprimir. (Gran Enciclopedia Larousse, 1988, p. 4158)

Acreditamos que essas acepções se adequam ao sentido malaguzziano da ideia da expressão.

Mas falávamos de uma segunda fonte. Ela faz referência ao grande John Dewey, de cujas ideias Malaguzzi se considera, em parte, herdeiro. Dewey, em sua obra *El arte como experiencia* (1949, p. 53-94), fala de experiência, de expressão e de arte.

Para Dewey, a arte é uma experiência. Experiência entendida como qualquer dos processos conscientes de nossa vida. Porém, para que haja verdadeira experiência, deve existir um sentido de que dê intensidade, unidade à própria ação. Nossa vida, assim, deixa de ser distraída, dispersa, incoerente e superficial. Para definir o caráter estético da experiência, Dewey enfrenta o ato da expressão. Toda experiência começa com uma impulsão, entendida como um movimento de todo o organismo.

> Etimologicamente, um ato de expressão é uma compreensão ou uma pressão. O suco se espreme quando se esmagam as uvas no tonel de vinho; ou, para usar uma comparação mais prosaica, a gordura e o azeite se obtêm quando certas fatias são submetidas ao calor e à pressão. Nada se pode exprimir exceto do material natural originalmente cru. Mas é igualmente correto que a mera transferência do material cru não é expressão. Por meio da interação com algo externo, a prensa ou o pé do homem, obtém-se o suco [...]. Tocar a prensa da mesma forma que as uvas exprimem o suco e tocar os objetos resistentes do ambiente da mesma maneira que a emoção e a impulsão interna, constituir uma *expressão* da emoção. (Dewey, 1949, p. 58)

Essa diferença entre impulsão e expressão, retirada de Benedetto Croce (1997, 2002), parece-nos muito eloquente.

> O fato estético se esgota completamente na elaboração expressiva das impressões. Quando conquistamos a palavra interior, concebemos nítida e vivente uma figura ou estátua, encontramos um motivo musical, nasceu a expressão completa; não tem necessidade de

coisa alguma. Que depois abramos ou queiramos abrir a boca para cantar, que digamos em voz alta ou cantando o que já dissemos e cantamos para nós mesmos; que estendamos ou queiramos estender as mãos para tocar as teclas do piano, para manusear os pincéis ou o escalpelo, executando, por assim dizer, quando grandes, aqueles movimentos que antes realizamos quando pequenos, rapidamente, e traduzindo-os em uma matéria que deixe marcas mais ou menos duradouras; é esse um fato sobreposto que obedece a distintas leis. (Croce, 1997, p. 73)

Malaguzzi retira esta ideia de Croce (que posteriormente veremos matizada), de cuja definição (Agirre, 2001) podem-se rastrear vários aspectos que são relevantes para os projetos educativos de tipo expressionista:[168] a expressão se concebe como processo e não como resultado, o criador artístico aprende expressando e toda expressão é autoexpressão e responde a um impulso interior espontâneo. A exteriorização de uma impulsão não é uma expressão. Para que haja expressão, deve existir uma emoção. Essa emoção é o que leva à arte, à experiência estética. Expressão significa – para Dewey – tanto ação como resultado. É muito importante o processo dinâmico que constrói algo. E, além disso, algo é expressivo porque transmite um significado. A experiência verdadeira é uma organização do novo e do velho, de maneira que os valores e significados anteriores adquiram vida nova no estado presente e se desenvolvam como uma experiência nova. Portanto, cada experiência começa com uma impulsão, como um movimento para fora. As impulsões são os princípios da experiência completa. Procedem de uma necessidade. Nesse aspecto, o ambiente tem um papel importante.

---

[168] Ver, por exemplo, a corrente expressiva ou a autoexpressão criativa em Efland, 2002 (p. 288 e ss.).

Um ambiente, uma atuação que detém a mera impulsão e a converte em reflexão. Nessa reflexão, surge a experiência como significação. Essa detenção, esse freio, esse desequilíbrio transformam a energia em ação pensada. E o vivido se detém e se recria em um ato expressivo. Por isso, devemos escapar da ideia ingênua que supõe que o mero dar seguimento a uma impulsão, nativa ou habitual, constitui a expressão. Isso apenas constitui uma descarga.

> Enquanto não há expressão, o material que se acumula deve se esclarecer e se ordenar, incorporando os valores de experiências anteriores, antes que possa ser um ato de expressão [...]. A descarga emocional, portanto, é uma condição necessária da expressão, mas não suficiente. Não há expressão sem perturbação. Descarregar é se livrar, despedir. Expressar é ficar, impulsionar um desenvolvimento, trabalhar até completar. (Dewey, 1948, p. 56)

Há expressão se há intenção ou interesse de dar ao corpo uma emoção particular. Podemos falar da circulação de um ato expressivo desde o ponto de vista de um observador externo a um ato intrinsecamente expressivo. Mas, quando o sujeito capta o significado de um ato, primeiramente executado por pura pressão interna, torna-se capaz de atos de uma autêntica expressão. Dessa maneira, o sujeito aprende que a expressão pode se converter em arte. Por isso, a expressão não é a emissão direta de uma emoção. É uma emoção sobre algo. O artista realiza o fato que gera a emoção, não descreve uma emoção. A expressão – diz Dewey – é o esclarecimento de uma emoção confusa. E se converte em estética. É o caminho da expressão e não da descarga. E isso acarreta uma interpretação que dá como resultado um objeto estético ou o que Dewey chama de "selo estético".

> O que é ainda mais importante não é apenas que essa qualidade seja um dos principais motivos para executar a indagação intelectual e mantê-la honesta, mas, sim, que nenhuma atividade intelectual seja um evento integral (é uma experiência) a menos que esteja rodeada por essa qualidade. Sem isso, o pensar está inconcluso. Em poucas palavras, o estético não pode ser separado nitidamente da experiência intelectual, porque a segunda deve levar um selo estético para poder ser completa. (Dewey, 1949, p. 38)

Esse objeto deve, também, segundo Croce (2002), proclamar sua existência, sua afirmação, para tomar corpo real:

> Uma imagem não expressada que não seja palavra, canto, desenho, pintura, escultura, arquitetura, palavra minimamente sussurrada consigo mesmo, canto ao menos sonoro no próprio peito, desenho, cores que, no mínimo, sejam vistas na fantasia e que deem cor à alma e ao organismo é algo que não existe; pode-se proclamar sua existência, mas não afirmá-la, porque a afirmação conta como único documento em que tal imagem esteja corporizada e expressa. (Croce, 2002, p. 196)

Para Croce, quando – por fim – a expressão se faz efetiva por meio de um ato social, cultural e estético, aparece a comunicação.

> A comunicação se refere à fixação da intuição-expressão em um objeto ao qual chamaremos de material ou físico como metáfora, por mais que não seja efetivamente nem material nem físico, mas, sim, obra espiritual. (Croce, 2002, p. 199)

É necessário reconhecer a distinção entre expressão e comunicação; mas, no pensamento e na obra pedagógica de Loris Malaguzzi, ambos os conceitos – às vezes entendidos como extremos – devem achar um ponto de encontro, de confusão, de justa instabilidade. Se a

> expressão da emoção se produz mediante sintomas que são naturais e não aprendidos; a comunicação da informação [se produz] mediante signos ou códigos que se baseiam em convenções. Está claro [...] que a maior parte dos meios de comunicação e expressão que há em nossas vidas cotidianas se encontram em algum ponto entre ambos os polos. (Gombrich, 2002, p. 57)

Compartilha dessa opinião o pedagogo reggiano, para quem a expressão é – para ser eficaz – uma comunicação matizada e articulada das emoções, usando – por meio de seleções de alternativas complementares apropriadas – técnicas convencionais, recriadas, transferidas ou inventadas.

Essas ideias *crocianas*, *deweyanas* ou *gombrichanas* pensamos que constituem, em parte, nesse aspecto, o pensamento e obra pedagógica de Loris Malaguzzi. Ao pedagogo reggiano interessa tanto o processo da expressão que Croce chama impressão como a tradução do fato estético em fenômenos físicos (um som, uma marca, um gesto gráfico etc.) comunicáveis. Essas expressões visíveis podem ser, também, qualificações da própria autoexpressão.

Malaguzzi – continuando com essas ideias – avança-nos em novas questões sobre a percepção e sobre a expressão infantil, dentro do conteúdo semântico que lhe atribuímos.[169]

> O valor da capacidade de ver que é uma capacidade de ordem natural que se desenvolve e amadurece, que se potencializa sob determinadas condições [...].
> Está na formação das leis das regras, de modelos que a criança não pode perder imediatamente, e por meio das quais progressivamente com um enriquecimento dos organismos da percepção, com um enriquecimento de sua capacidade de ver o que ele permite [...] dentro das memórias [...] para construir

---

[169] Loris Malaguzzi, *Sobre la percepción 1ª y 2ª*, op. cit.

uma área em que continuamente se baseia, à qual nós e a criança recorremos sempre que nos deparamos com uma experiência diária [...].

O discurso da percepção transita de forma obrigatória para quem se aproxima das tarefas da pedagogia. Esse também é um tema sobre o qual não se pode dizer verdades absolutas hoje, mesmo tendo sido feitas pesquisas sobre ele por anos e anos.[170]

Para Loris, estar com as crianças pequenas significa estar substancialmente com todas as suas complexidades, muitas mais do que pensamos. Todas essas capacidades estão – às vezes, embora não necessariamente – à espera de serem expressas por meio de uma intervenção coerente que possa solicitar a atividade das mãos, do cérebro, da surpresa, o interesse, a atenção, a concentração da criança. Mas o pedagogo reggiano considerava que ainda existem sentimentos de inferioridade com respeito à expressividade da criança e que constituem um obstáculo, um freio, uma incoerência teórico-prática. Esses problemas não conseguem enquadrar a imprescindível integridade da criança e privilegiam pedagogicamente – por motivos de caráter político e cultural – mais aspectos de caráter intelectual, com uma instrução escolar excessivamente ligada à palavra, ao texto lido ou escrito. Esse tipo de instrução, comenta o pedagogo de Corregio, baseada na onipotência da palavra, ocasiona uma falta de educação adequada na Itália que "produz" sujeitos não formados e incapazes de se incluírem qualitativamente no mercado de trabalho. Para Loris, o Estado, seu aparelho cultural, organizativo e burocrático, é o responsável por isso ocorrer.

Para romper essa situação, Malaguzzi inventa o ateliê, um local para valorizar a experiência e a atuação concreta com os materiais e os

---

[170] *Ibidem.*

objetos, mas sabendo, seguindo as indicações de Dewey, que nem toda experiência é, de forma automática, conhecimento. Para que a experiência seja fonte de conhecimento, é necessário que ela disponha de uma qualidade de certo tipo, apenas dessa maneira a experiência consegue transitar para um momento de crescimento do conhecimento. Essa é a primeira questão que relaciona experiência e conhecimento.

A segunda questão teórica (em relação à experiência e ao conhecimento) é que este último pode se traduzir em palavras. E a terceira é que as palavras podem ser traduzidas em conhecimento, embora nem todas as palavras sejam capazes de produzir conhecimento e o conhecimento não nasça sempre das palavras. Na educação infantil, a palavra contém um elemento de risco se não é suficientemente empregada segundo as necessidades de ordem psicológica, afetiva e intelectual que são próprias da criança. A palavra precisa ser contextualizada para adquirir significado.

Pluralidade de linguagens

O ateliê nasce para reconhecer que a espécie humana tem o privilégio de se manifestar em uma pluralidade de linguagens[171] e que cada linguagem tem o direito de se realizar, sem hierarquias, completamente.

> Sabemos bem que qualquer linguagem, por ser "falada" e "atuada" com competência, requer aprendizado específico aprofundado, achamos que isso seja importante e deve sempre ser lembrado; no entanto, também estamos convencidos de que uma linguagem verdadeiramente culta deva estar equipada para se relacionar com outras linguagens e sentir a necessidade de se nutrir e dialogar. (Vecchi, 2004, p. 139)

---
[171] Loris Malaguzzi, "Commentari". In AA.VV., *I cento linguaggi dei bambini, op. cit.*, p. 32-33.

Todas as expressões se constroem em reciprocidade e possibilitam gerar outras linguagens que nascem e se desenvolvem na experiência. Malaguzzi critica quando isso não ocorre, já que a única contextualização que se dá à instrução são os textos lidos, escritos e ilustrados.

> Não há negação do valor primário da linguagem falada no longo processo de humanização.
> Mas historicamente inferimos pelo menos três fatos:
>
> 1. que a linguagem falada hoje é cada vez mais imposta à criança por meio dos mecanismos imitativos pobres ou ausentes de interlocutoriedade, em vez de processos criativos e fortes ligados à experiência e aos problemas da experiência;
> 2. que a pedagogia da criança ocorre hoje quase inteiramente por meio da palavra, o único instrumento confiado ao profissionalismo de professores e pais. Uma palavra solitária, anormal, e, ainda assim, onipotente, onipresente para ensinar, repetir, dirigir, explicar, pregar, contar. Ou simplesmente para dar ordens ou deixá-la sozinha. Com essa palavra, muitas vezes crescente que entra em relacionamento com a criança, esperamos palavras vivas, enraizadas em razões e propostas, em execução e projetos, em situações de interlocutoriedade acolhedora;
> 3. que a linguagem falada hoje massivamente e em proporções nunca vistas, colocada na frente da imagem, dos sinais, dos símbolos, dos códigos, das máquinas, está em fase aberta de desadaptação e reelaboração.[172]

---

[172] *Ibidem*, p. 32.

Malaguzzi fala, nesse sentido, da palavra que serve, aquela que é capaz de calar e de escutar. Uma palavra que se enche de significados quando a criança tem a oportunidade de realizar uma amplitude de experiências, sabendo que a linguagem da palavra deriva, também, da linguagem da não palavra.

> Mas aqui devemos tomar nota: que mesmo a linguagem da não palavra tem realmente, dentro de si, muitas palavras, sentimentos e pensamentos, muitos desejos e meios de conhecer, comunicar e se expressar.
> Também são maneiras de ser, de agir, geradoras de imagens e vocabulários complexos, de metáforas e símbolos; organizadoras de lógicas práticas e formais, de promoções de estilos pessoais e criativos.[173]

Para isso, entre outras questões, nasce o ateliê. O ateliê e o atelierista rompem com a tradição de uma escola ligada à palavra verbal, à alfabetização (leitura-escritura) como objetivo primordial da escola. Assim, Loris critica[174] a escola primária quando declara, como objetivo principal, a alfabetização dos alunos. A alfabetização é, segundo Loris, um conceito duplamente ambíguo. A primeira ambiguidade é que não se pode considerar que a alfabetização comece aos seis anos, mas, sim, que devemos considerar que a criança nasce, se sabemos reconhecê-la fora dos cânones adultocêntricos, potencialmente alfabetizada. A outra ambiguidade é acreditar que o significado da alfabetização é o mais importante, como se a aprendizagem do alfabeto fosse o primordial.

Essas ambiguidades evitam, tradicionalmente, que a aprendizagem da criança transite na ação, na experiência concreta de vida. A aprendizagem da criança está mediada, quase de forma exclusiva, pela oralidade e pelos textos escritos.

---

[173] *Ibidem*, p. 33.
[174] Loris Malaguzzi, *Sobre la percepción 1º y 2º, op. cit.*

> Por onde começamos, por exemplo, a teorizar que os efeitos da experiência são conhecidos, que são palavras de grande ambiguidade, de grande insuficiência, porque não é de todo verdade que a experiência em si seja automaticamente conhecimento. Para que a experiência seja conduzida com um certo tipo de qualificação, apenas que provavelmente a experiência consegue transitar como um momento de réplica do conhecimento.[175]

Essa questão, declara Malaguzzi, tem relação direta com o fato de que a formação do professor se baseia, quase exclusivamente, na palavra. Com essa ideia, critica os programas da escola média italiana que afirmam que a formação essencial da mente e do espírito se obtém com o estudo da linguagem. A linguagem é o substituto do velho latim, estudado com uma "mafiosa parcialidade". E o pior de tudo, afirma Loris, é que as crianças e os jovens de hoje não sabem falar, nem ler, nem escrever, nem amam ler e escrever. Esse paradoxo é uma contradição que demonstra a incapacidade da escola de fazer algo coerente, porque toda a ciência e a filosofia fazem a criança depender da compreensão quase exclusiva da palavra oral.

> No ensino fundamental, eles falam sobre alfabetização e, mais uma vez, é uma palavra ambígua, duplamente ambígua, duplamente injusta em certos aspectos, porque nos permite pensar que ela começa com seis anos sem entender que ela se inicia quando o bebê nasce [...].
> Se você se afastar dos professores, o que resta? As habilidades, as capacidades, as competências onde estão, colapsam [...]. A primeira conclusão é que devemos enfatizar conscientemente até a provocação e o valor da ação na construção do pensamento da personalidade da criança.[176]

---
[175] *Ibidem.*
[176] *Ibidem.*

De forma provocadora, desafia que os professores não falem na classe. Sem a palavra, os educadores não dispõem de nenhuma competência profissional. Para isso, inventa o ateliê, para dotar de maiores recursos a crianças e adultos. Trata-se de um feito provocador. Já comentamos as dificuldades práticas e administrativas de semelhante ideia. Como conseguir que uma pessoa sem formação didática, e sim artística, nos anos de 1960 e 1970, fosse assumida dentro do molde orgânico de cada uma das escolas da infância é um mistério mágico que é melhor permanecer aberto para deixar voar a imaginação.

O ateliê nasce para reconhecer o direito da criança à ação, ao fazer, ao construir, a transitar por experiências de aprendizagem concretas. Só assim a criança pode recuperar o sentido, o sentimento de enriquecimento de caráter pessoal nos planos intelectual, afetivo e relacional. Nesse aspecto, Malaguzzi recupera as teses piagetianas que afirmam que o pensamento não nasce do nada, mas que se constrói por meio da ação. Não por meio de uma ação automática, mas por meio de ações construtivas e socioconstrutivas que dão grande protagonismo ao sujeito. É dizer que, para Loris, o pensamento não surge da ação, mas, sim, que se constrói das ações solidárias das cem linguagens. Para compreender profundamente o pensamento e a obra pedagógica de Loris Malaguzzi, convém realizar algumas matizações. Podemos pensar que Malaguzzi valoriza, acima de tudo, uma educação infantil baseada na experiência ou – como alguns amam chamar – na vivência corporal. Dessa forma, acreditou-se que apenas depois da vivência (Hannoun, 1977) pode vir a percepção e, posteriormente, a conceitualização. Malaguzzi não é amigo das linhas acumulativas, progressivas e retas. A experiência ou vivência com o corpo é importante, mas considerar isso como uma espécie de fetiche didático é perigoso, porque, de novo, estabelece uma fratura disjuntiva com respeito à complexidade e interrelação entre todas as linguagens infantis que se provocam de forma recíproca.

O risco é que a redescoberta e a valorização do corpo o tornem um tipo de fetiche jubilatório e pseudolibertário de uma pedagogia simplificadora, instável e sensorial: ou, de outras formas, algo a ser vendido de forma corrompida e confundido com sexo, com banalização esteticonarcisista, com as novas filosofias da incompatibilidade do pessoal e do público e, finalmente, com a socialidade e a democracia do tapinha nas costas [...]. Interpretado com o máximo de medida e objetividade, credita a implementação de todos, sem exceção, das competências físicas e psíquicas e dos desejos da menina com uma avaliação exata do problema.[177]

As competências infantis em ação

A experiência com o corpo, sem ênfase nem reduções desnecessárias e injustas, é a experiência da criança inteira; nela, a atuação de seu corpo deve ser interpretada, solidariamente, com outras questões convergentes. Vejamos um exemplo:

O que te deixou, na experiência, fora de si, Elisa? Nada. Nem o corpo, nem as partes do corpo, nem o esforço e a resistência, nem a percepção, nem a relação e a medição do espaço e da profundidade, nem a inteligência, nem o desejo, nem o prazer, nem a necessidade de tentar colocar-se em jogo e arriscar, nem a racionalização dos movimentos.

Mas também *aquele outro*. Aquele outro que é o espaço organizado, o grande tapete (e não a caixa) com a segurança e a doce sensação tátil que ele dá, a bonequinha, a luz certa, o calor certo da sala, a falta de obstáculos que inibem os brinquedos disponíveis, estar com outras crianças.

E *mais aquele outro* que talvez se veja menos, mas conta mais: o conforto das experiências de ontem, em

---

[177] Loris Malaguzzi, "La pedagogia del diritto con la pedagogia del corpo", *Zerosei*, anno 2, n. 3 (novembre 1977), p. 44-45.

casa, em família, na creche, nas relações com os adultos, com os colegas, com as coisas. *Tudo aquilo*, ou seja, o que, brevemente, dá-lhe a certeza de poder contar, de ter confiança, e que lhe garante que, nos momentos bons e nos difíceis, *não lhe deixará sozinho*.[178]

O conhecimento é, portanto, uma consequência da ação humana. Ações que, para Loris, nascem com a criança e têm a ver com sua sobrevivência. Nessas atuações concretas, a expressão e também a palavra adquirem sentido. E, portanto – voltando ao tema da linguagem da palavra e da não palavra, tão reiterativo em Loris –, o significado linguístico das palavras vem condicionado pelas experiências extralinguísticas. Assim, diz Malaguzzi, a linguagem dos *rabiscos*[179] deve ser apreciada porque já é uma linguagem: são palavras e frases que a criança pronuncia – bem cedo – sobre um papel.

Dessa forma, para Loris,[180] a seleção das palavras das crianças, das frases, e a capacidade de ordem gramatical das palavras dependem, em grande parte, de um processo de potencialidades linguísticas, mas também das experiências de caráter geral que a criança vive.

A educação da visão perceptiva

Para Malaguzzi, o tema da ação perceptiva é um assunto não suficientemente tratado nem explorado no mundo educativo. Não existe, segundo o pedagogo reggiano, uma reflexão adequada sobre

---

[178] *Ibidem*, p. 45.
[179] Malaguzzi fala do valor dos rabiscos no sentido de um grande valor e estima cultural. No mesmo sentido que Isabel Cabanellas (1989) e John Matthews (2002) rejeitam o conceito de rabisco porque, do ponto de vista da cultura adulta, se considera, pejorativamente, algo insignificante, inominado, um gesto mal traçado, sem sentido. O mal chamado rabisco, os primeiros grafismos, supõe uma investigação meticulosa das relações sensório-motrizes, direcionais, topológicas, de ocupação espacial, e do próprio significado que o sujeito atribui aos diferentes movimentos ou trajetórias que deixam uma marca visível sobre uma superfície, com uma clara intenção expressiva e carga simbólica.
[180] Loris Malaguzzi, *Sobre la percepción 1º y 2º*, op. cit.

esse tema e, dessa maneira, as possibilidades educativas da criança ficam reduzidas. A primeira exposição, *L'occhio se salta il muro*, tratava de habilitar o olho[181] para ver mais e melhor. Um olho e um cérebro interdependentes. Era necessário, para Malaguzzi, habilitar um olho – como metáfora emblemática – mais capaz de explorar, analisar, ordenar, recordar etc. Essas potencialidades mudariam a atitude de escuta com respeito à criança. E, evidentemente, suporia algo provocador. A capacidade de ver – comenta Malaguzzi – é natural, mas se desenvolve, amadurece e se potencializa apenas diante de determinadas condições educativas.

Por esse motivo, insiste tanto no tema da percepção que, durante os anos de 1960, se desenvolveu na Itália (Parini, 2002) e que Malaguzzi estudou com as teorias gestálticas, as teorias de Arheim, as teorias de Gombrich (1982, 1984), Eisner (1987, 1995), as teorias cognitivas (que nascem paralelas ao estudo dos computadores), as teorias ecológicas, as teorias gibsonianas (Gibson, 1974) e as teorias de Panofsky (1995). No estudo dessas teorias – diz Loris – existe uma recusa implícita das teorias behavioristas, porque eliminam o interior do indivíduo, e das teorias freudianas (também no auge naquela mesma época), pela subordinação do intelecto perceptivo aos poderes hegemônicos do inconsciente.

Com respeito às teorias cognitivas da percepção, Malaguzzi faz uma crítica no sentido de que nasceram com a vontade cientificista e, portanto, simplificam os problemas da percepção concebendo-a como uma série de elaborações sucessivas que devem fazer as contas com a memória, vista como um armazém, até que o sujeito elabora um objeto percebido que, por sua vez, está contaminado por questões culturais. Nessa análise, Malaguzzi reúne algumas críticas:

---

[181] Loris Malaguzzi, "Per una pedagogia della visione". In *Convegno di lavoro. Modelli e conteggure teorico-pratiche nell'educazione dei bambini* (Reggio Emilia: Comune di Reggio Emilia, maggio-giugno 1985), p. 1-12.

> Os pesquisadores começaram a se perguntar como é que os indivíduos veem e elaboram, de fato, características distintas? Como é que os indivíduos na mesma situação, diante do mesmo objeto, assumem características que não são iguais e que não se podem generalizar? São os *inputs*, os estímulos que são diferentes, ou é a diversidade de estímulos que se faz diferente no decorrer da elaboração mental? E por que, em algumas ocasiões, não recolhemos as características do objeto, e sim o significado do objeto? [...] E como é que nós nos aproximamos mais do significado do que das características de ordem perceptiva? E por que os objetos percebidos, ou seja, os estímulos, os objetos que individualizamos por algumas características hoje, não os reconhecemos outro dia, reconhecendo características que não são iguais? E como é que as crianças pequenas veem imediatamente o objeto, a situação, e como podem elaborá-la?[182]

Como contestação às teorias cognitivas nasceram – comenta Malaguzzi – as teorias ecológicas, que não acreditam que a percepção deva atravessar uma série de processos para chegar a conhecer o objeto. A ecologia estuda os efeitos que a luz provoca e que servem para distinguir as coisas. Dessa forma, as pessoas recolhem as invariantes dos objetos. Assim, o organismo está em sintonia com os elementos do ambiente e surge um encontro entre o indivíduo e o objeto. A crítica de Malaguzzi a essa teoria é que ela reduz as possibilidades didáticas e educativas.

Para Loris, em uma postura pessoal em relação ao campo da percepção, existe, como diz Eisner (1987), uma série de esquemas antecipatórios, que são estruturas de ordem cognitiva ou programas de ação perceptiva. Esses esquemas são os que modificam a capacidade exploradora da criança, criando uma expectativa do

---
[182] *Ibidem*, grifo nosso.

indivíduo em relação ao objeto. Dessa maneira, as informações que construímos colocam continuamente em crise os esquemas, porque, cada vez que se descobre uma coisa nova, rompe-se o esquema precedente e, assim, aparece um novo esquema que consente explorar e estender o conhecimento do modelo. Assim, há uma continuidade-descontinuidade desses esquemas que coloca o sujeito em uma situação de poder enriquecer suas próprias informações para encontrar novas leis. Esse mecanismo, comenta Loris, só termina com a morte.

O que Loris expõe com essa teoria da descontinuidade-continuidade é uma teoria dos desequilíbrios, do conflito suportável, que faz renovar o velho esquema, introduzindo um novo, outra chave de leitura que leva em conta outros esquemas e, ao mesmo tempo, os elementos novos. Assim, o ciclo perceptivo é um fluxo permanente que, enquanto modifica a qualidade dos estímulos particulares, muda a totalidade do sujeito. Trata-se de um processo que flui continuamente entre momentos perceptivos e momentos cognitivos, que fluem, também em descontinuidade, por meio de acomodações sucessivas que transformam dentro de nós os esquemas de antecipação e de espera, os esquemas que constituem as chaves da compreensão da realidade e de nós mesmos.

> [...] com um processo de fluxo contínuo por meio de acomodações sucessivas que transformam dentro de nós os esquemas de antecipação e de expectativa e os esquemas que constituem as chaves da compreensão.[183]

Portanto, experiência, expressão e percepção são elementos que o ateliê ajuda a valorizar e promover para mudar a concepção dessa escola tradicional que Malaguzzi tanto critica.

---

[183] *Ibidem.*

A expressão gráfica infantil no ateliê

Também o ateliê, em sua vontade de apreciar a expressão infantil, permite valorizar, particularmente, a gráfica ou o desenho da criança. Malaguzzi sentia uma fascinação especial pelo desenho infantil, que lhe servia para conhecer melhor as crianças e para provocar, de maneira rápida, um intercâmbio com outras linguagens e, em particular, com a palavra. O interesse de Loris pelo desenho infantil é, inicialmente, apenas psicológico (depois veremos como recusa esse predominante interesse). Estamos falando, historicamente, dos anos de 1950, quando trabalhava – antes que se abrissem as primeiras escolas municipais da infância – como psicólogo no Centro Médico Psicológico da Prefeitura de Reggio Emilia. Em 25 de maio de 1953, o município organiza uma *Exposición internacional de dibujo infantil [Mostra internacional de desenho infantil*, em tradução livre]. Malaguzzi aproveita a ocasião para apresentar suas pesquisas e, sob o sugestivo e explícito título de *El dibujo como instrumento para el conocimiento del niño* [*O desenho como instrumento para a conhecimento da criança*, em tradução livre], mostra como o desenho é um adequado meio psicodiagnóstico e terapêutico, que serve para realizar um estudo clínico das crianças (como faziam os estudos avançados da época), em que se podem descobrir suas capacidades inteligentes e a evolução de seu pensamento. Baseia-se nos estudos de Buhler, no teste de Fay, revisado por Vintsh e Rey, o teste de Goodenough, o do desenho geométrico de Miller, o desenho de uma história de Boesch para realizar um diagnóstico caracteriológico, afetivo e emotivo, o desenho livre com cores de Traube, o teste do desenho de uma árvore e o jogo do rabisco (*gribouillage*). Dessa forma, podemos constatar que o interesse de Malaguzzi pelo desenho é muito precoce. Encontramos, entre os papéis em sua casa, análises exaustivas de diversos desenhos infantis. Desenhar, para Loris, é um bom sinal de saúde e de felicidade. Algo que tem a ver, diretamente, com o nascimento do ateliê nas escolas da infância de Reggio Emilia.

> Mas o desenho ainda constitui, às vezes, um útil instrumento terapêutico: a literatura médica e psicológica está cheia de casos em que crianças neurolábeis ou neuróticas projetam externamente, por meio de desenhos, de modo simbólico ou não, as razões de seus conflitos internos, melhoram significativamente suas condições até atingir a cura absoluta [...]
> Quanto mais saudável o menino é, melhor ele desenha, melhor ele cria, muito melhor que pode se expressar e ser e se tornar protagonista ativo de sua evolução e da sua transformação em homem e cidadão. Mas, aqui, o conceito de saúde deve se desvencilhar das restrições dos velhos esquemas e ser aplicado à singularidade física, afetiva e mental do indivíduo.[184]

Em maio de 1966, Malaguzzi organiza uma exposição provincial de desenho infantil.[185] Trata-se de uma estratégia para buscar forças de reconhecimento social, político e cidadão para a experiência das duas escolas da infância.

> A Administração Municipal, que apenas recentemente conseguiu iniciar a gestão direta de suas creches, tem consciência precisamente de suas atribuições públicas e democráticas, de ter que contribuir com toda sua força, porque, em torno dos valores sociais e originalmente educacionais da instituição, se reúnem as melhores atenções e os agradecimentos mais proveitosos de famílias e cidadãos, e razões valiosas para reflexão e incentivos são amadurecidas, para aqueles que, como administradores e professores, operam lá com abnegação e inteligência.[186]

---

[184] Loris Malaguzzi, *Il disegno come strumento per la conoscenza del fanciullo* (Reggio Emilia: C.O.I., 25 maggio 1953).

[185] Ver: Municipio di Reggio nell'Emilia, *Il Comune* n. 48 (giugno, 1966); *Premiazione del disegno infantile* (24 de mayo de 1966); e "I piccoli dipingono", *Reggio 15* (12 de junio de 1966).

[186] Renzo Bonazzi, "Il valore di questa Rassegna" *1. Rassegna del Disegno e del Lavoro Infantile* (Reggio Emilia: Municipio di Reggio Emilia, 22-29 maggio 1966).

É também uma ocasião para dar a conhecer, por meio de painéis, diversas experiências e refletir sobre elas. Outra das notas distintivas da experiência de Reggio que Malaguzzi promoveu, em que teremos uma oportunidade de nos deter, é a documentação visual das experiências para serem expostas, coobservadas e refletidas tomando como base uma escola que sempre quer atravessar suas próprias paredes para dar uma imagem pública de si mesma à própria cidade.

> Tudo isso é muito importante – o professor Malaguzzi nos diz a quem se deve ideia e a realização da Exposição – não tanto pelo sucesso da própria mostra, quanto pelas reações, pelas solicitações, pela conscientização, pelos fomentos que provocou. Quisemos exaltar a alta função educacional da creche e a consequente necessidade de uma presença quantitativa e qualitativa mais abrangente, capaz de esgotar as demandas não atendidas (e crescentes) das famílias; queríamos exaltar uma das atividades, a de desenho e pintura, que encontra o terreno mais natural na creche e que oferece às crianças meios incomparáveis de expressão, comunicação e enriquecimento; queríamos demonstrar o que essa atividade reivindica, para corresponder ao seu objetivo, não apenas atenções e competências por parte dos professores que precisam ser atualizados e apurados, mas também ferramentas e técnicas mais agradáveis: pincéis, têmpera, cavaletes etc. Acreditamos que tudo isso foi alcançado com satisfação pela Exposição, que reviverá todos os anos de uma maneira cada vez mais ampla e capaz de oferecer assuntos mais avançados de reflexão crítica.[187]

Junto com essa exposição, Malaguzzi organiza um seminário-encontro sobre o desenho infantil, no qual participam, além do próprio Malaguzzi, com uma conferência intitulada *Los aspectos psicológicos del dibujo infantil* [*Os aspectos psicológicos do desenho infantil*], alguns biólogos, neurólogos, psicólogos e pedagogos.

---

[187] "I piccoli dipingono", *op. cit.*

Com o tempo, Loris descobre – longe das interpretações psicológicas e com a ajuda dos atelieristas – toda a sua complexidade, sem reducionismos,[188] em que as formas gráficas são interpretadas como narrativas, informais, denotativas, simbólicas, pictográficas, teóricas, descritivas, projetuais, orientativas, espaciais, matéricas e coletivas.

> [...] por meio das formas gráficas, a criança enfrenta com toda a naturalidade, se ela tiver a oportunidade e a liberdade de fazê-lo, viagens exploratórias em várias direções [...] em que o desenho se torna, de tempos em tempos e simultaneamente, um meio para se entender mais, para experimentar mais prazer, para se surpreender mais, para imaginar, para se comunicar com múltiplos códigos.[189]

O estudo do desenho infantil faz parte de algumas das pesquisas realizadas em Reggio, com o objetivo de resgatar seu valor. Malaguzzi afirma que, ao longo da história pedagógica, o desenho infantil esteve esquecido, recluso ou desvalorizado, em formas de repetição e de controle, unido a um servilismo didático de pouco prestígio, algo "infantilista", quase assistencial e substitutivo. Essa é uma concepção que Loris rejeita, como detestará – agora – os aparentes reconhecimentos psicológicos desse mundo gráfico.

> Isso nos leva a entender até que ponto estamos longe de uma inteligência plena e documentada dos dados, das técnicas, das possibilidades e dos valores credíveis às formas gráficas das crianças [...], também porque a grande quantidade de estudos e de pesquisas realizadas neste século sobre a gráfica infantil, pagou e ainda paga o preço de uma direcionalidade

---

[188] Loris Malaguzzi, Vea Vecchi. *Seminario di studio per operatori e pedagogisti finlandesi. Modelli teorici e pratici. Antologia esemplificativa dei valori e delle procedure grafico espressive* (documento, probablemente, de la segunda mitad de los años 80).
[189] *Ibidem.*

unilateralmente intelectualista-quantitativa-hierarquizante (que corresponde a uma tendência igualmente unilateral de atribuir papéis expressivos de emoções, conflitos, necessidades), mas com um protagonismo todo (ou quase todo) confiado à iniciativa psicológica, à ausência de pedagogia e – fato mais sério – fora de um projeto de trabalho.[190]

Para Malaguzzi, o desenho e as demais atuações plásticas são uma forma de conhecimento da criança, mas desconfia, conforme se depreende de suas palavras, das interpretações psicológicas. Vea Vecchi (1971, p. 144) apontou que o verdadeiro valor da expressão e do ateliê é a inclusão em um projeto formativo para a criança que ofereça atitudes, processos, autonomias, anticonformismos, cooperações, solidariedades que enriqueçam "o seu pensamento lógico, crítico e social".

Malaguzzi, ajudado em reciprocidade pelos atelieristas, observa e analisa tanto as expressões gráfico-pictóricas infantis e as possibilidades de cada técnica – sua inteligência e sua mensagem – quanto a própria atuação infantil com tais materiais.

> Uma das condições que contribuem significativamente para o desenvolvimento da cognição é a tarefa que enfrenta todo artista: aprender a pensar dentro do limite que impõe qualquer material ou processo. Fazer um busto de argila implica um conjunto substancialmente diferente de possibilidades e limitações que fazer o mesmo busto em mármore ou granito. Cada material tem suas próprias características distintivas e o trabalho com esses materiais deve ser pensado de acordo com as possibilidades que oferecem [...]. O material influencia no que as crianças aprendem a prestar atenção (Eisner, 2004, p. 288-289).

---

[190] Loris Malaguzzi, "Il disegno del bambino. Una dimensione nascosta?", Zerosei, anno 2, n. 8 (aprile 1978), p. 5.

Nessa interação, Loris revela a emergência de cada atuação distinta e complementar com cada matéria. Assim, descobre as imagens das matérias plásticas, aquelas que "a visão as nomeia e a mão as conhece para recuperar, revelando as possibilidades do ato comunicativo, expressivo e criador", como disse Bachelard. Nesse diálogo, começa a se fascinar pelos jogos múltiplos das manchas, das linhas, dos pontos, do *pasticciare*[191] hawkinsniano (Hawkins, 1979), do figurativo, do não figurativo, o figurado, o analógico. Descobre a surpresa, a diversão e a emotividade das crianças pequenas, que querem ocupar um espaço branco, sua forma de contar seu mundo com imagens gráficas. Como adequam suas mãos e seu pensamento às características preciosas e problemáticas da argila: temperatura, densidade, flexibilidade, maleabilidade, tridimensionalidade, tatilidade, sensorialidade, consistência, adaptabilidade e capacidade de receber uma marca, sempre histórica, e ao mesmo tempo modificável.

Sobre essas observações documentadas e o estudo teórico e sistemático de correntes e autores que analisam os desenhos infantis:[192] Gestalt, Luquet (1981), Arheim (1979), Piaget (1984), Stern (1965), Lowenfeld e Brittain (1973), Wallon,[193] Kellogg (1981) etc. Como era um hábito seu, Malaguzzi começou a elaborar suas primeiras perguntas para, de maneira inteligente, individualizar os problemas, nesse caso, relacionados com a expressão plástica infantil. E, em uma conferência pública, em 1986, intitulada *Los lenguajes expresivos del niño*[194] [*As linguagens expressivas da criança*] revela suas interrogações e demandas.

---

[191] N. da T.: desordenar, atrapalhar, confundir.
[192] Ver Loris Malaguzzi, *Sull'immagine* (provavelmente dos anos 1980).
[193] Lilianne Lurçat, "Wallon, investigador: conferencias sobre el dibujo del niño". En AA.VV.. *Introducción a Wallon* (vol. I) (Barcelona: Editorial Médica y Técnica, 1981), p. 103-124.
[194] Loris Malaguzzi, *Los lenguajes expresivos* (transcrição de uma palestra proferida em 1986).

Quando a criança começa a desenhar? Como são seus primeiros signos? São signos ou desenhos? São intencionais ou casuais? Como são e quais são as primeiras formas gráfico-expressivas? Que problemas encontra a criança quando começa a desenhar? Transita por fases? Quais são os processos motores, sensoriais, psicológicos, cognitivos e afetivos que sustentam a atuação da criança?[195]

Para Malaguzzi, os movimentos das mãos no ar e as primeiras marcas gráficas têm uma relação e estão cheios de significados.[196] Para compreender os primeiros gestos, Malaguzzi aconselha consultar a obra de Rhoda Kellogg (1981), que, apesar de estar amplamente contestada (Cabanellas, 2000; Matthews, 2002), possibilita aos educadores "ler" facilmente o alfabeto dos 20 rabiscos, base que Kellogg propõe como um inventário universal.

Mas a contribuição mais original de Malaguzzi ao mundo do desenho infantil é a vinculação que ele estabelece com a teoria dos prazeres, que observa a expressão plástica em sua enorme complexidade. Complexidade que não deve ser lida como um falso e impossível *espontaneísmo*. É necessária e determinante a presença cultural do adulto, uma presença diversificada nos papéis complementares, descontínuos, alternativos e intercambiáveis dos educadores e do *atelierista*. Uma intervenção de escuta, de observação e diálogo interferente com as possibilidades infantis, que ajudem a reconhecer a cultura da infância e os recursos dos profissionais sem imposições idealistas, *precocistas*, autárquicas, *adultísticas* e psicologicistas.

O ateliê e o atelierista, com suas competências profissionais, ajudam a recuperar toda a riqueza da linguagem plástica. Linguagem que é interdependente – não nos cansaremos de repeti-lo – do resto das linguagens.

---
[195] *Ibidem*.
[196] Ver, em relação ao tema, as obras de Isabel Cabanellas (1989) e de John Matthews (2002).

> O ateliê das escolas de Reggio escolheu a linguagem visual não como uma disciplina separada e dedicada exclusivamente às atividades tradicionais e específicas dessa linguagem, como a gráfica, a escultura, a pintura... mas como meio de interrogar e investigar o mundo e construir pontes e relações entre diferentes experiências e linguagens, para manter estreita relação entre processos cognitivos e expressivos, em contínuo diálogo com uma pedagogia que tenta trabalhar em conexões e não na separação de saberes. (Vecchi, 2004, p. 139)

A estratégia consiste em aproveitar a especificidade da linguagem para explicitar os pensamentos, as teorias ou as palavras das crianças. Podemos recordar, por exemplo, a emblemática experiência do *Salto de longitud* [197] (ou a de *Zapato y metro*).[198] Nessa experiência, tal como destaca G. Forman (1987), a representação gráfica e numérica permite refletir e explorar alternativas diversas.

> Nos *slides* a seguir, vocês verão como as crianças usam o desenho e os personagens em miniatura para controlar a funcionalidade das regras que inventaram. As crianças desenharam o espaço para a preparação, dividido por uma linha de partida; existe uma linha onde se deve iniciar o salto e, além disso, a da área de chegada (pouso). Tendo desenhado essa representação, foi possível que as crianças discutissem os métodos para medir a duração do salto. Elas descobriram que a linha perpendicular era a única maneira correta de medição. A representação gráfica facilitou essa descoberta, o próprio representar permitiu que as crianças refletissem sobre possíveis mudanças. Observamos ser importante o papel da representação, que, entre outras coisas, ajuda as crianças

---

[197] Loris Malaguzzi y Otros, "La inteligencia se despierta usándola. 'El salto de longitud': una experiencia de investigación de niños y adultos cuidadosamente registrada y documentada", en Escuelas Infantiles de Reggio Emilia, *La inteligencia se construye usándola,* Madrid, Ministerio de Educación y Ciencia-Morata, 1995, p. 141-161.
[198] Loris Malaguzzi y Otros, *Scarpa e metro,* Reggio Emilia, Reggio Children, 1997.

a descobrirem alternativas, uma vez que lhes dá uma versão que pode ser modificada repetidamente. Sem a representação, a criança teria que ter em mente muitas relações para poder refletir e explorar alternativas.

Junto com essa função do desenho ou da gráfica infantil, podemos nos perguntar se existe, na consideração reggiana, uma arte infantil. Já comentamos o erro de identificar os produtos dos artistas com os produtos das crianças

> Os livros de arte devem estar presentes e circular pela escola, mas, pessoalmente, não gosto de colocar produtos infantis em relação direta com os de artistas adultos. As descobertas técnicas e, acima de tudo, conceituais de muitas correntes da arte moderna nos proporcionam consciência, para tornar nossa escuta mais sensível e rica em relação às explorações que as crianças fazem da realidade interna e externa para elas.
>
> Uma escuta mais capaz de propostas inteligentes de acompanhamento e apoio, menos intimidadoras e distantes em relação aos seus processos autônomos.
>
> As crianças fazem coisas incrivelmente bonitas, inteligentes e emocionantes, sem a necessidade de serem muito diretas com as obras artísticas, que eu amo dizer que acabam corrompendo e reprovando processos individuais em vez de enriquecê-los. (Vecchi, 1995, p. 141)

A relação da criança com a arte é vista mais como um processo criativo do que em relação aos produtos plásticos. Por isso, a proposta é falar mais de interpretação do real do que de arte infantil.

> "Artistas?", responde Malaguzzi, quando eu lhe falo sobre a pergunta do professor de alemão. "Como se poder criar um artista? E, no entanto, esse não é o objetivo da escola [...]. Muitas vezes há esse tipo de equívoco sobre nossas escolas, porque somos os únicos que têm um ateliê [...], nós o introduzimos desde o início [...]. Mas não é assim..." E prossegue:

O ateliê foi um dos elementos para romper com a tradição, para complicar uma estrutura monolítica. Na "escola das palavras", introduzimos a "escola do fazer", da atividade... o que significa a introdução e o aprimoramento da expressividade gráfica, pictórica etc., que muitos humilham, marginalizam e consideram periférica à leitura e à escrita. Não é verdade. São complementares. A criança também aprende e entende por meio da arte; habilidades básicas e criatividade se reforçam reciprocamente. Atribuímos à arte as mesmas tarefas que confiamos à lógica e à matemática... A arte, ou seja, a criatividade, a imaginação, não é um mito de lá de cima, está dentro da criança, em toda criança; está no seu modo de aprender... eu concordo com Piaget quando ele diz que o aprendizado ocorre na interação da criança com um objeto[...]. É por isso que o ateliê não é um local separado para "fazer arte", mas está transbordando, liquefeito na escola – aqui está a riqueza de materiais na escola, a criação de um miniateliê em cada seção, em 1982, e a transferência das competências do ateliê para professores e vice-versa.

O ateliê é um dos elementos que introduzimos para romper com a organização tradicional... Não foi o único; nós também introduzimos a gestão social, tínhamos apostado muito na atualização em serviço etc.[199]

Outra questão é que podemos falar do processo artístico[200] ou criativo que está repleto de deslumbramento, linguagem poética, capacidade de fazer metáforas, coragem ou ironia nas crianças ou nos adultos, para tratar de escutar melhor esses processos. Também as palavras de H. Gardner (1997, p. 123-124) são eloquentes nesse sentido:

---

[199] Loris Malaguzzi em Giordana Rabitti (1994, p. 33). Também se pode ver Ellen Winner, *Educazione all'arte nella prima infanzia, un confronto tra la realtà cinese e quella reggiana* (3 de diciembre de 1988). Traduzione a cura di Tiziana Filippini e Carla Rinaldi; C. Edwards, D.J. Shallcross y J. Maloney, "Enhancing creativity in a graduate class on Creativity: Entering the Time an Space of the Young Child", *Jnl of creative behavior*, v. 25, n. 4 (1991), p. 304-310.

[200] Discurso de Vea Vecchi em 30 de junho de 2000 em Santiago de Compostela no congresso *Arte na escola infantil: unha ventá aberta*.

> Tanto a criança pequena como o artista adulto mostram uma disposição, inclusive uma avidez, para explorar seu meio, para experimentar diversas alternativas, para dar rédea solta a certos processos inconscientes. Além disso, ambos estão dispostos a deixar de lado (por motivos um tanto diferentes) seu conhecimento em relação ao que fazem outros, a seguir seu próprio caminho, a transcender as práticas e as fronteiras que assolam e inibem as crianças [...]. Para ambos, a arte oferece um meio privilegiado, e talvez único, de expressar as ideias, os sentimentos e os conceitos que são importantes para eles. Apenas desse modo podem os indivíduos enfrentar a si mesmos e expressar sua própria visão de mundo de maneiras que sejam acessíveis a outros. Ao final, o ganho artístico aparece como intensamente pessoal e intrinsecamente social: como um ato que brota dos níveis mais profundos da pessoa, mas que se dirige a outros membros da cultura.

Essas ideias nos levam ao processo, já explicado anteriormente, do *ostranenie* e ajudam a definir (Rabitti, 1994, p. 61-62) o conceito de arte. A próxima citação é, em relação ao discutido, esclarecedora:

> *"Eu suponho que não", admitiu Philip, "Hábitos estragam tudo no final, não estragam? Talvez seja isso que nós todos estamos procurando – pelo desejo diluído pelo hábito." "Os formalistas russos tinham uma palavra para isso", disse Morris.*
> *"Estou certo de que eles têm", disse Philip. "Mas não adianta me dizer qual é, porque tenho certeza de que vou esquecer."*
> *"Ostranenie", disse Morris. "Desfamiliarização. É isso que eles pensavam que era a literatura. 'Hábitos devoram objetos, roupas, mobília, a esposa de alguém e o medo da guerra... A arte existe para nos ajudar a recuperarmos a sensação da vida". Viktor Shklovsky."* (Lodge, 1991, p. 80-89)

> Concordar com essa definição de arte nos leva a entender por que nós não precisamos propositalmente ensinar arte para conduzir as crianças a criar tão belos produtos [...].
> Conceitos como esse fizeram Malaguzzi querer ter um ateliê e um atelierista na escola. Assim, ele tornou complexa a vida de crianças, professores e pais ao introduzir "novas linguagens" (artes visuais) na escola, principalmente se baseando nas artes da linguagem e nas habilidades sociais (Rabitti, 1994, p. 61-62)

Outro dos riscos (o anterior era ver o ateliê como um lugar de educação artística) no momento de interpretar o ateliê malaguzziano é vê-lo como um espaço específico de atuação plástica. O ateliê nasce para criar novas relações amplificadas e diversas com toda a escola; vive para manter viva essa ecologia da qual falaram Bateson e Bronfenbrenner. É a ideia da criança e do adulto inteiros, sem parcelas, que tanto defendeu Malaguzzi. Também, nesse sentido, o testemunho de Mirella Ruozzi – uma das atelieristas históricas de Reggio Emilia – é elucidativo:

> Quando entrei como atelierista na escola da infância, eu tinha experiência em laboratórios expressivos, que estavam na vanguarda, mas foram experiências nas quais se dirigia às crianças, sobretudo, para uma "fazer com as mãos". Na minha opinião, o que foi "excepcional" na experiência de Reggio é que esse "fazer" nunca se limitou a "ter um fim em si mesmo", como aconteceu nas experiências de laboratório, onde não havia continuidade de processos e nos limitávamos ao prazer de "ter feito". O que acontecia nas escolas de Reggio durante a proposta, no encontro com as crianças, era a reunião dos professores e dos atelieristas e a releitura de tudo. Da comparação e do confronto nascem as ideias para relançar propostas subsequentes. Era um diálogo sobre como você poderia formular

a proposta de maneira diferente. Na minha opinião, houve uma mudança em relação a outras experiências pedagógicas e de ateliê: justamente nesse avanço sobre as "trilhas" indicadas pelas crianças.[201]

Essa ideia se une a outro temível risco mal interpretado do ateliê na concepção de Malaguzzi. Ele não pretende fazer uma educação artística específica. Trata-se de que a linguagem da arte possa entrar no resto da escola, em osmose com outras linguagens. Arte entendida como Sklovskij – lembra-nos Malaguzzi[202] –, como saída dos estereótipos para elevar a imagem popular à categoria da obra de arte. Está unida a uma ideia de formação cultural circular e diversificada, nessa unidade das cem linguagens que metaforicamente revelou Malaguzzi. Por isso, dizem Mara Davoli e Vea Vecchi[203] que não gostam de falar em Reggio, tanto sobre educação da criatividade quanto sobre *copresença* de todas a linguagens. Assim, o ateliê provoca, perturba, para fomentar "um estilo de abordagem cotidiana com elementos e situações da realidade", lembra-nos Vea. O ateliê, como relata Giordana Rabitti (1994), atualiza a tradição artística italiana, fomentando uma cultura da imagem em geral, e não apenas um espaço separado (ou afastado), no qual é mais cômodo pintar e sujar.

O ateliê e o atelierista só têm sentido, como diz Malaguzzi, se verdadeiramente *se liquefazem na escola*: "o ateliê nunca representou uma espécie de datcha[204] isolada, como se ali, e somente ali, as linguagens da arte pudessem ser produzidas de maneira expressiva"[205] O atelierista, em sua relação recíproca com as professoras, dá

---

[201] Mirella Ruozzi en Claudi Giudici, "Se la pedagogia incontra l'atelier" en Vea Vecchi y Claudi Giudici (a cura di), *op. cit.*, p. 144.
[202] Loris Malaguzzi en Enzo Catini, *op. cit.*, p. 31.
[203] Conversación mantenida con Mara Davoli y Vea Vecchi en octubre de 1995.
[204] N. da T.: típica chalé ou casa de campo russa.
[205] Loris Malaguzzi, "La storia, le idee…", *op. cit.*, p. 93.

e recolhe – sem diferenciação – as relações sinérgicas das diferentes linguagens, estabelecendo não a já tópica relação teoria-práxis, mas, sim, construindo uma capacidade para relacionar de forma diferente a teoria e a prática educativa.

> A arte se aprende fora da arte, o desenho não é apenas aprendido desenhando. Claro que é necessário aprender técnicas, mas você aprende desenhando e fazendo outras coisas [...] e, entretanto, a lógica também é aprendida ao desenhar, projetar e construir [...]. A arte tem as roupas do dia a dia, e não as roupas de domingo.[206]

É nessa dimensão cultural e projetual que estão postas as raízes do ateliê, junto com um pensamento sobre a pluralidade das linguagens. Provavelmente Malaguzzi quis buscar novos diálogos e interpretações do mundo infantil e adulto por meio do ateliê e do *atelierista*. Dessa forma, recupera essa dimensão estética conatural ao ser humano e a sua forma de conhecer. Esse desejo e esse sentido humano do belo. Talvez seja mais explícita Vea Vecchi (1971, p. 152) quando diz que

> [...] tem como objetivo desenvolver na criança a sensibilidade aos seus próprios problemas e de outras pessoas, o amor pelo conhecimento e por tudo que for objeto da experiência, e a alegria que é obtida ao tentar encontrar relações e novas soluções, ao inventar ideias ou transformá-las em um jogo de imaginação, ao realizar processos de abstração e síntese (e toda criança é criativa, toda criança pode se tornar ainda mais) com a ajuda de uma copresença de linguagens verbais, de representação, de comunicação, que se enriquecem reciprocamente.

---

[206] Loris Malaguzzi en Giordana Rabitti (1994, p. 35).

É essa a sensibilidade que instaura um campo de presença, uma interferência criadora sem distância objetivistas, espaçotemporal.

O ateliê, como dizemos, não se afasta da filosofia educativa da escola. Assume, em suas competências, o compromisso de ser motor de transformação social e cultural, em favor dos direitos da infância.

> Concebe-se um espaço de aprendizagem, o ateliê, onde projetar seja um processo ativo, dinâmico e flexível de resolver situações. O problema se desloca, desse modo, da clássica concepção de armazenar conhecimentos para o processamento dos conhecimentos por meio de atitudes que saibam articular uma certa bagagem cultural de tipo generalista, um mínimo de preparação instrumental e, sobretudo, uma atitude de sensibilidade diante dos requerimentos sociais e os novos desafios projetuais que podem derivar deles. Sou da opinião que assim se poderá dar uma visão complexa que reúna técnica, cultura e sociedade, possibilitando uma resposta criativa às mudanças um tanto surpreendentes que vivemos (Esteve de Quesada, 2002, p. 39)

Já fisicamente, o ateliê acarreta uma transgressão, segundo a ideia de Rodari, uma divergência que, por meio das vidraças transparentes, estabelece uma circularidade, um diálogo que interrompe a chamada normalidade educativa. Malaguzzi já tinha comentado: "há demasiada normalidade nas escolas". O ateliê convida crianças e adultos a experimentar, a provar, a investigar, a brincar com as loucuras.

O ateliê possibilita encontrar nas crianças e em nós mesmos iniciativas para duvidarmos de nossos conceitos mais interiorizados, aqueles tesouros que nos restringem. É um caleidoscópio que permite multiplicar formas, composições e estruturas ao aprender a girá-lo.

Observação e documentação no ateliê

Observação e documentação (da qual falaremos mais adiante) são um binômio inseparável no ateliê. Malaguzzi sempre teve a necessidade de experimentar as coisas com rigor e, ao mesmo tempo, poder comunicá-las e torná-las visíveis aos pais, à cidade, criando uma circulação de acontecimentos que pudessem gerar um grande intercâmbio e modificar uma imagem muito banal da infância. Uma infância contada de outra maneira, longe das tradições escritas e orais da pedagogia. É que, geneticamente, devemos lembrar, o ateliê nasce de uma imperiosa necessidade de efetuar uma comunicação imediata, eficaz e com êxito, com as famílias para mantê-las permanentemente informadas e torná-las participantes da vida das escolas. Assim nascem os primeiros documentos para as reuniões de classe, as primeiras mini-histórias narradas, as primeiras exposições nas festas de fim de curso. Todas essas estratégias unidas diretamente com um novo projeto educativo sistêmico, laico e moderno, como em algumas ocasiões ele assim definiu.

E assim criou um lugar habitável onde o olho da câmera de fotos, de vídeo ou o ouvido do gravador foram, em relação ao animismo, sujeitos permanentes do ateliê e da escola. Elementos para criar memórias perdidas e recuperáveis dos acontecimentos. Caminhos para dotar de historicidade crianças e pessoas adultas.

A observação do espaço-ambiente da escola – como já vimos antes – foi o primeiro trabalho que Malaguzzi atribuiu aos primeiros atelieristas. Portanto, o atelierista se transforma em um profissional que sai, intencionalmente, do território limitado do ateliê para atuar em toda a escola. Essas observações consistiam em individualizar o problema, analisá-lo em suas múltiplas relações e discutir e se confrontar publicamente sobre ele. Dessas observações, recordam-nos Mara Davoli e Vea Vecchi,[207] nasce a ideia – tão querida para Malaguzzi – do pequeno grupo[208] (como qualificador da complexidade das relações humanas), a necessidade de organizar o material dos ateliês nas já universais e famosas estantes de ferro reggianas, e a ideia dos miniateliês (para gerar um senso de cotidiano maior da ideia emblemática do ateliê).

> [...] o ateliê não se especializou imediatamente, não confinou as linguagens visuais a apenas um lugar, mas foi construído e definido em relação a toda a escola. A esse respeito, parece-me que foi um passo importante em nossa experiência a introdução do miniateliê, um espaço adicional dentro da sala de aula tradicional que torna diariamente as linguagens visuais visíveis e praticáveis. Essa introdução também mudou as metodologias de ensino e de organização do trabalho.[209]

Dessa forma, constrói-se maior disponibilidade do ateliê e dos materiais, também sujeitos virtuais desse espaço, nele oferecidos.

O ateliê e a escuta

O ateliê nasce para escutar. Seguramente, Loris, farto de uma educação baseada no palavreado da palavra, preferiu o som da arte, do rumor das mãos deixando uma marca em um papel ou sobre o barro. E assim dotou a boca da emoção do gesto e da expressão do olhar poético. Assim, fomentou o diálogo circular de Piaget, Bruner, Vygotsky, Dewey com Klee, Kandinsky, Magritte, Mondrian ou Pollock. Como se arte e ciência pudessem se misturar no diálogo eterno entre Einstein e Tagore.[210]

---

[207] Conversación mantenida con Mara Davoli y Vea Vecchi en octubre de 1995.
[208] Aspecto desenvolvido em Alfredo Hoyuelos, *La ética en el pensamiento, op. cit.*
[209] Claudia Giudici Mirella Ruozzi en Claudi Giudici, "Se la pedagogia incontra l'atelier" en Vea Vecchi y Claudi Giudici (a cura di), *op. cit.*, p. 145.
[210] Famoso diálogo que ocorreu em 1930. Publicado em Ilya Prigogine (1987), p. 333-334.

Nasce para problematizar os acontecimentos da vida. Para que eles possam se interpretar de mil maneiras e nunca saber qual será a interpretação exata. O ateliê permite descobrir as nuances, fugir das disjuntivas dicotômicas. Descobre, como se narrasse, o sentido interpretativo e compreensivo de cada sorriso que está atrás de uma chupeta, de cada choro, de cada olhar, de cada gesto metafórico que desenha no ar linhas, traços, manchas, pontos, recobrando esse *sentido artístico* do qual fala Leonardo (1989). Abre a ideia do plural, dos percursos ontogenéticos, filogenéticos e epigenéticos múltiplos e descontínuos. Assim, cada marca infantil se encarrega de sentidos e significados para interpretar as possibilidades simbólicas do ser humano desde o nascimento; encontros dialógicos e dialéticos com as matérias e as formas. Assim, dota as manifestações sensoriomotoras de toda sua riqueza lógica e concreta, sem a necessidade de esperar nenhum estado posterior que torne o homem inteligente ou completo.

Outorga acreditar, com a fé real e possível de Malaguzzi, em uma criança competente desde o início. Mas, sobretudo, o ateliê permite que a escola não fique atrás da vida e recupere, como valor criativo e cultural, o otimismo da primeira infância. Essa é nostalgia do futuro da qual Loris fala. Um frescor que é necessário manter para quem trata de construir um ato educativo e criativo. Acreditamos que a seguinte citação resume a intenção genuína do ateliê reggiano:

> Cada escola tem seu próprio ateliê com seu próprio professor, especializado em não ser especializado: dizendo que o papel que o ateliê desempenha na experiência é longo: basta dizer que deseja estabelecer com sua natureza e suas atividades, suas conexões, uma espécie de garantia de que a experiência educacional permaneça fresca, imaginativa, que seja ajudada a não ser embrulhada pela rotina, pelos hábitos, pelos excessos de esquematização.[211]

---

[211] Loris Malaguzzi, "Proposte a domande proposte da un amico", *op. cit.*, p. 64.

Segunda estratégia do princípio estético 2: a metáfora

> A possibilidade da metáfora surge da infinita elasticidade da mente humana; atesta sua capacidade de perceber e assimilar novas experiências como modificações de outras anteriores, ou de encontrar equivalências nos mais variados fenômenos e substituir um por outro. Sem o processo constante de substituição, não seriam possíveis nem a linguagem nem a arte, nem mesmo a vida civilizada. (Gombrich, 2002, p. 13-14)

A segunda estratégia da qual vamos falar,[212] embora não a desenvolvamos nesta investigação, é o uso contínuo da metáfora por parte de Malaguzzi para expor seu pensamento e sua obra. Metáfora entendida no sentido aristotélico como a transferência de uma parte das ressonâncias suscitadas por uma palavra ou outra. A metáfora como uma transgressão linguística e simbólica que permite estabelecer uma nova interpretação. A metáfora (Munari, 1985, p. 121 e ss.) cria uma nova realidade, mudando as relações com as coisas designadas.

As metáforas (Lakoff e Johnson, 1995) impregnam a linguagem cotidiana de Loris Malaguzzi, conseguindo estabelecer uma relação dialética com a realidade. Para Malaguzzi, pressupõem poder expressar em termos concretos sua forma de ver o mundo infantil. As metáforas preenchem esse espaço que a linguagem *normal* deixa e se torna incapaz de preencher com expressões habituais.

---

[212] Essa é uma estratégia que vamos a mencionar brevemente, mas que não vamos desenvolver. A metáfora e Malaguzzi seria um bom título para uma investigação posterior a este trabalho. Um estudo fascinante. Ao mesmo tempo que estudávamos os documentos para a realização desta investigação, fomos anotando diversas metáforas (e outras figuras como metonímias, sinédoques, prolepses etc.) – escritas, visuais ou orais – às quais Malaguzzi recorre para explicar suas ideias. Compilamos, até este momento, mais de 500 diferentes. Um material precioso com o qual podemos realizar, no futuro, uma profunda investigação que, agora, escapa dos limites desta obra.

Malaguzzi precisa falar de outra maneira da infância. É o *ostranenie* da metáfora que enche de sentido, imagens, símbolos e cultura poética a própria imagem da infância que Malaguzzi transmite. Loris, como indivíduo metafórico, "concebeu, em vez disso, a realidade como objeto de reestruturação contínua, interpreta-a de acordo com sua dinâmica afetiva, está disposto a entrar em conflito com ela e resolvê-la criando novas áreas de experiência" (Fonzi e Negro Sancipriano, 1975, p. 7).

A metáfora é um símile (Basso, 1996) que acarreta uma violação – uma transgressão criativa – das regras linguísticas, uma proposição absurda, uma desobediência semântica que se compõe de significados conotados ou implícitos. Assim é a forma narrativa, como veremos mais adiante, do expressar-se de Malaguzzi.

Para Fabbri e Munari, a metáfora implica um momento característico da emergência de novos conhecimentos, mudando as relações com as coisas, e "cria uma nova realidade, a partir da qual a original parece irreal".[213]

> É, portanto, quando o acordo sobre o vocabulário vem a falhar, quando as certezas metodológicas são questionadas, quando novas ideias não podem ou não querem usar os conceitos anteriores para se expressar, quando você precisa escolher entre incertezas, quando, em suma, é uma questão de mudar a relação com o conhecimento, que a metáfora se torna a ferramenta mais útil para novos conhecimentos se legitimarem, e para o indivíduo assimilar e estabelecer novos saberes (Fabbri e Munari, 1985, p. 342).

---

[213] Stevens, citado por Fabbri e Munari (1985, p. 342).

Além disso, sabemos que as crianças[214] e os povos primitivos (Levi-Strauss, 1984) – sem pretender equiparar unidirecionalmente ambas as culturas – são propensos a construir metáforas para se expressar. Algo que também Loris e a experiência reggiana souberam juntar nos múltiplos projetos documentados das propostas educativas realizadas.

Para Loris, a metáfora é um binômio, desses que Rodari gostaria de chamar de fantástico. São figuras que Loris utiliza constantemente em sua forma dialética de se expressar. Portanto, é uma maneira de evocar imagens figuradas que não estão presentes para suscitar ressonâncias (Aristóteles, 1994) que se transferem de uma palavra à outra. Malaguzzi, podemos afirmar, foi um grande criador de metáforas oportunas; metáforas materializadas que o ajudam a pensar melhor seus próprios sentimentos, por meio da provocação e da ironia. As metáforas arcam, para o reggiano, com o espaço ou o vazio que deixa a linguagem que já é clichê e cheia de tópicos. Criando metáforas, inventa uma nova linguagem para dizer coisas novas com essa operação de estranhamento própria do artista, a quem os recursos linguísticos normais fazem lembrar de conceitos fechados.

Com a metáfora, Malaguzzi abre o mundo dos possíveis, do indeterminado, da transgressão imprescindível para abordar a realidade de maneira insólita. Dessa forma, a metáfora, para Loris, é uma força transformadora do real, uma rede de novos valores criativos afastados das garras do *já* sabido. Trata-se de uma conquista criativa capaz de reinterpretar o mundo para vê-lo com outros olhos.

---

[214] Howard Gardner tem um título sugestivo de um capítulo no livro *Arte mente y cerebro*, intitulado "El niño es el padre de la metáfora" (p. 180-189).

Por meio da metáfora (e de outras figuras), Malaguzzi dá vida às palavras, consistência material. Dessa maneira, pode comunicar de forma diversa pensamentos ou conceitos vestidos de novidade, sem que sejam julgados injustamente pelos cânones estabelecidos.

Dissemos que a metáfora, para Loris, é uma estratégia para pensar diferente, mas também é uma forma para fazer refletir de outra maneira. Com a metáfora, Malaguzzi ri ou dá gargalhada do paradigma de Pangloss, que afirma que não há nada a fazer e muito menos a pensar, já que vivemos no melhor dos mundos possíveis.

Nós o vimos usar metáforas em seus escritos (pudemos comprovar e seguiremos vendo isso), em sua oralidade (especialmente quando precisava ser traduzido para outro idioma, como se a evocação de figuras comuns fosse uma linguagem universal) e na interpretação da realidade por meio de imagens visuais (ajudado por alguns atelieristas). Todos esses aspectos nos revelam a necessidade imperiosa de Malaguzzi de se fazer compreender também na força de sua contradição e ambiguidade. São aspectos que fazem parte da complexidade de seu pensamento e de sua obra.

Com essa breve explicação sobre a metáfora e a narração anterior do ateliê como estratégias de caráter estético, avançamos à concretude do segundo princípio que, lembremo-nos, apresentava-nos a seguinte proposição: construir pedagogia é sonhar a beleza do insólito.

Passemos, agora, a desvendar o terceiro e último princípio estético.

2.1.5 Princípio estético 3: educar implica desenvolver as capacidades narrativas da sedução estética

A sedução estética

Comentemos, primeiro, a sedução estética. Para Malaguzzi,[215] existe uma estética do conhecer antes que um conhecer estético. Essas ideias, aprofundadas por Donata Fabbri e Alberto Munari,[216] significam que o que conseguimos realizar se conota dentro de um prazer estético.

> Um estado de ânimo que se complica e se aperfeiçoa por meio de uma fibra tão fina quanto a teia de uma aranha (mas que pode crescer como uma amarra), que se faz perceber, enquanto nós projetamos e conhecemos, e que nos permite escolher entre modelos de ação, pensamento, imaginário, que tem raízes (quem sabe de onde vêm) dentro de nós.[217]

Para conhecer,[218] é necessário escolher entre incertezas pertinentes. Portanto, conhecer significa decidir, e cada decisão é uma escolha entre diversas incertezas. Mas essa escolha não pode ser somente um problema de lógica ou de falseabilidade, como diria Popper, já que se fala de incerteza e não de certezas. Dessa forma, o âmbito das escolhas tem que pertencer a um nível que não seja o puramente racional. Humberto Maturana (1997, p. 57-59) fala da sedução estética como um marco de referência que estabelece um *olhar poético* para conseguir esse *bem-estar natural* necessário para

---

[215] Loris Malaguzzi, "La storia...", *op. cit.*, p. 81.
[216] Alberto Munari, *Strategie di costruzione della conoscenza* (conferencia pronunciada en el congreso de Reggio Emilia celebrado el 29 de marzo de 1990). Ver também: Fabbri (1988) e Fabbri e Munari (1985).
[217] Loris Malaguzzi, "La storia...", *op. cit.*, p. 83.
[218] Alberto Munari, *Strategie di costruzione... op. cit.*

escolher e decidir. Portanto, existe uma dimensão estética no próprio processo do conhecer. Uma dimensão que é uma fascinação ou essa *vibração estética* da qual fala Malaguzzi.

> E essa *vibração estética* que impulsiona a dar nomes, nomes a figuras e cores, figuras e cores que pareciam não existir, e para melhorar as construções de nossa sensibilidade interpretativa e criativa, para descobrir os valores e objetos de prazer que despertam em nós e nos outros: uma "ousadia" extra para seduzir e ser por ela seduzida.[219]

Donata Fabbri[220] chama esse assunto de projeto estético. Esse projeto cria um marco de referência, como um desejo, para escolher respondendo fascinados a certos juízos relacionados com o gosto ou prazer estético. Uma estética que nos cativa cognitivamente e que nos leva a interpretar o mundo com base nesse flerte. Uma sedução que, como dissemos, não pertence apenas ao mundo da racionalidade.

> Assim, a sedução estética se revela como uma possível dimensão do conhecimento que ilumina algo que talvez não pertença apenas à racionalidade. Uma dimensão que é sentida mesmo quando falamos, lemos, admiramos uma imagem, encontramos um conceito, ouvimos uma sinfonia.[221]

Além disso, a sedução estética, como comenta Malaguzzi, não é apenas um problema do conhecimento individual, mas, sim, que está na base da construção intersubjetiva do conhecimento e na relação cultural com o saber. Essa relação, para Alberto Munari, é uma rede extremamente densa de interconexões, que formam um

---

[219] Loris Malaguzzi, "La storia…", *op. cit.*, p. 83.
[220] Citado por Alberto Munari, *Strategie di costruzione… op. cit.*
[221] Loris Malaguzzi, "La storia… ", *op. cit.*, p. 83.

retículo ou hipertexto pelo qual navegam nossas decisões de caráter cognitivo, moral e estético.

O problema, comenta o pedagogo reggiano, está em como ajudar as crianças a sentirem essa sedução estética que está presente nos processos de conhecimento e na semiologia de seus jogos linguísticos, analógicos, artísticos e metafóricos de suas cem linguagens (Gardner, 1995; Goodman, 1974).

> A certeza também é apoiada pelos depoimentos oficiais de Howard Gardner e pela pesquisa inesgotável de seu mestre Nelson Goodman sobre a "genialidade" dos veículos simbólicos. Gardner insiste na sensibilidade estilística das crianças – *inconvenientes*, digo eu, *conhecedores*, ele diz – e nos símbolos que surgem de seus jogos linguísticos, analógicos e metafóricos. Jogos, hoje, em forte crescimento, introduzidos por sugestões e semiologias próprias de uma sociedade de imagem e de informação consumista, indubitavelmente influente na multiplicação ou subtração do valor dos antigos significados.[222]

Portanto, como relata Isabel Cabanellas, a estética em Malaguzzi deve ser entendida como uma capacidade da pessoa de entrar em ressonância com o mundo, de maneira que, na forma de conhecer, ele soube incluir o gosto pelo belo, pelo bonito "entendido como experiência, e não como adorno vazio",[223] essa sedução estética de que Malaguzzi foi um feroz e sensível defensor.

---

[222] *Ibidem*.
[223] Isabel Cabanellas, "La estética en la obra de Malaguzzi". En *Los cien lenguajes de Loris Malaguzzi* (4 de mayo de 1994). Documento sin publicar.

A narratividade

Em Malaguzzi, porém, a sedução estética dos acontecimentos educativos deve ser narrada de forma criativa. Já falamos sobre narração antes e o faremos novamente em caráter mais específico quando abordarmos o tema da segunda das estratégias deste terceiro princípio, a documentação. Mas, agora, vejamos alguns aspectos importantes desse assunto. Para Malaguzzi, é tão importante observar ou investigar os processos de conhecimento da criança como, posteriormente, saber narrá-los. É na narração dos acontecimentos que Malaguzzi constrói um sentido para o que a criança descobre. Um sentido estético que fascina e que seduz. Todas as culturas, lembremo-nos – por exemplo – dos desenhos pré-históricos (Cassirer, 1971; Groenen, 2000) das cavernas de Altamira (que narram cenas de caça), tiveram a necessidade de construir narrações, mitos ou lendas para explicar sua atuação no mundo, para construir um sentido da sua existência.

> Sem essas histórias que nos contam de pequenos e, que mais adiante, lemos e imaginamos, a identidade pessoal e nossa existência como seres humanos seria impossível, porque *somos animais que precisam da ficção e da imaginação* para procurar (e encontrar) algum sentido para nossas vidas. (Bárcena e Mèlich, 2000, p. 97)

Se algo fascina ou seduz tanto na experiência educativa dessa cidade italiana, para além de qualquer nação ou cultura (recordemos que foi visitada por pessoas dos cinco continentes), é porque Loris Malaguzzi e Reggio foram capazes de testemunhar narrativamente a cultura, as ideias e as formas de pensar das crianças. E essa linguagem, muito além das culturas particulares, é um símbolo internacional:

> As tramas que inventamos nos ajudam a configurar nossa experiência temporal confusa, disforme e, em última instância, muda. (Ricoeur, 1997, p. 483)
> Mas a própria pessoa não está capacitada para contar sua própria vida. Precisa de "outro", real ou imaginário. Precisa se desdobrar em "outro". Esse "outro", ao narrar a história da vida de alguém, tanto a existência do narrador como a do personagem da narração podem adquirir sentido. (Bárcena e Mèlich, 2000, p. 113)

Malaguzzi sabia muito bem se situar no ponto de vista do espectador para fazer chegar às pessoas as emoções e o sentido de narrações ou histórias diversas.

Loris construiu educação, mas, sobretudo, fez narratividade do ato educativo. Aspecto que se relaciona com o desenvolvido por Paul Ricoeur (1999) ou Julia Kristeva (1982). Comenta Mikel Azurmendi (1999, p. 41), seguindo as ideias desses autores, que

> a narratividade é a forma racional de composição significativa dos feitos humanos. Compreender que a ação humana implica, por conseguinte, que sejamos capazes de reproduzir os processos por meio dos quais se produziram, ou seja, narrativizar essas ações.

A infância que relata Malaguzzi é uma infância narrada, concreta, com uma historicidade fascinante, que se pode tocar, que escapa dos cânones retóricos da história da pedagogia, a qual transborda. Por essa razão, Reggio Emilia seduz de forma internacional: porque conta histórias – as de crianças e adultos – que tratam de dar sentido à sua existência, que é o que todos pretendemos. E essa ideia de sentido profundamente humano enfeitiça por sua veracidade.

Poderíamos, então, pensar que a narração é uma espécie de ficção inventada das experiências que fazem as crianças. É correto afirmar que toda narração é uma interpretação; mas a interpretação malaguzziana é uma construção da realidade realizada com rigor e com múltiplos dados recolhidos e contrastados. A dialógica narrativa de Malaguzzi trata de estabelecer uma aliança não disjuntiva com os dois tipos de pensamento que Bruner (1993, p. 15-55) apresenta: o paradigmático e o narrativo, sabendo que existe uma diferença entre a credibilidade narrativa e a credibilidade científica. O estilo paradigmático ou lógico-científico:

> Persegue o ideal de um sistema descritivo e explicativo formal e matemático. Isso recorre à categorização ou conceitualização, bem como às operações pelas quais as categorias são constituídas, elevadas a símbolos, idealizadas e colocadas uma em relação à outra, de modo a constituir um sistema [...], o pensamento lógico-científico [...] se ocupa de causas de ordens gerais e de como identificá-las, e usa procedimentos projetados para garantir a verificabilidade referencial e testar a verdade empírica. Sua linguagem é regulada pelos requisitos de coerência e não contradição. Seu âmbito é constituído não apenas pelas realidades observáveis às quais suas declarações fundamentais se referem, mas também do conjunto de mundos possíveis que podem ser produzidos logicamente e comparados com realidades observáveis; isso porque o pensamento paradigmático é guiado por hipóteses baseadas em princípios. (Bruner, 1993, p. 17)

O pensamento narrativo que Bruner apresenta trata de construir, literariamente, boas narrações, ainda que não sejam necessariamente verdadeiras. Ocupa-se das intenções do homem e da consciência psíquica dos personagens.

> A história deve construir simultaneamente dois cenários. O primeiro é o da ação, cujos ingredientes são os elementos de construção da própria ação: agente, intenção ou propósito, situação, disponibilidade de

instrumentos, bem como algo que atua como uma "gramática da história". O outro cenário é o da consciência, em que, de tempos em tempos, surge o que as pessoas envolvidas na ação sabem ou não sabem, pensam ou não pensam, sentem ou não sentem. Os dois cenários são essenciais. (Bruner, 1993, p. 19)

Pensamos que Loris Malaguzzi usa em suas investigações os dois tipos de pensamento. Por um lado, tem a habilidade de poder narrar as experiências das crianças, mas não esquece o rigor com que devem ser avaliadas. Se fazemos uma revisão dos diversos projetos de experimentação realizados em Reggio, podemos descobrir que eles mantêm essa dupla faculdade. Apresentam as características da narração: presença de pressuposições com significados interpretativos implícitos, a subjetivação e a presença de uma pluralidade de perspectivas que propõem uma multiplicidade de significados que estimulam a imaginação do espectador de forma que ele possa "escrever seu próprio texto virtual" (Bruner, 1993, p. 33).

Por outro lado, porém, Malaguzzi era muito rigoroso e exigente com os dados extraídos das experiências e exigia repetidamente a comprovação das teorias, hipóteses ou interpretações. Por meio da estratégia da documentação (da qual falaremos mais adiante), extraía os dados com os quais expunha, com firmeza, suas ideias.

Vejamos, agora, alguns exemplos de narrações. Em particular, veremos três que são emblemáticas. A primeira é a narração escrita sobre uma menina, Elisa, de oito meses que, arrastando-se, consegue alcançar uma boneca que observa afastada. O importante dessa narração – acompanhada por algumas imagens – é que está relatada sob o ponto de vista subjetivo da menina e Malaguzzi reivindica a importância de poder imaginar seus pensamentos.

Nada o impede de imaginar o fluxo de pensamentos (das linguagens internas) com o qual Elisa acompanhou a experiência:

"Toh! É a boneca que eu gosto. Eu a reconheço pelo rosto e pelo sorriso. Mas está lá embaixo, não há ninguém que me dê uma mão, como faço para chegar lá? Eu posso fazer isso?... Eu vou tentar. Mas como? Então, trabalhando com tudo o que tenho: faço força com meus braços e joelhos, recolho-me e deito e então me movo... Eu consigo.

Então eu me apoio no meu queixo, carrego meu traseiro, movo meus joelhos e meu torso para a frente. Muito bom. Agora, aponto em linha reta em direção à boneca, meço o espaço e faço o caminho mais curto. Meu Deus, é difícil... Agora estou aqui, me inclino para a direita, com cuidado para não perder o equilíbrio, estico o braço esquerdo. Eu estava errada, eu não consigo chegar lá. Você sabe o que eu faço? Faço a boneca cair, quem sabe se cair ela não chega perto. Aqui eu fui bem, eu consegui fazer. Sou forte e sinto um grande calor dentro de mim, que prazer! Agora a boneca é minha! Posso, finalmente, descansar um pouco".[224]

O segundo texto que apresentaremos é um artigo que fala de um tema concreto: a mangueira de borracha. Já em seu título (o título já é uma declaração sedutora estética e narrativa) declara uma trama: "Divagação sobre material pobre. A mangueira de borracha entre Humpty Dumpty e Jean Paul Sartre". Trata-se de reflexões realizadas sobre essas mangueiras que são usadas para regar. Malaguzzi observou as crianças brincarem com essas mangueiras e, fascinado, presenteia-nos com uma narração interpretativa que nos faz ver com novos olhos um jogo que pode viajar ao infinito. Há que ressaltar a ironia do relato, a necessidade de resgatar as ideias das crianças para destacar sua cultura diferente da nossa, sua capacidade de

---

[224] Loris Malaguzzi, "La pedagogia del diritto con ...", *op. cit.*, p. 45.

inventar – por meio das imagens que a ação propõe – linguagem e seu significado, a riqueza de relações culturais (Carroll, o *limerick*[225] inglês, Freud, Sartre) que propõe e, ao mesmo tempo, as profundas interpretações que dão sentido às atuações das crianças, o valor dos objetos didáticos simples (que lembram a *arte povera*)[226] e o recurso de propor imagens simbólicas concretas para poder entender as transformações criativas da própria mangueira nas mãos das crianças, apanhando narrativamente o imaginário do mundo infantil.

> Quem disse que uma mangueira de borracha nada mais é do que uma mangueira de borracha? O que mais ela pode fazer além de ligar o cilindro no fogão, transferir o vinho da garrafinha e regar as raízes da horta? Parece que não dá para ir muito além disso.
>
> Mas a mangueira de borracha de que estamos falando é a dos nossos discursos, dos nossos usos; um uso convencional, habitual, reduzido, empobrecido, como resignado, vinculado às normas, como um salame florentino.
>
> Se algum de nós fosse descoberto, enquanto está dando outros significados, menos comuns, à mangueira de borracha, quem sabe, emprestando-lhe, por exemplo, o de uma grande píton que se torce e que pode estrangular, certamente seria visto como louco e dura e impiedosamente suspeito.
>
> Não é assim: não é o mesmo se as crianças o fazem. Então, vamos tolerar, olhar o suficiente, pensar que é lícito para essa idade, mas então... eles crescerão e...
>
> Sejamos realmente grandes, impagáveis cafonas e formidáveis autocastrados.
>
> Quem disse que as crianças têm um vocabulário reduzido, uma competência linguística (sic) reduzida?
>
> Vamos dar a eles essa mangueira de borracha banal e logo veremos com quanta riqueza de imaginação, liberdade, autêntica capacidade de pensamento,

---

[225] N. do E.: poema humorístico curto, com cinco linhas.
[226] N. da T.: "arte pobre" em italiano.

explosividade interpretativa e fecundidade de vocabulário, as crianças saberão brincar. Quando a brincadeira cansar, aqui estarão as crianças inventando outra, e a mangueira de borracha estará lá, dócil, incrivelmente disponível para uma fantasia sem fim, para dar cambalhotas e subversões de significados.

Lembremo-nos do famoso encontro de Alice com Humpty Dumpty – uma cabeça de ovo[227] pouco conhecida nas histórias – que encíclica tudo, creditando a si mesmo com um desânimo absoluto da palavra *"quando uso uma palavra, sou eu quem decide o que significa"*.

Bem, apesar das intenções de Carroll e das interpretações freudianas que estão na moda, as crianças são todas "cabeças de ovo" como Humpty Dumpty, só que o significado das palavras que decidem não é mais que uma admirável, limpíssima brincadeira, que dá a alegria de presentear os objetos e atos com uma existência que se renova e não termina. Um distanciamento do fim, da morte, do peremptório, uma superação da contradição [...].

Uma confirmação de que a pedagogia e o ensino não precisam de ótimas ferramentas e dispositivos, ao contrário, eles precisam se livrar da poeira e se entregar com confiança, digamos, ao não previsto, ao *limerik*, ao jogo do absurdo inglês.

A mangueira de borracha é primeiro um *limerik*, um instrumento, um material a ser descoberto e, agora que está ali, finalmente, nas mãos livres das crianças, é uma espécie de monstro a ser domado que não pode ser preso e escapa por todos os lados.

Então, na versão mais comum, porém agradável, uma grande garganta para encher de água e um duto que leva a água da montanha para a planície.

Mas aqui está a mangueira subindo e se tornando um "Arco do Triunfo", sob o qual passar e se divertir.

---

[227] N. da T.: Definição depreciativa de intelectuais ou teóricos que, por estarem perdidos na abstração, não veem a realidade concreta. Um dos elementos da imagem estereotipada do intelectual é a cabeça muito grande (considerada um sinal de inteligência superior), o que faz ela parecer um ovo.

> Agora a mangueira precisa de uma alma e vamos dar a ela uma cobra gigante que desce das trepadeiras para tocar o cuco.
> Mas a mangueira de borracha também pode servir como uma longa rédea para o cavalo e o cavaleiro caçarem aventuras no vale solitário.
> O monstro agora volta com a garganta aberta: não água, mas desta vez nós caçamos pedras lá embaixo [...].
> A mangueira de borracha é redescoberta como um ótimo meio de comunicação amigável e tranquilizador, em que, se você sussurra dentro de um lado, do outro (a mil quilômetros de distância), você escuta, como em um telefone.
> Se tivermos tido paciência e sagacidade para acompanhar, discretamente, as brincadeiras das crianças, teremos registrado lampejos imprevistos e impensados de palavras, gestos, pantomimas, ficções, descobertas...
> A pedagogia está nas crianças, mas não apenas nas crianças, é eminentemente ligada à ação. Até Sartre diz que "a imaginação é um ato, não uma coisa"...
> A mangueira de borracha, o banal, agora se eleva e, com a ajuda das crianças, dá razão a Jean Paul Sartre. É pouca coisa?[228]

O terceiro dos textos é uma narração oral, reconstruída, transcrita e traduzida de três intervenções[229] distintas de Malaguzzi. Em cada lugar, a narração é diferente. Malaguzzi afirmava que é preciso levar em conta o interlocutor diante do qual estamos para saber como se deve mudar a forma de falar.

> Temos que aprender a falar com os pais. Falar com a mãe ou com o pai é algo muito distinto. Falar com um pai formado na universidade é muito diferente de falar com um pai que apenas fez a [escola] primária.[230]

---
[228] Loris Malaguzzi, "Divagazione sul materiale povero. Il tubo di gomma. Tra Humpty Dumpty e Jean Paul Sartre", *Zerosei*, anno 3, n. 2 (ottobre 1978), p. 70-73.
[229] Loris Malaguzzi, *Incontri Barcelona 9º* (gravação sonora de 8 de julho de 1988); Loris Malaguzzi, *Conferenza a Pistoia* (gravação sonora de outubro de 1988); Loris Malaguzzi, *Incontri Pamplona 3º* (gravação sonora de 11 de abril de 1989).
[230] Loris Malaguzzi en Carlo Barsotti, *L'uomo di Reggio Emilia, op. cit.*

A história, documentada mediante imagens fotográficas,[231] é narrada com paixão e emoção por Loris Malaguzzi. Ainda podemos ouvir a voz de Malaguzzi com sua força ao contar a história, suas nuances tonais, o suspense *hitchcockiano* buscado e criado, suas mãos se movendo com força, o domínio do *tempus* ou ritmo narrativo, as pausas, os gritos, os silêncios, a musicalidade de sua voz, seus limites sonoros, a tensão em seu rosto e os olhos fixos nos espectadores para controlar o seguimento dos acontecimentos, sua atenção e sua confiança. O importante é o valor que dá a um menino, Francesco, com seu poder e capacidade de pensamentos, de formular teorias inteligentes. A narração revela, também, dados concretos de uma observação detalhada e minuciosa. Também são dignas de destaque as figuras literárias usadas (metáforas, comparações, sinédoques...) e a capacidade de sedução estética de tal narração.

> Vou narrar para vocês, agora, um episódio inesperado que aconteceu com um menino de dez meses e meio. Tínhamos mudado a aparência de uma classe, cobrindo-a totalmente com um papel contínuo branco cenográfico. Não vou lhes contar as extraordinárias reações surpreendentes que tiveram as crianças ao ver essa mudança total. Vou me centrar, ao contrário, no que aconteceu com um menino de dez meses e meio que estava ali sentado. Ele, depois, aproximou-se de uma das bordas do papel que cobria o chão e, que, por sorte, não estava totalmente colado. Sendo assim, ele arrancou um pedaço de papel, que formou uma espécie de tubo ou de rolo de cartolina que era difícil de manter entre as mãos. Era um objeto um tanto insólito. O menino se deu conta de que era uma forma estranha que apenas se mantinha daquela maneira se ele segurava o tubo adequadamente com as mãos, caso contrário, desaparecia, desmanchava-se. Nesse momento, produz-se algo extraordinário para quem não acredita

---

[231] "Franceso e il tubo". In Carolyn Edwards *et al.* (a cura di), *I cento… op. cit.*, p. 150-151.

nas possibilidades inteligentes das crianças pequenas. O menino ficou surpreso pela cavidade do tubo, olhou através dele, como se quisesse atravessá-lo.

Depois de perceber a delicadeza com que tinha que segurar o objeto para que mantivesse essa forma, passou de segurá-lo com as duas mãos para fazê-lo apenas com uma. Por que essa ideia? Porque precisava engatinhar, liberando uma mão. Assim, afastou-se desse lugar e voltou ao lugar inicial em que estava previamente sentado, levando o tubo, o objeto sustentado por uma mão. Engatinhou, apoiando-se nas pernas e na mão que estava livre. Não sei se vocês entendem que isso implica uma dificuldade enorme em nível muscular, e não apenas muscular. É uma heroicidade que quase tem a ver com os cursos de formação que os marinheiros realizam na América. Quando chegou ao ponto de partida, virou-se para sentar e, pegando de novo o tubo com as duas mãos, com um movimento das mãos – de novo, sincronizado – conseguiu pôr o olho no tubo como se fosse uma luneta e olhou através dele. Então, o menino viu um marca-texto longe e parece que lhe veio uma ideia que é mais que uma ideia, é uma conjectura, uma hipótese. De novo, pegou o tubo com sua mão direita e se afastou, engatinhando com a dificuldade que implica fazê-lo dessa maneira. Chegou ao lugar onde estava o marca-texto e fez uma suposição (deve-se levar em conta que a crianças fazem isso). Mantendo o tubo com sua mão esquerda, meteu o marca-texto com sua mão direita por uma das extremidades do tubo e esperou – com o olhar – que caísse pela outra extremidade. É uma experiência nova que se trata de passar um corpo opaco por outro corpo. Temos que estar atentos a esses acontecimentos incríveis, porque nossos olhos estão habituados a ver o que sabem, não o que veem. O menino tinha realizado uma antecipação que era correta, mas tinha que chegar a descobrir qual era o plano de inclinação para que o marca-texto caísse. O tubo estava na horizontal e o marca-texto não caía.

Ele foi experimentando, com várias tentativas, mover o tubo lentamente de um lado para outro. Estava tratando de procurar as causas e as razões de um fenômeno que não controla totalmente até que se dá conta de que o problema reside na obliquidade do tubo. Até que a ação real – quando o tubo adquire a inclinação adequada – confirmou sua teoria. Depois, pegou outro marca-texto com segurança e, enquanto a mão introduzia o marca-texto, o olho esperava o que já tinha compreendido. Esteve durante 20 minutos investigando, tratando de confirmar sua teoria, explorando quais eram os planos de inclinação certos para que o marca-texto caísse mais vezes. Não sei se vocês se dão conta, mas esse acontecimento é de tal complexidade que até merecia um prêmio Nobel.

Passemos, agora, a analisar o mérito de tais histórias narrativas. Para isso, vamos utilizar o que Bruner (1997, p. 152-153) chama os nove universais das realidades narrativas. Por meio desses universais, podemos chegar a entender melhor as narrações anteriores e, em geral, todo o sentido que, para Malaguzzi, tem a narração. Vejamos, agora, estes nove universais:

a) *Uma estrutura de tempo praticado.* As histórias de Francesco e de Elisa segmentam e se referem a um "corte" de tempo determinado, com o qual Malaguzzi constrói um discurso narrativo, uma sequência de acontecimentos que têm uma estrutura com um princípio que situa o tema, desenvolve-o e dá-lhe um desenlace feliz em ambos os casos analisados. Ambas as histórias são uma seleção temporal de vários acontecimentos.

b) *Particularidade genérica.* As três narrações apresentadas cumprem uma função genérica. Todas se ajustam a gêneros narrativos reconhecíveis e universais. A primeira apresenta, de forma lírica e autobiográfica, a tragicomédia de Elisa para conseguir um objeto. A segunda, em tom de ironia e de humor, ajusta-se a uma forma teatral de comédia em que a crianças organizam cenas imaginárias e inventadas com mangueiras de borracha. As palavras pronunciadas em 7 de novembro de 2000 por Camilo José Cela são esclarecedoras sobre isso.

> O pensamento livre, nesse significado restrito que se opõe ao mundo empírico, tem sua tradução na fábula. E a capacidade de fabular apareceria, pois, como um terceiro companheiro, capaz de adicionar à condição humana o pensamento e a liberdade, graças a essa pirueta que concede caráter de verdade ao que, até a presença da fábula, nem sequer tinha sido uma simples mentira.
>
> Por meio do pensamento, o homem pode ir descobrindo a verdade que ronda oculta pelo mundo, mas também pode criar um mundo diferente, à sua medida, e nos termos em que desejar, uma vez que a presença da fábula assim o permite. Verdade, pensamento, liberdade e fábula ficam, assim, ligados por meio de uma relação difícil. (Cela, 2000)

A terceira história narra, com intensidade épica, as tentativas de Francesco de comprovar – com suas mãos e um marca-texto – a teoria que seus olhos antecipam. As universais formas líricas, épicas e dramáticas que, literariamente, foram explicadas estão presentes nas narrações malaguzzianas.

> O lírico funde suas raízes na alma. O épico, como configuração do presente, e o dramático, como configuração do futuro, respondem à tendência objetivadora do espírito [...]. Uma épica sem vivências líricas ou sem certa funcionalidade seria uma mera catalogação de coisas que apenas nos diriam algo. Um drama desprovido de

> certa complacência pelas coisas ou sem um profundo sentimento lírico, por mais bem construído que pareça, por mais bem esboçado que esteja como projeto, se tornaria, em algum ponto, uma armadura seca e vazia e, ao mesmo tempo, inumana. (Ferrero, 1966, p. 16)

Formas líricas, épicas e dramáticas que Isabel Cabanellas (1989), tomando as provocações antropológicas de Gilbert Durand (1982), mostrou nos grafismos infantis, e que poderemos encontrar entremeadas nas documentações reggianas das quais falaremos mais adiante.[232]

> A forma lírica, na qual o artista apresenta a imagem em imediata relação consigo mesmo, como expressão do "espaço íntimo"; a épica, na qual apresenta a imagem como relação mediada entre ele mesmo e os demais, o "eu diante do mundo"; e a dramática, na qual se apresenta a imagem em relação imediata com os demais. (Cabanellas, 1989, p. 222)

c) *As ações têm razões*. Malaguzzi, nas três narrações, dá uma clara intencionalidade fenomenológica às atuações das crianças. Revela suas crenças, desejos, teorias, valores ou estados intencionais. Essa é a força que carregam as narrações que ele constrói.

d) *Composição hermenêutica*. O que nos oferece Malaguzzi é uma interpretação de acontecimentos vividos por crianças. Permite-nos tornar legível e compreensível – por meio do que Bruner chama círculo hermenêutico – a história, abrindo-nos para o mundo da pluralidade interpretativa. Pluralidade interpretativa sobre a qual, por meio de provas documentais (observações, imagens, palavras recolhidas...), Malaguzzi nos permite refletir em toda a sua complexidade.

---

[232] Fica em aberto para o futuro outro interessante campo de investigação que seria ver as formas narrativas nas documentações visuais ou audiovisuais dos projetos reggianos.

e) *Canonicidade implícita.* As narrações de Malaguzzi têm o poder de ir contra as expectativas, contra a banalidade, contra o aborrecimento. Seu impulso literário traz, nos três textos apresentados, frescor e excitação. Malaguzzi tem a virtude de nos fazer ver algo que ninguém tinha se dado conta antes. Em suas narrações, procura a cumplicidade dialética dos espectadores por meio desse *ostranenie* (estranhamento), do qual falamos, ou "ao nos fazer considerar como novo o que antes dávamos por conhecido" (Bruner, 1997, p. 159).

f) *Ambiguidade da referência.* As narrações de Malaguzzi e, em particular, a segunda, apresentam-nos uma interpretação do mundo imaginário das crianças, mas não se fecham. Está aberto a novos questionamentos, críticas, novas observações. Esses relatos têm a virtude de abrir perguntas contingentes para duvidar das interpretações realizadas que, uma vez construídas, podem encerrar a riqueza infantil.

g) *A centralidade da problemática.* As histórias de Francesco e de Elisa narram uma problematicidade intrínseca que dá "gancho" à história. Apresentam o esforço de Elisa para se mover e conseguir algo e a tenacidade conflituosa de Francesco para relacionar uma série de eventos previamente separados.

h) *Negociabilidade inerente.* Loris precisa comunicar suas histórias (neste caso, orais ou escritas) a outros interlocutores--leitores-"escutadores". A força do pensamento e da obra de Malaguzzi está em como as histórias por ele contadas contribuíram, como anunciávamos, para realizar uma interlocutoriedade internacional que conseguiram – por meio de críticas ou considerações – ajustar, de forma negociada, às próprias narrações, para torná-las mais compreensíveis ou voltar a investigar mais os fatos para descobrir nuances impensadas apenas do ponto de vista do "ator" da ação. As multidões de delegações nacionais e internacionais que chegam a Reggio são, igualmente, uma estratégia para dar mais força ao trabalho com as crianças. Um valor que também é narrativo.

i) *A extensibilidade histórica da narração.* As três histórias apresentadas por Malaguzzi narram apenas alguns momentos particulares de crianças muito concretas, como Francesco ou Elisa, porém – por extensão – comunicam-nos das potencialidades e capacidades inteligentes de todas as crianças do mundo. É a história subjetiva de alguns indivíduos da espécie humana que faz uma história universal da infância, mas de uma infância – testemunhada – que se pode ver, que não é anônima.

As narrações de Malaguzzi são, pois, como diria Mikel Azurmendi, artefatos para produzir significados, em especial, para compreender o humano ao contá-lo.

> Toda tentativa de narrar o humano é certamente uma aspiração a dizer a verdade, mas não existe, jamais, a possibilidade de que os feitos humanos casem com o discurso sobre esses feitos. Os feitos não se acomodam tal e qual aos ditos. Os feitos sucedem, são efêmeros e voláteis como a morte, outro feito mais entre os que ocorrem com os humanos. Os ditos, em oposição, são puro discurso (*discurrere*, reflexão, pensamento) que conserta e constitui o feito; os ditos consertam as coisas e os acontecimentos, recebendo-os e ordenando-os para que sejam entendidos. Sem ditos não teriam sentido os feitos; não haveria nem sequer feitos humanos [...].
>
> Mas a explicação da conduta humana nem é nem pode ser nomológico-dedutiva em alguma versão próxima às ciências físicas. Explicar o humano implica, essencialmente, compreendê-lo. (Azurmendi, 1999, p. 45, 47).

Nesse princípio, falamos da narratividade e da sedução estética do pensamento e da obra pedagógica de Loris Malaguzzi. Passemos, agora, a ver as estratégias estéticas que atuam no princípio que dizia da seguinte forma: educar implica desenvolver as capacidades narrativas da sedução estética.

2.1.6 As estratégias do princípio estético 3 (educar implica desenvolver as capacidades narrativas da sedução estética)

Vamos desenvolver duas estratégias:

- A documentação.
- A criatividade das cem linguagens de Loris Malaguzzi.

Primeira estratégia do princípio estético 3: a documentação

Antes de começar a falar de documentação, vamos nos aproximar por um momento da enciclopédia e ver o que ela diz sobre o conceito de indocumentado.

1. Falta de documentação.
2. Diz-se do que carece de documentos de identificação pessoal.
3. Diz-se do que não tem títulos, méritos ou qualidades para o desempenho de um cargo.
4. Ignorante, inculto.
5. Diz-se da pessoa sem firmeza nem respeitabilidade.[233]

Malaguzzi, sempre consciente do risco de tal ideia, demonstrou uma enorme obsessão por documentar a experiência das escolas. Exigia às educadoras que levassem no bolso um bloco de

---
[233] Gran Enciclopedia Larousse (1991). Tomo 12, p. 5271.

notas e, então, passava muito tempo analisando e refletindo sobre as documentações recolhidas (Quinto Borghi, 1998). Para ele, os *diários, cadernos de classe* ou *quadernoni* eram formas obrigadas de dar um testemunho cultural ou pedagógico à própria profissão. Uma profissão que, tradicionalmente, em nenhum país, não teve o hábito nem o costume de registrar ou anotar sistematicamente as experiências realizadas com as crianças. Foi sempre uma escola não declarada, oculta, soterrada. Existiu essa espécie de alergia documental, da qual fala Sergio Spaggiari (1997, p. 6).

> É mais fácil que um caracol deixe pegadas de seu próprio caminho, de seu trabalho, que uma escola ou um professor deixe uma marca escrita[234] de seu caminho, de seu trabalho.
>
> A documentação é uma questão de recíproca confiança, de estima recíproca. Em alguns países ocidentais, é considerada uma interferência inoportuna ou lesiva dos direitos de alguém. Nós a fazemos porque nos dá um conhecimento mais próximo e reflexivo de nosso próprio trabalho.[235]

Tanto em Reggio quanto em Módena (onde trabalhou como assessor pedagógico das escolas municipais da infância, de 1968 a 1974), obrigava a completar alguns diários. Exigia que esses instrumentos documentais estivessem visíveis e registrassem a essência da vida na escola. É importante recordar, por exemplo, de circulares, algumas muito duras, que enviava às professoras de Reggio, advertindo-as da irregularidade de não ter os diários (alguns cadernos que chamava "Fatos e reflexões") devidamente completados.

---

[234] N. da T.: É feita uma brincadeira com a palavra *huella*, que pode significar pegada e marca.
[235] Loris Malaguzzi, *Seminario rivolto agli educatori svedesi 2º* (gravação sonora de 2 de maio de 1989).

> Trata-se de cadernos grandes, listrados ou quadriculados, escritos com certa elegância e ordem indiscutível [...], a primeira página mostra o nome da escola e da seção, os nomes dos professores que o preenchem e o ano escolar de referência; a segunda reúne os nomes de todas as crianças, suas datas de nascimento e suas respectivas datas de ingresso [...].
> Pode acontecer de ter a fotografia das crianças inserida [...]. Não faltavam, aqui e ali, desenhos de crianças, cartas da administração, convocações para reuniões. (Quinto Borghi, 1998, p. 189)
> A compilação do QUADERNO DI LAVORO[236] em todas as suas partes, representa um momento de grande importância, de reflexão e de enriquecimento cultural e profissional de todos os funcionários que trabalham com as crianças; portanto, deve ser pontual e procurar relatar experiências ou sínteses.[237]

Por meio dos diários, as professoras deviam colher informações da realidade educativa e extrair reflexões teóricas e práticas. Malaguzzi sempre exigia que as considerações não se centrassem em uma criança, sem levar em conta o contexto em que ela desenvolvia suas atuações. Às vezes, registravam anedotas significativas ou projetos de longa duração. Para Malaguzzi, o diário era um instrumento extraordinário para praticar a observação, o olho das professoras, para se tornarem conscientes da riqueza da vida e das potencialidades das crianças. Além disso, ele acreditava que era um instrumento de memória coletiva e incentivava que escrevessem os pais, a equipe auxiliar e outros membros dos Conselhos de Gestão de Escola e Cidade.[238] Malaguzzi recolhia esses diários e os analisava de forma

---

[236] N. da T.: Caderno de trabalho.
[237] Loris Malaguzzi, documento escrito (2 de outubro de 1973).
[238] Loris Malaguzzi, documento escrito (14 de fevereiro de 1973). Os *Comitati di Scuola e Città* eram uma espécie de "conselhos escolares" constituídos em cada escola e com uma representação significativa, tanto do pessoal da escola (trabalhadores e famílias) como de representantes do bairro e da cidade. Atualmente se chamam Consigli di gestione [Conselhos de gestão].

detalhada. Após essa prática, em reuniões públicas com as professoras, em uma espécie de tribunal de provas, corrigia e analisava o conteúdo e a forma dos tais diários. Eram reuniões duríssimas nas quais ele – como era habitual – não economizava nenhuma crítica, embora também soubesse valorizar os aspectos positivos dos registros.

> Os diários parecem pontuais, formulados com empenho, nunca gratuitos, com uma carga motivacional precisa: e, também, são eficazes os *flashes* de poucas linhas que congelam momentos que não podem ser perdidos [...]. Mas queiram aceitar também algumas notas.
> Falta inicialmente a lista de crianças, adicione-a. Vocês propuseram às crianças uma série de testes de praticabilidade, destreza e assim por diante: tomem cuidado para não supervalorizar os exercícios que, se fazem sentido por si mesmos, não autorizam nem registros nem gravações de teste. Eu gostaria que os dados obtidos complementassem outros elementos de julgamento sobre crianças [...].
> Os diários dizem tudo o que se fez, mas falam muito pouco sobre o que vocês tentaram fazer [...].
> No diário de vocês, como em outros, falta o momento do resumo e da recapitulação, que procure uma sistematização orgânica de suas experiências em torno dos vários problemas.
> Sem isso ou esses momentos, corre-se o risco de despedaçar demais a análise das coisas que vocês vivem, de perdê-las em um episódio que, embora agradável, perde força e exemplificação. Por último: coloquem documentos no diário (desenhos, fotografias, trabalhos variados etc.).[239]

A documentação, para Malaguzzi, é, ao mesmo tempo, a estratégia ética para dar voz à criança, à infância e para devolver uma imagem pública para a cidade sobre o que a cidade

---

[239] Loris Malaguzzi en Battista Quinto Borghi (1996, p. 37).

estava investindo nas escolas. Também é uma estratégia estética, porque as documentações apresentadas – basta ver a cuidadosa exposição das *Cem linguagens das crianças* – têm alguns critérios de qualidade estética muito importantes. E, além disso, é uma estratégia política, porque oferece à própria cidade uma imagem internacional dela mesma.

A documentação, aspecto tão estudado internacionalmente por ser uma das bases ou um dos pilares do projeto de Reggio,[240] implica para Malaguzzi – em primeiro lugar – a coleta sistemática (por meio de *slides*, fotografias, painéis, vídeos, palavras das crianças, produtos gráficos)[241] dos processos educativos. É uma espécie de crédito ou testemunho (visual, audiovisual ou escrito) que dá identidade e densidade cultural à própria escola e àqueles que a habitam. Os documentos são as provas (testemunhos documentais) que tornam respeitável o trabalho com as crianças e o dignificam, dando-lhe memória e consistência histórica.

Desde a entrada em qualquer escola municipal de Reggio, podemos perceber – desde os muros, as paredes, os tetos e os pisos do lugar – um espaço que comunica, que narra histórias, por meio de uma *segunda pele*.

---

[240] Ver, por exemplo, Shallcross e Maloney (1991), Katz (1995), Gandini (1995), Dahlberg (1998). Também é imprescindível a leitura do livro *Making learning visible*. Essa obra cobre uma investigação realizada entre Reggio Children e o Proyecto Zero sobre este tema que agora nos ocupa.

[241] Um trabalho do qual não trataremos nesta obra, mas que abre investigações futuras poderia ser o de descobrir as particularidades da documentação, segundo a técnica ou o meio empregado, já que cada técnica oferece uma especificidade que tem suas propriedades concretas. Não é o mesmo usar o *slide*, o vídeo ou o painel etc. O meio escolhido não é indiferente com respeito à interpretação narrativa dos próprios acontecimentos. Ver, por exemplo, a particularidade da documentação no vídeo em Cabanellas e Hoyuelos (1998).

> Visibilidade e transparência dos processos de pesquisa, pedagógicos e cognitivos da criança.
>
> Ambiente capaz de documentar não apenas os resultados, mas os processos de conhecimento e formação, de narrar os caminhos didáticos e os valores de referência.
>
> É gerada uma **pele psíquica**, uma **segunda pele energética**, feita de escritos, imagens, materiais, objetos, cores, que revelam a presença de crianças mesmo na ausência delas.
>
> Autorrepresentação, capacidade de narrar em cada espaço o conjunto de escolhas e referências que geram o ambiente escolar, como em um **holograma**. (Ceppi e Zini, 1998, p. 25).

A documentação dos processos observados é um dos fins fundamentais do trabalho dos adultos. Comenta Malaguzzi[242] que a criança espera ser vista, que, sem teatro, sem plateia, a criança é inexistente; e que algo parecido também ocorre com a educadora, quem também espera que seu trabalho seja visto e reconhecido. Dessa maneira, a documentação se transforma em uma memória viva e visível do processo compartilhado com as crianças, que não se concentra tanto nos produtos finais.

> De fato, se a documentação quer ter como objetivo entender melhor as crianças, devemos evitar conceber a documentação como pura conservação e usabilidade dos resultados finais de um caminho didático educativo.
>
> Ao nos limitarmos a isso, certamente será possível valorizar e conhecer melhor o que foi *alcançado*, mas não se conhecerá o que *aconteceu*.
>
> É por isso que agora existem muitos defensores da importância estratégica de documentar processos em vez de produtos. (Spaggiari, 1997, p. 7)

---

[242] Retirado de Carla Rinaldi, *Documentazione come narrazione e argumentazione* (anotações de uma palestra proferida por Carla Rinaldi em 12 de outubro de 1995).

A obsessão de Malaguzzi por documentar estava justificada, sobretudo, pela qualidade de uma documentação visual unida às competências do ateliê e do atelierista, algo que já tivemos a oportunidade de comentar, e cujo exemplo mais significativo são as exposições de *I cento linguaggi dei bambini*. O descobrimento da máquina fotográfica e de suas possibilidades é algo que fascina Malaguzzi, sobretudo, porque, por meio das imagens, pode visualizar suas próprias ideias, suas teorias, seu pensamento e comunicá-lo por meio de experiências reais realizadas com meninos e meninas. A máquina fotográfica oferece uma nova competência e habilidade profissional aos educadores e é uma forma de testemunhar e de contar acontecimentos extraordinários – aos outros colegas e às famílias – que a memória poderia apagar. A documentação fotográfica torna públicos e, portanto, confrontáveis e intercambiáveis os processos observados e recolhidos.

> A creche e a escola da infância são um teatro contínuo, fascinante e de grande interesse, de improvisações, eventos, gestos, enredos, comportamentos e relações das crianças, que, quando são identificados (e, muitas vezes, isso também não acontece), provêm de adultos e geralmente são confiados à memória (que é lábil e corruptível): raramente o registro escrito, porque se percebe que nem sempre é capaz de contar adequadamente o que aconteceu [...] documentação inestimável dos ateliês de experiências e linguagens diretas que as crianças... apesar de estar desarmado, impotente, inadequado para coletar a especificidade exemplar dos eventos [...] o ateliê... representa uma despesa de cem mil bilhetes [...] é uma máquina modesta; Ileana Cristofori, que é uma educadora de creche, tem um talento absolutamente normal para usar o instrumento [...]. O jogo – espionado e narrado por uma câmera fotográfia barata, mas com uma sensibilidade desperta

– é um dos muitos infinitos pequenos sinais importantes da vitalidade e da filosofia das crianças.[243]

Sobre o que se deve documentar – fotograficamente – Malaguzzi[244] dá algumas pistas: o grande valor da experiência, do agir, do pensar, do investigar e do aprender das crianças. Como se apropriam da novidade, do cognoscitivo, como organizam sua curiosidade, como constroem sentimentos, seus pontos de vista, como colocam à prova suas energias, sua vitalidade, como satisfazem seus desejos, suas necessidades, como estabelecem relações e intercâmbios, como chegam a interpretar o mundo dos seus contemporâneos, dos adultos e das coisas. A documentação fotográfica pode revelar todas essas questões por meio das fisionomias, dos olhos, da boca, dos gestos, das posturas, dos pequenos sinais que são os espiões dos sentimentos, das tensões, dos esforços, do prazer, do desejo, das expectativas.

> É claro que as imagens retratam os fatos, as situações: mas nós recomendaremos prestar atenção nos rostos, nos olhos, na boca, nos gestos, nas posturas, nos sinais apenas esboçados das crianças, que são o grande "espião" dos sentimentos e das tensões que as animam internamente e que qualificam – da maneira mais natural – os níveis de participação, esforço, prazer, desejo, expectativa, emergentes das experiências de aprendizagem em andamento.[245]

Desse "descobrimento" da fotografia como testemunha dos processos infantis, recordemos que nasceriam as novas e originais *narrações em imagens* da revista *Zerosei*, dirigida por Malaguzzi, e o

---

[243] Loris Malaguzzi, "L'elogio del sassolino e della macchina fotografica", *Zerosei,* anno n. 5 (gennaio 1978).
[244] Loris Malaguzzi, "Quando la fotografia si fa documento e strumento di esperienza e di educazione". In *Esperienza e ricerca dei bambini alla scoperta di sè e del mondo,* Reggio Emilia, dicembre 1977.
[245] *Ibidem.*

uso das fotografias que serviam a Malaguzzi como apoio documental para narrar histórias.

> São duas meninas que frequentam a creche há cerca de dois meses. Chamam-se Elisa e Tiziana, não tiveram dificuldade em se adaptar. Elisa tem oito meses, Tiziana tem sete meses.
> As fotos documentam um episódio que não é de forma alguma excepcional, mas que atesta, a partir dessa idade, que a **situação a dois** é um momento **procurado e preenchido com os primeiros significados de relacionamento**.
> O cenário, pelo menos em uma interpretação imediata, parece ser um relato de uma Elisa em uma tentativa (não perfeita, mas ainda bem-sucedida) de roubar Tiziana. O objeto que vai ser arrebatado é a chupeta de Tiziana.
> A sequência diz que Elisa rapidamente executa seu plano e logo **mira** suficientemente bem; no entanto, a chupeta amarrada com uma fita no pescoço faz resistência, cai no chão e é imediatamente pega por Tiziana, que a leva de volta à boca; Elisa, tendo adaptado sua postura para trabalhar com mais eficiência, tenta o roubo novamente; o roubo realizado com perfeição permite que Elisa segure firmemente a chupeta nas mãos enquanto Tiziana levanta a cabeça com força e consternação; Elisa agora ergue a chupeta como um troféu e a história termina com uma Tiziana surpresa, sim, mas nada resignada e que, em pouco tempo, talvez passe ao contra-ataque.[246]

Porém, seguindo os cânones explicados da narração, a documentação não é uma descrição, uma mera constatação do que acontece. A documentação reggiana[247] é uma interpretação do sentido que aquela experiência significou para a criança. Recolhe e resgata

---
[246] Loris Malaguzzi, "Lo 'scippo' degli 8 mesi non preoccupa nessuno" (documento inédito).
[247] Carla Rinaldi, *Documentazione come narrazione... op. cit.*

os significados realizados por meio de uma interpretação de uma interpretação (a de que a situação é feita pelas próprias crianças). É, portanto, sempre uma metainterpretação, uma ocasião para refletir ou, como amam dizer em Reggio, uma *ricognizione* [recognição].

> Recognição é uma palavra forte do nosso vocabulário. As escolas começam com um programa de recognição de todos os recursos humanos, ambientais, técnicos e culturais. Em seguida, muitas recognições são feitas para que haja um balanço da situação. Recognições semanais autogeridas. Regnições colegiais entre grupos de escolas. Recognições com as famílias e os conselhos de gestão.
> Recognições com a coordenação pedagógica, os departamentos administrativos, o conselho do município.
> Recognições por meio de *workshops*, atualizações e reuniões com especialistas de várias disciplinas.
> Esse apoio a uma pedagogia recognitiva itinerante é de grande força e ajuda. Estabelece, além de um costume, um autocontrole que não se processa apenas por *feedback*, mas por um *feedback* sábio. Sua tarefa é fazer a carruagem balançar e ver como fazê-la andar por outras estradas. Não há verificação melhor.[248]

Ricognizione (Rinaldi, 1995, p. 125) significa, sobretudo, tratar de entender o significado dos acontecimentos, fazendo abduções[249] que ponham e evidenciem relações novas que buscam a consciência

---

[248] Loris Malaguzzi, "La storia, le idee…", *op. cit.*, p. 91.
[249] A abdução supõe a busca constante de significados insuspeitos que fazem re-significar cada situação. Propõe-se, com base na observação e na sagacidade (que provém do latim *sagire*, cheirar a pista, sutileza para descobrir o oculto das coisas), descobrir conexões entre fatos para procurar uma hipótese que explicaria o conjunto dos fatos observados. A abdução aceita, como método de investigação, o paradoxo, a dúvida, a diversidade de pontos de vista, a multidimensionalidade, a verificação, correção e confrontação interpretativas. Esse conceito, importante na pedagogia de Loris Malaguzzi, desenvolvemos em: Alfredo Hoyuelos, *La ética en el pensamiento, op. cit.*

de como as crianças constroem, interpretativamente, seu conhecer. Estabelece uma relação entre o pensamento e o significado, ampliando o número de interpretações possíveis, sempre reinterpretáveis. Por esse motivo, a documentação se transforma em uma retroalimentação para pensar mais e melhor, para projetar, para interagir conosco. Ajuda-nos a escolher os caminhos do projeto, criando um contexto, ao mesmo tempo, acolhedor e exigente em volta da criança.

Vimos o *ricognizione* que Loris realiza da sequência narrada de Elisa e Tiziana. É um claríssimo exemplo de como o pedagogo reggiano arranca significados (que marca em negrito) tanto do processo das meninas quanto das imagens que os documentam. São interpretações que procuram o sentido da *interpretação* das fotografias, muito além de uma mera descrição dos fatos.

> Este é o enredo que se deduz.
>
> Mas é mais verossímil que a história seja lida com uma chave menos dramática e preocupada e represente, em vez disso, uma tentativa, um pouco desastrada, isso sim, mas extremamente importante para se comunicar e se relacionar com o outro ou com o outro por si mesmo. E então será melhor falar sobre o **"jogo do roubo"** e entendê-lo como um dos muitos jogos que os pequeninos inventam para se **divertir**, para **se arriscar**, para **crescer**, para **descobrir** onde começam **eles mesmos** e onde começam **os outros**.
>
> É o momento em que a necessidade de companhia, de ter interlocutores que não são inertes, mas que são capazes de reagir – e os seus pares são justamente os interlocutores necessários – se manifesta por uma avidez significativa. Em particular, a busca pelo contato se dá com palavras, mas sobretudo com gestos de preensão (agora que as crianças dispõem de uma extraordinária sensibilidade tátil-exploratória e que suas mãos sabem se orientar com precisão e

distinguir bem os objetos no espaço), gestos que persistentemente tornam as pessoas mais do que coisas ou melhor, um alvo mais complexo que estrutura em conjunto com a pessoa – a coisa – e o quanto entre eles é realizado.

Assim seria confirmado o famoso episódio citado por Cousinet. Daquela criança que viu a outra criança brincar avidamente com o balde, a pá e a areia e imediatamente satisfeita pela mãe que compra o balde, a pá e o coloca em posição de fazer as mesmas coisas que a outra, e ela não para de chorar. Aquilo que ele quer é **tudo do outro** (objetos, gestos, areia, o prazer que ele sente enquanto brinca). Tudo que não é comprado em nenhum bazar e que as crianças adquirem no longo e difícil processo de socialização.[250]

Dessa necessidade de documentar, nascem os arquivos nas escolas, que recolhem a vastidão de documentos (e de cultura) que as escolas criam. Repertórios que são, além disso, o emblema e o símbolo de um projeto pedagógico transparente e visível. O arquivo e a documentação mudam o profissionalismo do educador, que deve saber escolher o que e como documentar.

O arquivo saiu com base em nossa necessidade de documentar. Mas, se você documenta, para quem você documenta? Documente apenas se tiver uma organização que preveja a inclusão da família; caso contrário, as mensagens serão exibidas como ratos. Quero dizer, o arquivo e a documentação mudam completamente a medida profissional de todos os que estão aqui na escola. Mudam completamente porque, se alguém precisa documentar, não deve apenas registrar, mas também deve pensar primeiro no que irá documentar e por que escolhe isso e nada mais. Devemos ser uma escola fisicamente presa ao solo, mas, como imagem, deve ser um navio que vai. O

---

[250] Loris Malaguzzi, *Lo "scippo" degli 8 mesi non preoccupa, op. cit.*

que significa que os pais sempre estarão a bordo conosco para ver diferentes paisagens, transformações, fenômenos etc., o que se vê ê quando segue as crianças. Deve haver a ideia de uma escola em movimento, porque se movem as crianças, a socialidade, a linguagem das crianças. Nós devemos ter essa capacidade de visão aberta.[251]

Pela mesma razão nasce, em 1986, o Centro de Documentação e Investigação Educativa,[252] com a ideia de recolher e sistematizar todas as documentações particulares, produzidas em cada escola, com o objetivo de torná-las intercambiáveis. Além disso, o Centro serve como lugar de promoção de exposições, intercâmbios culturais, formação, recepção de delegações internacionais que visitam as escolas e organização de cursos, seminários de estudo, congressos etc. Algo que na atualidade administra a sociedade Reggio Children.

Além disso, é um lugar em que se encontram a biblioteca, a videoteca, a diapoteca,[253] a hemeroteca e o arquivo das documentações fotográficas.

> Historicamente, a escola, independentemente do grau e das diferentes áreas e especializações para as quais está orientada, tem sido acusada, e talvez não de maneira errada, de ser um lugar fechado, indiferente às transformações da sociedade civil, incapaz de explorar e oferecer nova cultura, de gerar modelos humanos e éticos abertos à comparação, disponíveis para a escuta [...]. Também por esse motivo, é necessário organizar, otimizar, documentar todas as experiências que trazem mensagens de enriquecimento e

---

[251] Loris Malaguzzi en Lella Gandini (1995, p. 243-244). Ver, também, Laila Marani, *Incontro di ricapitolazione degli aggiornamenti tenuti nell'anno scolastico 1985-86 sul archivio* (manuscrito de septiembre de 1986).
[252] Equipe Pedagogico-didattica dei Nidi e Scuole dell'infanzia di Reggio Emilia, *Ipotesi per l'allestimento del Centro Documentazione* (settembre 1986); Loris Malaguzzi y Laila Marani, *Incontro sul Centro di Documentazione* (gravação sonora de 18 de novembro de 1989).
[253] N. do E.: biblioteca de *slides*.

comparação. Os canais devem ser capacitados e muitas vezes ainda criados para transmitir efetivamente as ideias e experiências que trazem progresso [...]. O Centro de Documentação,[254] constituindo-se como uma realidade referencial concreta, pode ser uma oportunidade, uma oferta de intercâmbio e enriquecimento para todas as agências educacionais da cidade e, também, nacional e internacionalmente. [255]

Para Vea Vecchi[256] e Carla Rinaldi,[257] a documentação se transforma em uma zona de desenvolvimento próximo, em que se coloca nossa imagem da criança para torná-la pública. A documentação implica estabelecer uma distância (um novo ponto de vista) sobre nosso trabalho. É uma ocasião preciosa para discutir e confrontar intersubjetivamente as reflexões e sínteses sobre nosso projeto educativo. Dessa maneira, propõe-se como uma oportunidade de reler os processos de aprendizagem. "Documentação não como relatório final, coleção de documentos, portfolio; mas, sim, como um procedimento que apoia a ação educativa, em diálogo com os processos de aprendizagem das crianças". (Rinaldi, 1996, p. 111)

Na documentação de algo se estabelecem, dessa maneira, relações criativas e coerentes entre os ideais teóricos e a prática educativa: entre nossa declaração de princípios e nossa atuação; entre nossos desejos e os dos demais; e entre nossa própria compreensão e a dos outros. Por meio da documentação, revela-se uma escola que quer argumentar seu trabalho muito além das palavras, uma escola que pensa, que reflete, que aprende no caminho; uma escola que sabe se colocar em discussão pública, capaz de escutar e de dialogar.

---

[254] N. da T.: Centro di Documentazione, no original.
[255] Equipe Pedagogico-didattica dei Nidi e Scuole dell'infanzia di Reggio Emilia, *Ipotesi per l'allestimento del Centro Documentazione, op. cit.,* p. 7-9.
[256] Vea Vecchi, *La documentación como narración y argumentación* (apuntes de un curso impartido en Pamplona en octubre de 1991).
[257] Carla Rinaldi, *Documentazione come narrazione... op. cit.*

Segundo Carla Rinaldi (1998, p. 199-200), ao falar de "Malaguzzi e as professoras", a documentação implica aos educadores a possibilidade de rever com outros os processos vividos com as crianças. Dessa forma, as narrações construídas podem ser mediadas interpretativamente por meio de mais pontos de vista, lutando contra a possibilidade, consciente ou inconsciente, que implica realizar interpretações automáticas ou "facílimas". Bruner (1997, p. 166-167) propõe três antídotos contra esse tipo particular de inconsistência narrativa: o contraste, a confrontação e a metacognição.

> (O contraste é) escutar duas explicações contrárias, mas igualmente sensatas do "mesmo" acontecimento [...]. Leva-nos a examinar como dois observadores poderiam "ver" acontecer as mesmas coisas e sair com relatos diferentes do que se passou [...], há formas privilegiadas de confrontação [...] em que a *prise de conscience* [tomada de consciência] é o objetivo de todo o exercício.
>
> O qual nos leva à metacognição. Nessa forma de atividade mental, o objetivo do pensamento é o próprio pensamento [...]. A metacognição converte argumentos ontológicos sobre a natureza da realidade em argumentos epistemológicos sobre como conhecemos. Enquanto o contraste e a confrontação podem despertar consciência sobre a relatividade do conhecimento, o objetivo da metacognição é criar formas alternativas de conceber a criação da realidade. Sendo assim, a metacognição contribui com uma base raciocinada para a negociação interpessoal de significados, uma forma de conseguir o entendimento mútuo, inclusive quando a negociação não consegue obter o consenso.

A documentação oferece à criança (Rinaldi, 1996, p. 111; 1998, p. 199) uma possibilidade de autovalorização, uma forma de conhecer e se conhecer, uma maneira de encontrar sentido em sua atuação, um direito à reflexão, uma memória, o direito de não se fechar em uma única interpretação e a possibilidade de se ver e de efetuar, também, uma *ricognizione*.

Às famílias (Rinaldi, 1998, p. 200) é oferecida a oportunidade de ver as palavras, de observar como ocorrem os processos infantis, de conhecer a criança que está em seu próprio filho. É, além disso, uma ocasião de diálogo, discussão e confrontação democrática e a possibilidade de reconhecer a criança com base em uma visibilidade real. Portanto, uma ocasião para se sentirem participantes dos acontecimentos que surgem no âmbito escolar e de poder adotá-los em um ato de acolhida cognoscitiva.

Se Reggio é conhecido internacionalmente por algo, é por sua qualidade documental em forma visual. Esses projetos, conhecidos em todo o mundo, não são o que Bruner (1997, p. 163-165) e White (1992, p. 1-23) chamam, seguindo os historiadores franceses, de um *annale*;[258] ou seja, uma lista de acontecimentos apresentados em forma telegráfica. Superam, também, as crônicas que "compilam narrações tamanho acontecimento para compor narrações tamanho vida" (Bruner, 1997, p. 164). Os projetos documentais de Malaguzzi e de Reggio Emilia são autênticas histórias, no sentido que Mikel Azurmendi (1992, p. 46) define: "Fazer história não é um mero fazer crônica, é algo diferente, é projetar 'nos fatos' a estrutura da trama". Os diversos projetos, documentados visualmente, narram tramas históricas, que são a essência da compreensão e do sentido do ser humano.

---

[258] N. da T.: o movimento dos *annales* (Escola dos Annales) surgiu na França, em 1929. Tinha críticas em relação à história factual, positivista e patriótica que era produzida até então. Influenciado pela sociologia de Durkheim e pelas ciências sociais, o movimento propõe um novo modo de pensar história, com o abandono do acontecimento, levando em conta os estudos que conectam o homem em relação ao seu tempo e seu espaço, por meio de perguntas formuladas pelo presente.

Vamos agora ver, em Malaguzzi, alguns aspectos ligados a esse tipo de documentação de diversos projetos analisados[259] e que podem servir para entender o que poderíamos denominar o pensamento e a obra visual e narrativa de Loris Malaguzzi. Quais são as constantes na documentação visual reggiana que sintetizam essa trama narrativa? Estes são alguns dos elementos interdependentes que propomos como síntese:

- Recordemos que essas questões referentes ao pensamento visual foram derivadas da "invenção" do ateliê e do *atelierista* que, por suas competências profissionais, construíram detalhados processos documentais.
- Malaguzzi acreditava que as imagens documentais deviam ter uma ordem didática e didascálica para serem compreendidas pelas educadoras. Os *atelieristas*, por sua própria formação artística, consideravam as imagens como uma linguagem em que a semântica de cada figura é alusiva-metafórica. Os *atelieristas* tiveram que convencer Loris, por meio dos escritos de E. H. Gombrich (1998), para fazê-lo compreender a importância metafórica das imagens. Esse encontro – conflituoso e criativo – com os *atelieristas* proporciona reciprocamente – a Malaguzzi e aos atelieristas – possibilidades de comunicação profissional e social, por meio da imagem que constroem em um processo original, contínuo e descontínuo. Dessa forma, o pedagogo reggiano aprende a valorizar o significado alusivo das imagens e dos atelieristas, a levar em conta a

---

[259] Alguns destes projetos podem ser vistos no catálogo AA.VV., *I cento linguaggi dei... op. cit.*; AA.VV., *Scarpa e metro, op. cit.*; AA.VV., *Tutto ha un'ombra meno le formiche*, Reggio Emilia, Comune di Reggio Emilia, 1990; Edwards y Otros (1995); AA.VV., *Making learning visible, op. cit.*; Vea Vecchi (2002).

forma de comunicar aos profissionais educativos para que as imagens documentais sejam eficazes.
- Se repassamos a lista dos diversos projetos realizados em Reggio,[260] vemos que existem temáticas muito diferentes. Viajam entre a arte e a ciência. Já comentamos do risco, quando falamos do ateliê, de que a experiência de Reggio Emilia fosse interpretada como uma escola ou academia de arte. Malaguzzi, consciente dessa questão, propõe e realiza diversos projetos que mesclam – complementarmente – a lógica matemática com a poesia da arte. É uma integração transdisciplinar que Malaguzzi soube compaginar para evitar interpretações errôneas.
- A documentação de diversos projetos – sobretudo o da exposição *As cem linguagens das crianças* – serve como estratégia para unir diferentes escolas em um único estilo de trabalho – com grande respeito à diversidade –, que consiste em documentar o trabalho para torná-lo publicamente confrontável.
- A documentação servia para Malaguzzi como uma espécie de magma para pensar, refletir e individualizar os campos de investigação no processo de elaboração de cada um dos projetos. Eles provinham de perguntas, dúvidas e reflexões que ele se fazia ao pensar, teorizar, ler ou construir seu próprio processo cultural pessoal. Eram problemas que afetavam, sem separações artificiais, a escola e a cultura. A forma de propor esses campos de investigação ou nós conceituais (dispunha de uma grande capacidade para destacar os problemas essenciais e hierarquizar as

---

[260] Ver, por exemplo, o catálogo: AA.VV., *I cento linguaggi dei bambini... op. cit.*

reflexões) era sempre por meio de uma grande rede de relações, com versões muito abertas, sempre modificáveis e não predeterminadas. Essa é sua grande riqueza: uma estrutura de pensamento capaz de ligar e de relacionar elementos aparentemente distantes. Basta se deter, por exemplo, nas imagens de cada uma das seções de tal exposição para descobrir, em todos os projetos, a diversidade, a quantidade e a qualidade de relações culturais estabelecidas, nas quais as crianças e Malaguzzi viajam junto com atelieristas, professoras e pedagogas.

- Os campos de investigação, uma vez destacados, ofereciam, segundo as pessoas, grande liberdade de ação. Era como se soubesse que, dando liberdade e, em consequência, a responsabilidade da ação, poderia criar uma exigência ética de fazer emergir o melhor de cada uma das experiências. As palavras de Mara Davoli (uma das atelieristas de Reggio Emilia), nesse contexto, acreditamos ser significativas:

> Ele nos colocava no caminho, a partir daí, sentíamos a liberdade e a responsabilidade de segui-lo. Quando, posteriormente, voltávamos a ele com as palavras das crianças, com imagens fotográficas, com produtos das crianças e com alguma interpretação pessoal, era capaz de conseguir pérolas inimagináveis de todo esse rascunho: sua forma de olhar e sua capacidade de relacionar acontecimentos distantes atravessavam nossas palavras e imagens e faziam-nas transcendentais. Fazia-nos pensar e sentir nossas experiências. Por meio das discussões, algumas ferozes e duras, ele nos ajudava a encontrar o sentido do que estávamos fazendo. Obrigava-nos a pensar de verdade, algo vindo muito de dentro, desde o estômago. Com todo esse material, enriquecia, reestruturava ou modificava suas próprias

teses iniciais, embora, em alguns momentos, mostrava-se excessivamente teimoso e impaciente. Também sabia escutar e, por meio da escuta, maravilhar-se e se enternecer. E isso é um grande valor que sempre apreciou. Ele foi capaz de juntar seu grande patrimônio cultural e liberá-lo como uma energia para poder colocá-lo junto às potencialidades das crianças".[261]

Esse parágrafo resume, em parte, a forma de agir de Malaguzzi.
- Enfatizemos um pouco mais o que implica, para Malaguzzi, documentar. Como comentamos, a documentação permite a Malaguzzi escutar de forma diferente as potencialidades da infância para poder destacar o essencial e aprofundá-lo adequadamente.
- E, assim, dá-lhe a possibilidade de lançar infinitas ideias de retroalimentação que voltam, por meio de educadoras e *atelieristas*, às escolas, às crianças, criando um círculo virtuoso entre Malaguzzi (suas ideias) e a infância.
- A documentação acarreta uma forma diferente de planificar um projeto, ajuda a ter uma tomada de consciência de percursos ontogenéticos originais ao mesmo tempo que exige uma maneira diferente de organizar o espaço e o tempo de cada projeto. Planificar um projeto sabendo que vai ser documentado obriga uma metarreflexão que dá sentido à profissão do educar. Essa metarreflexão ajuda a estabelecer novas relações, sínteses complementares, e a saber transferir os problemas, como disse Duchamp, para *fora do tabuleiro*.
- Valorizamos como as documentações podem ser tanto de projetos longos no tempo quanto de situações construídas

---
[261] Entrevista realizada a Mara Davoli em 1º de junho de 1998.

que servem para focar certos temas, hipóteses ou problemas. Essas duas possibilidades – complementares e não contraditórias – unidas a outras muitas são as que permitem não simplificar o mundo da educação a apenas uma situação. Consentem recuperar essa desejável ética de Von Foerster, de incrementar sempre o número de oportunidades.

- A documentação servia para Malaguzzi para amplificar e diversificar pontos de vista, nessa função multidimensional que tem toda documentação narrativa e interpretativa. Assim, a documentação permite elaborar interpretações e hipóteses em uma necessidade de estender o mundo virtual do possível.

> Somente na realidade as coisas são claramente delimitadas. A virtualização, a passagem para a problematização, a mudança de questionamento; é necessariamente uma discussão da identidade clássica, concebida usando definições, determinações, exclusões, inclusões e também terceiros excluídos. É por isso que a virtualização é sempre heterogênea, tornando-se outra coisa, um processo de acolhimento da alteridade. (Lévy, 1997, p. 15)

- As imagens documentais permitem a Malaguzzi visualizar e atualizar um tipo de filosofia de qualidade educativa muito além das palavras. São o aval que percorreu o mundo de uma forma de fazer educação que foge de toda pedagogia meramente livresca e citacionista.
- Para Malaguzzi, as imagens lhe dão a possibilidade de encontrar características inéditas e próprias da linguagem visual para poder encontrar uma sintonia com ideias ou reflexões que, provavelmente, não poderia expressar de outra maneira tão eficaz.

- A documentação visual e audiovisual, tal como expusemos nos projetos apresentados, mostram uma autêntica escrita pedagógica de Malaguzzi. Uma escrita não habitual, mas adequada para narrar interpretativamente as experiências das escolas municipais da infância de Reggio Emilia.
- Contudo, Malaguzzi era particularmente competente e hábil para encontrar a forma de mostrar as coisas, de fazê-las serem vistas. Anotava continuamente as experiências relatadas por diferentes pessoas e, refletindo, dava novos pensamentos ou formas de mostrar, aspectos que faltavam ou que estavam a mais. Seu pensamento, sempre ponderado e em ebulição, oferecia nuances diferentes e, às vezes, contraditórias, mas sempre dialógicas.
- Na forma de construir e de mostrar os projetos, tinha uma necessidade, provavelmente política, de criar cenografias que contextualizassem e celebrassem as experiências *de forma grandiosa*, como se quisesse demonstrar que, nas experiências com as crianças, deve-se apostar muito alto, dar o máximo.
- Mas, se a ideia da documentação nasce como uma estratégia política, ela se mistura e se transforma em uma estratégia estética na qual as imagens, com a contribuição dos *atelieristas*, transformam-se em uma linguagem que comunica emocional, social e cognitivamente de outra maneira mais metafórica e alusiva.
- No processo de elaboração, por meio de sínteses sucessivas, de "limaduras", estabelecia junto dos participantes, uma primeira versão do documento de um projeto. Então, impacientemente, desejava torná-lo público e experimentá-lo em cursos com diferentes pessoas. É como se necessitasse

ensaiá-lo para ver, de fora, sua eficácia comunicativa. Valorizava tanto o processo quanto a forma de expô-lo e não calava as críticas públicas que faziam à pessoa ou às pessoas que tinham exposto o projeto a outros profissionais ou a delegações italianas ou estrangeiras. Não era uma falta de respeito, mas, sim, uma ética da crítica que era parte do próprio projeto e da formação profissional dos educadores.
- Obrigava a serem feitas versões diferentes segundo o lugar, o tempo e as pessoas a quem tinha direcionado. Durante as apresentações, anotava, apontando as questões que precisavam ser desenvolvidas para serem aprofundadas. Em algumas sessões de apresentação, oferecia sugestões escritas aos educadores para seguir pensando e refletindo. Ele interpretava o papel de público participante e crítico como se estivesse vendo uma representação teatral (já comentamos sua necessidade de criar autênticas cenografias para ressaltar a importância das experiências). Propunha, de forma crítica, os avais intelectuais de cada experiência apresentada, mas também os argumentos contrários. Fazia tomada de consciência das mais diferentes formas em que podem ser interpretadas ou julgadas as experiências, precisamente para ser capaz de argumentá-las com mais firmeza e com maior consciência.
- Portanto, a documentação implica uma forma pública de confrontação de ideias, e Malaguzzi foi capaz de levar essa característica até as últimas consequências.
- Por meio das imagens e muito consciente disso, tratava de dar a imagem de algumas crianças – evitando romanticismos e conotações paradisíacas – alegres, criadoras e protagonistas de sua aprendizagem. Ele sempre reivindicou uma

ideia de pedagogia e de escola alegre, afastada do peso e da tristeza de uma escola e pedagogia tradicionais com as quais ele mesmo sofreu. É, ao mesmo tempo, a imagem forte de que existe um autêntico prazer de aprender do qual se beneficiam tanto crianças quanto adultos.

- Já comentamos que Malaguzzi, praticamente até o último projeto do *Parque de atrações para pássaros*,[262] e talvez com alguma pequena concessão no *A cidade e a chuva*,[263] faz que o adulto não apareça nas documentações. Essa reticência justificada provinha do temor de que a educadora aparecesse de forma excessiva, dando uma imagem tradicional de uma criança sendo guiada abusivamente pela professora, e que rompesse essa ideia tão fundamental para Malaguzzi da autoaprendizagem. Assim, algumas vezes, depois de drásticas análises das intervenções didáticas das educadoras, eliminava da documentação a ideia de um adulto dominante. Não admitia uma postura abusiva da professora que, por exemplo, fosse traduzida em uma mão, uma posição, uma atitude ou uma expressão invasiva. A obsessão de Malaguzzi é que não se "filtrasse" uma imagem de um adulto que angustiasse e apagasse a autonomia do trabalho das crianças. Por isso, durante o processo de elaboração dos documentos, ou nas gravações do vídeo, contava quantas vezes e de que maneira intervinha a professora, criticava e, dessa forma, as professoras aprendiam a estar com a criança de outra maneira: com uma presença sem opressão interferente em relação à criança.

---

[262] Ver AA.VV., *Le fontane,* Reggio Emilia, Reggio Children, 1995.
[263] Ver esta experiencia en AA.VV., *I cento linguaggi dei… op. cit.*

- As imagens, em resumo, permitem matizar e estender um tipo de observação que mostra uma imagem de criança multidimensional e, ao mesmo tempo, inteira, não reduzida a um único ponto de vista.
- A documentação permite, conscientemente, sair e mostrar uma imagem de uma criança que não se encerra e a valoriza pelos produtos finais, mas, sim, pelos processos e *meandros* de sua auto e socioaprendizagem.
- Assim, por meio da documentação, Malaguzzi conseguiu, ética e esteticamente, internacionalizar uma imagem de infância cheia de potencialidades, de cultura criativa – e assimétrica em relação à do adulto – e de recursos inimagináveis. Meninos e meninas que têm seus direitos e, sobretudo, o direito de receber uma educação digna e coerente com suas capacidades, ainda inimagináveis e sempre investigáveis.

A documentação, como dissemos, é um tema que identifica, como conteúdo e como forma, o projeto educativo de Reggio Emilia. Isso foi percebido tanto por quem internacionalmente quer compreender o *Reggio Approach*[264] como pelos profissionais de Reggio Emilia[265] que avançaram e seguem refletindo e se aprofundando nesse tema que lhes dá identidade, respeito, prestígio e firmeza cultural.

---

[264] Ver, por exemplo, Marianne Valentine (2000).
[265] Já falamos das reflexões de Carla Rinaldi e de Sergio Spaggiari. A essas podemos adicionar: Giuliana Campani, Gino Ferri y Laura Rubizzi, *Gli strumenti che sostengono la progettazione,* Reggio Emilia, Comune di Reggio Emilia, 1996; Giuliana Campani, Gino Ferri y Laura Rubizzi, *Gli strumenti che sostengono la progettazione (2ª parte),* Reggio Emilia, Comune di Reggio Emilia, 1997.

São eloquentes, por exemplo, as palavras que Howard Gardner escreve nesse sentido e que, justamente, intitulam-se *Tornando a aprendizagem visível*:[266]

> Ainda assim, esse trabalho tem um foco, e o leitor faz bem em considerar separá-lo. A ênfase fica na documentação e na reflexão, dois processos que são integrais para a operação de ambos os times, estadunidense e italiano, dois processos que valorizamos em crianças pequenas tanto quanto nós os valorizamos em nosso "eu" relativamente antigo [...]. Nós procuramos transmitir nossas ideias sobre esses processos de múltiplas maneiras – apesar de acabarem sendo um pouco menos de cem. Nosso esforço tem um certo toque pós-moderno, e, embora eu não pense que qualquer dos grupos seja profundamente ligado aos métodos pós-modernos ou à loucura, nós não podemos escapar de ser imbuídos com certos valores e sensibilidades pós-modernas [...]. Reggio desafia indivíduos do mundo todo a reverterem algumas relações de valores/fundamentos comuns: a relação entre descrição e avaliação; a relativa importância do indivíduo *versus* o grupo; as tensões entre intuição e teoria, intuição e reflexão; as conexões entre conhecimento e metaconhecimento em mais jovens e mais velhos; as vantagens do democrático em oposição aos regimes socialistas, apenas para citar alguns. (Hardner, 2001, p. 339)

Passemos, agora, à segunda estratégia – que complementa as ideias expostas – deste segundo princípio estético (educar implica desenvolver as capacidades narrativas da sedução estética).

---

[266] AA.VV., *Making learning visible. Childrens as individual and group learners, op. cit.*

Segunda estratégia do princípio estético 3: a criatividade das cem linguagens de Loris Malaguzzi

> Vista de fora, a criatividade é um objeto de fascínio
> ou de inveja; vista de dentro,
> é um exercício contínuo de incerteza
> e uma terrível escola de insegurança.[267]

Em Malaguzzi, podemos falar da criatividade como mais outra estratégia da sedução estética. *As cem linguagens* é uma metáfora que pretende estabelecer relações que, até então, pareciam disjuntivas. A capacidade estética e criativa de Malaguzzi para estabelecer conexões inimagináveis entre os acontecimentos, construir intencionalmente surpresas eficazes (Marina, 1993, 1997) era – como pudemos apreciar em muitos exemplos – notável. Essa é uma boa definição de criatividade, embora Malaguzzi, por precaução, goste mais de falar das cem linguagens ou abraçar a ideia de Paul Klee, que, tratando da criatividade, declarava: "Embora não seja tão prudente pensar em entender o núcleo oculto da criatividade, estou curioso para espiá-la o máximo possível".[268]

A criatividade tem a ver com a curiosidade vital, que é como (Vecchi, 1995, p. 139) esse arqueólogo que procura, compõe e recompõe pedaços encontrados para conseguir entender mais. O resultado é um quebra-cabeça original e sedutor. Mas a criatividade em Malaguzzi também se relaciona com essa ideia de homem amante da incerteza

> [...] dubitativa, que começa a fazer questão de todas as coisas que, para os demais, são o que se dá por certeza. O deslumbramento diante das coisas mais insignificantes

---

[267] Iosif Brodskij (1995). Vista dall'esterno la creatività è oggetto di fascino / o di invidia; vista dall'interno, / è un esercizio continuo di incertezza / e una terribile scuola d'insicurezza.

[268] Citado por Vea Vecchi (1995; 139).

e mais comuns o leva a fazer perguntas a si mesmo que dificilmente poderá resolver. (Pajón, 2002, p. 20)

A criatividade (Monreal, 2000) se relaciona, e isso é óbvio em Malaguzzi, com a capacidade – em algumas ocasiões, intuitiva – de ver as coisas de maneira nova, recolhendo e construindo cultura, com uma grande habilidade de tomar decisões com imaginação e com gosto estético, e com enorme tenacidade e força para realizar os objetivos propostos.

Nesse caso, pensamos (como acreditava Malaguzzi) que a criatividade – seguindo a tradição estruturalista e de origem europeia – não é um estatuto psicológico independente, mas que forma parte da inteligência geral.

> [...] saber combinar e recombinar os elementos de diferentes maneiras, o saber relacionar a situação até então separada; saber observar com base em muitos pontos de vista, saber dar um grande número de associações a um certo estímulo não são aspectos característicos e exclusivos de um suposto "comportamento criativo", mas operações comuns e frequentes do ato de inteligência. (Munari, 1985, p. 118)

A personalidade inteligente e criativa, como a de Loris Malaguzzi, dispõe de uma habilidade prática para resolver problemas, de um pensamento versátil e fluido, de um original anticonformismo, de uma perseverança e de um entusiasmo que tornam a pessoa original e inventiva.

Esse tema que agora confrontamos tem a ver (Juanola, 2002) com as relações entre mente, criatividade e estética,

> [...] sobretudo quando se começa a considerar a mente como algo que não é domínio exclusivo da lógica e da ciência. Com o mesmo critério, a criatividade se considera algo que não se limita ao âmbito exclusivo da arte. (Juanola, 2002, p. 27)

A criatividade está diretamente relacionada com as ideias mencionadas sobre a metáfora e a transgressão:

> Metáfora e transgressão estão, portanto, indissoluvelmente ligadas: não há pensamento metafórico sem consciência da existência de um pensamento alternativo. A descoberta e a experiência da transgressão são indispensáveis para a conquista da autonomia, tanto nos campos morais quanto cognitivos. E, sem autonomia, moral e cognitiva, não há criatividade. (Munari, 1985, p. 122)

Falar de criatividade – parente próxima da imaginação e da fantasia – é, sem dúvida, basear-se em Gianni Rodari,[269] amigo e inspirador de Malaguzzi. Em diversas ocasiões, como veremos, Loris lhe prestou homenagem. Rodari distingue (1979, p. 189-191) imaginação de fantasia. A imaginação implicaria a faculdade reprodutora de evocar as coisas sensíveis ausentes. A fantasia seria (seguindo Fichte, Hegel e Kant) a faculdade de produzir uma imagem nova nunca antes percebida pelos sentidos. Também Bruno Munari (2002, p. 269 e ss.), outra referência para Loris Malaguzzi, distingue fantasia, invenção e criatividade. A fantasia não tem implícita nenhuma realização prática de nada. A invenção permite conceber algo novo e poder levá-lo à prática, mas não tem nenhum questionamento estético, já a criatividade, sim. "A criatividade, pelo contrário, vale-se precisamente dessas duas faculdades para produzir algo que antes não existia, mas que é possível realizar" (Munari, 2002, p. 270).

Malaguzzi, poderíamos dizer, tem uma inteligência repleta de fantasia, invenção e que, além disso, é criadora. Criadora porque é capaz de inventar, de forma abdutiva, relações entre as cem

---

[269] Outras fontes de inspiração que Malaguzzi declara (Loris Malaguzzi, "La storia, la cultura... *op. cit.*, p. 95), em relação a esse tema, são Torrance, Piaget, Bruner, o pensamento freudiano, a psicologia da *gestalt*, Roger, Maslow e Erikson.

linguagens do ser humano, traçando e tecendo interconexões estruturais entre partes que parecem separadas. Constrói, como vimos, narrações criativas que formam um quebra-cabeça, cujas peças afastadas não fazem suspeitar qual é a imagem final.

Mas a criatividade, para Malaguzzi, assim como para Vygotsky (1983), não é uma espécie de dom que têm alguns poucos privilegiados. A função criadora é um tesouro de todos os homens e de todas as crianças. Essa declaração tem implícita a ideia marxista de uma "exigência da omnilateralidade, da polivalência, que não é outra coisa senão a exigência de um desenvolvimento total e completo do homem, no âmbito de todas as suas faculdades e possibilidades, de suas necessidades e suas capacidades de satisfação" (Palacios, 1988, p. 342).

> Um terceiro elemento diz respeito à criatividade. Outro objetivo perseguido pela prática educativa. A questão, apenas sugerida aqui, parte do pressuposto de que a criatividade [...] é uma potencialidade, uma peculiaridade do modo de saber que pertence a cada indivíduo, de maneira a garantir sua irrepetível forma de ser.
> Neguem as teorias que explicam a criatividade como um dom ou algo que tem a ver com o obscuro (e desamparadamente espontâneo, a educação tem amplo espaço para intervenção e apoio antes dela).[270]

Essa é a ideia de integridade e unidade da criança de Malaguzzi e a consideração da inter-relação de suas cem linguagens. As cem linguagens são estéticas, no sentido que, para Schiller (Martínez, 1991, p. 145-146), a estética supõe um ato de liberdade por meio da liberdade. Malaguzzi faz uso dessa liberdade para, como diz Dewey (1989), penetrar no remoto, nas relações afastadas no tempo e no espaço. A liberdade de ver as coisas em uma única teia de

---

[270] Loris Malaguzzi, *Una carta per tre diritti*. *Carta di presentazione del Diana* (documento inédito), p. 4.

aranha, com relações e evocações múltiplas. Com uma capacidade de potencializar pessoas abertas e flexíveis, com independência de pensamento (Lowenfeld e Brittain, 1970; Torrance e Myers, 1976).

Mas, além disso, a criatividade se identificou com o pensamento divergente (Guilford,[271] 1971, 1983; Gardner,[272] 1995), com a capacidade de romper continuamente os esquemas da experiência, essa transgressão tão amada por Malaguzzi. Divergência que, como veremos mais adiante, para Loris, é complementar – criativamente – à convergência.

Em uma conferência em Pistoia, de outubro de 1988,[273] Malaguzzi, falando desses temas, ressaltava a inspiração de Rodari em seu pensamento por esse motivo e citava para os presentes os seguintes parágrafos extraídos de *La gramática de la fantasía*.

> É "criativa" uma mente que trabalha sempre, disposta sempre a fazer perguntas, a descobrir problemas onde os demais encontram respostas satisfatórias, que se encontra à vontade nas situações fluidas em que outros apenas farejam perigo; capaz de julgamentos autônomos e independentes [...], que recusa o codificado, que manuseia objetos e conceitos sem se deixar inibir pelos conformistas. Todas essas qualidades se manifestam no processo criativo. E esse processo tem um caráter festivo. (Rodari, 1979, p. 194)

---

[271] "A ideia-chave de Guilford é programar uma série de provas cujo objetivo seja medir as aptidões que, segundo se acredita, revistam maior importância em relação com o pensamento criativo: as aptidões de '*produção divergente*' (PD) (e as aptidões de '*transformação*') (Guilford, 1971). Após considerável debate e experimentação nas décadas seguintes ao desvio de Guilford, os psicólogos chegaram a uma conclusão, e é que a criatividade não é o mesmo que inteligência" (Agirre, 2000, p. 151).
[272] "Desde suas primeiras pesquisas, Gardner tratou de '*conhecer de forma aprofundada os processos e produtos criativos*', e em relação a isso fez parte de um projeto de investigação que, trabalhando com crianças ou com adultos que sofrem lesões cerebrais, procurava elucidar a natureza do pensamento artístico: o Projeto Zero" (Agirre, 2000, p. 158).
[273] Loris Malaguzzi, *Conferenza a Pistoia* (gravação sonora de outubro de 1988).

A citação anterior parece um retrato de Malaguzzi:

> Penso que a imaginação infantil tenha necessidade de nossos cuidados, pelo menos como se tem cuidado da curiosidade científica. Que a fantasia seja a ajuda fundamental de uma personalidade completa e que a experiência do maravilhoso, da aventura, do cômico, do humano, é uma experiência útil para a formação da própria sensibilidade... Os contos nutrem a capacidade de imaginar, mobilizam os recursos da fantasia infantil. Potencializam uma longa história de observação, de reflexão sobre o real, de saber estar nas coisas. Dão à observação, à reflexão e à ação uma base mais ampla e desinteressada. Criam espaço para outras coisas que não servem para nada, como a poesia, a música, a arte, a brincadeira. Coisas que têm a ver diretamente com a felicidade do homem, e não com sua utilização em máquinas produtivas [...]. Os contos servem às matemáticas como as matemáticas servem aos contos. Servem à poesia, à música, à utopia, ao compromisso político: por fim, ao homem em seu conjunto, e não apenas ao fantasioso[...].
> Servem ao homem completo. Se uma sociedade baseada no mito da produtividade só tem necessidade de homens mutilados – fiéis executores, diligentes reprodutores, dóceis instrumentos sem vontade –, isso quer dizer que está malfeita. Para mudá-la, são necessários homens criativos, que saibam usar sua imaginação. (Rodari, 1979, p. 192-193)

Dessa forma, Malaguzzi solicitava a capacidade de interconectar as questões vitais e de liberar a pedagogia de sua terminologia e sua visão reducionista, tratando de ampliar suas fronteiras com novas palavras, mais humanas, que saibam narrar a estética e a poesia que existe em todo ser humano. Inter-relações, redes, estruturas ou urdiduras (Gruber, 1984) que consideram o indivíduo entremeado – culturalmente – por uma série de circunstâncias históricas.

Mas vejamos mais questões sobre o conceito de Malaguzzi de criatividade, que é uma ideia que, também, nos define sua forma de ser e de atuar.[274] Para Loris, a criatividade é algo que pode se materializar ou não, mas que, como a inteligência, é uma convenção cultural, um valor que pode variar segundo épocas e contextos históricos. A criatividade, nos momentos difíceis, pode ser uma ocasião de esperança utópica, embora a função da utopia – para o pedagogo de Correggio – é conseguir manter a esperança, que, como sabemos, é um valor fundamental para Loris.

> E, no entanto, a criatividade sempre faz parte do nosso leito de rios, pessoal, de grupo, como uma necessidade que conhecemos muito e que, de alguma forma, conhecemos pouco, uma coisa muito estranha. Mas sempre volta como uma espécie de esperança, uma espécie de fermento que convida, apesar de tudo, a esperar que um dia ou outro a criatividade possa retornar permanentemente à Terra. Acredito que provavelmente não seja fácil assumir a utopia e, no entanto, é uma função da utopia manter até as coisas que parecem incapazes de permanecer em pé.[275]

Para a escola, falar de criatividade é algo incômodo porque se torna incontrolável, perturba a ordem pré-estabelecida, a disciplina, e põe em graves dificuldades a cultura dos docentes, baseada em uma repetição mortificante. A criatividade, vista assim por Rodari e por Malaguzzi, é um obstáculo que rompe, incomoda, desconstrói.

---

[274] Para elaborar essas ideias seguimos, principalmente, Loris Malaguzzi, *I potenziali della creatività nello sviluppo e nell'apprendimento* (transcripción de una intervención pronunciada en un *Incontro di studio*, junto a Sergio Spaggiari, Paul Kaufman y Francesco De Bartolomeis el 14 de noviembre de 1992).

[275] *Ibidem.*

> Não há criatividade, ela não existe [...], a construção de um saber que, de alguma forma, deve ser o mais repetitivo e tranquilizador possível e que, portanto, abomina cada movimento do cavalo que representa perpetuamente um elemento extremamente modesto em relação ao tabuleiro de xadrez, mas quebra as caixas para todos.[276]

Para o estudioso de Correggio, a criatividade é uma potencialidade humana que cada indivíduo tem, uma riqueza que está unida à habilidade de base, ligada aos problemas construtivos (Winner, 1988) que fazem parte dos projetos educativos. A criatividade, assim, está unida à forma de identificar os problemas (Sternberg, 1997), de indicá-los, de encontrar aproximações contingentes em relação ao problema questionado, buscando pistas, alternativas e recursos para a solução de tais problemas. Assim, a criatividade se vê como a

> [...] capacidade de resolver situações para as quais o conhecimento, os métodos e as técnicas já existentes não oferecem resposta adequada (*"Problem solving"*).[277,278] A segunda versão situa a criatividade em termos de invenção de novas ideias e da obtenção de algo vindo delas (*"making something of"*)[279] (Agirre, 2000, p. 143).

Essa é, também, a crença de Malaguzzi.

Para Loris, esse tema da criatividade revela um conceito de homem com princípios ou valores educativos que não podem ficar no campo do privado, mas que devem se transformar – como sempre – em um debate público.

---

[276] *Ibidem.*
[277] N. da T.: "Solução de problemas".
[278] A técnica do *problem solving* foi usada em alguns momentos em Reggio Emilia. Ver, por exemplo, AA.VV., *Tutto ha un'ombra meno le formiche, op. cit.,* p. 40-41.
[279] N. da T.: "Fazer algo de alguma coisa".

A criatividade, para Malaguzzi, está ligada a um ato de amor, de paixão pela vida, pelo trabalho, pela curiosidade de aprender. Desse amor, vem o desejo de inovar, de transgredir. A escola não amada não desenvolve um prestígio em quem a vive. Isso é um drama. É como roubar a alma da escola enquanto ela subtrai a alma das pessoas que a habitam.

> É, em suma, um ato de amor. Se você ama muito uma coisa... faz, também, gestos e discursos não habituais. Trata-se de uma transgressão contínua que quer dizer vitalidade. Assim, você pode permanecer sobre o discurso da tradição, do intercâmbio amoroso em relação a uma matéria, a um saber ou a outra pessoa.
>
> O problema é ter a capacidade de inovar continuamente o tipo de relação que você tem, o tipo de palavras com as quais você fala, o tipo de ideias que passa ao outro lado, o tipo de expectativas que você tem a respeito das ideias que podem chegar.[280]

A escola e, portanto, os educadores devem se preocupar para que o projeto educativo seja amado pelas crianças, pelos jovens, para evitar que se usurpe aos homens a possibilidade de expressar suas potencialidades criativas. A criatividade, o ato criativo, é algo que recolhe o sentido humano da existência. Talvez, comenta Malaguzzi, não sabemos definir bem o que é a criatividade, mas podemos senti-la dentro como uma aventura especial que, quando chega, nos faz viver esse inconfundível calafrio emocionante.

> Não consigo conceber nada do ato humano, da ação humana, sem que seja, de alguma forma, pelo menos, não digo veiculado pela criatividade, quanto tem, quando chega, quando aparece, às vezes você ouve, às vezes ouve uma crise dentro de nós; talvez sintamos que há algo que não sabemos definir bem, mas que

---

[280] Loris Malaguzzi en *Carlo Barsotti. op. cit.*

> existe, assim sentem as crianças, assim sentem as crianças muito pequenas da creche, das escolas da infância, sentem muito bem quando uma sensação diferente se aproxima, que é a sensação de um ato fugitivo, inicialmente recuperado, e sentem que marca, de alguma forma, uma etapa particular, a aventura delas.[281]

A criatividade viaja unida, em parte, à curiosidade e está ligada à capacidade de deslumbramento – uma grande admiração – de que já falamos. Malaguzzi fala dessa capacidade nas crianças que não têm nossas nostalgias, nossas invejas, nossos apegos às ideias que aos adultos custa renunciar porque pensamos que o fazer é trair a nós mesmos.

> As crianças, privilegiadas pelo fato de não terem apego excessivo às próprias ideias – embora construam e reinventem continuamente –, são as mais adequadas para extrair, para descobrir, para mudar seu próprio ponto de vista, para se apaixonar pelas formas e pelos significados que são transformados, são as admiradoras mais sensíveis dos valores e lucros da criatividade.[282]

Dessa mesma opinião é Bruno Munari:

> Tenho que dizer que, com os adultos, a relação é mais difícil, porque estão condicionados pelos estereótipos mentais, que os impedem de contradizer os costumes e as convicções já instauradas. (Munari, 2002, p. 273)

Não se trata, comenta Malaguzzi, de pensar idilicamente sobre as crianças, mas, sim, de aprender sobre sua cultura, sua forma de focar e interpretar o mundo. As crianças têm essa liberdade para sentir e para se deslumbrar em sua experiência existencial. Assim nasce e se desenvolve, embora em alguns momentos nos custe reconhecê-la, a própria criatividade.

---

[281] Loris Malaguzzi, *I potenziali della creatività nello sviluppo... op. cit.*
[282] Loris Malaguzzi, "La storia, le idee...", *op. cit.*, p. 95.

> As crianças fazem, saem, têm essa liberdade e, portanto, deve-se dizer que sentem e são surpreendidas. Ser surpreendido por uma criança que sente deslumbramento é como um presente permanente de sua experiência, e, de qualquer forma, sua experiência é sempre um espanto contínuo, tanto em momentos tristes como nos momentos felizes, em que quase conquista o mundo.[283]

A criatividade, como já mencionamos, não é um dom, é um processo de construção, um devir que, como os artistas, é capaz de manter unido tanto o aspecto de humanidade quanto o aspecto artístico que existe em todo ato criativo.

> Já pintores ilustres, pintores que eu particularmente amo porque professavam que, antes de tudo, existia o tornar-se homens, existia o tornar-se artistas, ou seja, essa condição de manter os dois aspectos próximos, de ser bom para a humanidade e de ser artista.[284]

Comentamos que, para Loris, a criatividade é algo que se desenvolve com a divergência, mas não pode ser vista, de forma maniqueísta, de maneira oposta e contraditória à convergência. A oposição de contrários, e essa ideia malaguzziana é muito importante, é própria do pensamento simples, do desejo de preservar alguns valores diante de outros. O pensamento ocidental por oposições simplificadas evita a criatividade. Se a criatividade está unida, como já destacamos, à capacidade de pôr em relação questões diversas, é necessário conseguir unir os complementares, procurando nuances, e evitando as fraturas e os conflitos ideológicos que indagam a oposição dos contrários.

---

[283] Loris Malaguzzi, *I potenziali della creatività nello sviluppo… op. cit.*
[284] *Ibidem.*

> O problema, no entanto, e eu também o entendo, é que, diante de uma cultura como a nossa, que sempre produziu opostos, toda vez que havia um ponto de virada, a cultura dava origem a opostos, com um maniqueísmo triunfante que ainda persiste, persiste ainda hoje em termos muito fortes, mas que ressecavam, secavam uma possibilidade de experiência, de vida, de interpretação, e eu diria que havia também a possibilidade econômica de uma elaboração mais ampla, mais variada, menos restrita, menos ancorada à preservação de certos valores, certos afetos, certos estados etc., portanto, é claro que duas palavras foram amplamente usadas.[285]

Loris defende pensar a convergência e a divergência em uma relação de complementariedade, como a condição da espécie humana de ser – ao mesmo tempo – igual e diferente. Se evitamos a divisão drástica entre os opostos, podemos entender que os mundos possíveis são muitos, são plurais. Multidimensionalidade que chega da ideia de conceber a convergência e a divergência por meio de pontos de vista possíveis. Convergência como uma procura de unidade e divergência como uma estratégia que quer interromper o fluxo dos esquemas rígidos rotineiros e normalizantes.

> Uma escola que existe é uma escola que prepara o que não existe, o que deve aparecer, o que se pensa. Uma escola que não arrisca, que não faz um prognóstico, que não brinca no Sisal, é uma escola miserável, é uma escola miserável até porque tem um consumo indescritível, talvez, e nunca medido, dos traços que deixam a morte em seu próprio terreno [...].
>
> Divergência que não soe como moda, com excentricidade, mas que soe como reconhecimento consciente, como intencionalidade precisa, como uma estratégia que é adquirida e dirigida intencionalmente por nós e que nos leva a dar respeito à palavra "comum", uma palavra que de alguma forma interrompe o fluxo

---

[285] *Ibidem.*

> conhecido, eu diria tranquilo, sereno, que nos acompa-
> nha todos os dias também em nossa comunicação, que
> é uma comunicação extremamente baixa e extrema-
> mente curta muitas vezes, quando não é revivida, de vez
> em quando, por esse choque, por esse desejo de romper
> com os esquemas. Estamos dentro dos escafandros, se
> conseguirmos quebrar algo de vez em quando, se con-
> seguirmos mover mais uma mão, um membro, um olho,
> uma orelha mais.[286]

Edgar Morin, em uma conferência proferida em Madri, em novembro de 2000, falava sobre *Os sete saberes necessários para a educação do futuro*.[287] Um desses saberes era que a educação deve ser capaz de preparar as gerações para confrontar as incertezas, tanto sobre o desenvolvimento do futuro quanto sobre a validez do conhecimento. Para Malaguzzi, seguindo com essa ideia, a escola deve se arriscar sobre o desconhecido. Aprender a viajar com o desconhecido, com a incerteza cognoscitiva, é um ato criativo.

Essa incerteza move, como em Klee, o caminho da curiosidade, da investigação, de admitir com tranquilidade que "sabemos que não sabemos". Pedro Miguel Etxenique, em uma conferência proferida em Pamplona, em 19 de outubro de 2000, falando também sobre a educação do futuro, questionava o importante tema de passar, como um aumento entrópico, de uma ignorância desconhecida a uma ignorância consciente. Incerteza, ignorância, curiosidade, investigação e criatividade são conceitos da mesma família. Conceitos que, para Malaguzzi, devem fazer parte dos valores da escola para evitar a indiferença. Conceitos que, como vemos, evitam a segurança excessiva, uma certeza que evita a criatividade como estado de procura permanente. "Mas o que não pode ser tolerado é

---
[286] *Ibidem*.
[287] Morin (2001).

que é produzido, como uma produção em massa, a apassivação das crianças, dos meninos, dos jovens, isso é intolerável".[288]

A criatividade da qual fala Malaguzzi está ligada à ideia de uma criatividade laica. A laicidade da criatividade permite dar a criatividade a um mundo universal, a todos, e não acreditar que exista um Deus, uma providência que atribui dons, papéis, excepcionalidade e posições predeterminadas. Tatarkiewicz (1992) lembra-nos como o conceito de criação tradicional supõe criar algo do nada, uma faculdade apenas atribuível à divindade. Essa noção de criação (Aumont, 1998, p. 46) acaba sendo abandonada com a revolução artística do século XIX e começo do século XX, em que a criação moderna está vinculada às atividades mentais de resolução de problemas em um processo de re-criação, re-construção ou des-cobrimento das coisas do mundo. Essa é a ideia de criação laica (pancreacionismo, diria Tatarkiewicz) que Loris resgata, algo que, para ele, tem a ver com o permanente inconformismo, o arriscar e o se interrogar continuamente.

> A criatividade laica é a entrega da criatividade para um mundo universal, para todos, isso é o laico, não acreditar que exista um Deus, uma providência que atribui dons, que não acredita em pessoas que devem qualificar e atribuir papéis e posições, que não acredita em momentos em que é imperativo ser maravilhosamente conformista e, sobretudo, em não amar nem os riscos nem o questionamento, nem a expectativa duvidosa de Dewey, nem o que poderia acontecer conosco.[289]
>
> Uma concepção, como se pode argumentar, laica da criatividade que pede para ser tão esperada pelos adultos e pela POLIS (pela polícia e pela cultura) e assim percebida pelas crianças.[290]

---

[288] Loris Malaguzzi, *I potenziali della creatività nello sviluppo… op. cit.*
[289] *Ibidem.*
[290] Loris Malaguzzi, *Una carta per tre diritti. Carta di presentazione del Diana, op. cit.*

Criatividade, portanto, como uma capacidade que está na criança como a virtude de curiosidade ou de se interrogar. Uma faculdade que implica decidir por si mesmo as direções de sua vida, de estabelecer suas próprias relações nas incertezas. "[...] e aí você se ajuda a ser o que você deseja ser, em um nível desejável com o máximo de autodeterminação, de autoescolha".[291]

Para potencializar essa ideia de criatividade, Malaguzzi pensa em outro tipo de formação, em outro tipo de escola, capaz de inovar continuamente, outro tipo de pedagogia não subalterna da política e da economia. É preciso uma escola que mude as atitudes, que não apenas mude a forma superficial das matérias educativas.

A pergunta, então, é como reconhecer a criatividade e como ela pode ser potencializada. Em Reggio Emilia, seguindo as indicações de Loris Malaguzzi, todo processo de aprendizagem é um processo criativo.

> Em nossa opinião, deve ser evidenciado, ou seja, dada a singularidade de cada cérebro humano e a singularidade dos modos de aprender, cada ato de aprendizagem pode ser definido como um ato criativo, não porque necessariamente produz algo novo, mas porque é criativo o que acontece novamente no assunto durante o processo de aprendizado [...]. Em nossa opinião, sim, pode existir um ensino criativo.
>
> Na medida em que dissemos que a aprendizagem é um ato criativo, o ensino é afirmado em termos de complementaridade e, portanto, deve manter fortes traços de criatividade.
>
> O ensino é então definido como a predisposição de condições favoráveis, diretas ou indiretas, recursos e estímulos, contextos propícios à aprendizagem. Os termos devem ser redefinidos dessa maneira, bem como as estratégias e os conceitos de ensino em si. (Rinaldi, 1995, p. 11)

---

[291] Loris Malaguzzi, *I potenziali della creatività nello sviluppo... op. cit.*

Por vezes, para que essa mudança educativa se dê, é preciso fazer uma transformação pequena com a qual, em um mundo ecologicamente interconectado, se produzam grandes transformações, como aconteceu com a aparição do silício. Saber unir o silício com a criatividade e com a educação é uma dessas relações estéticas fascinantes com as quais Malaguzzi, mais uma vez, acaba por nos seduzir.

> No entanto, embora a necessidade me pareça equivalente à das transformações que ocorrem no nível das pesquisas químicas, físicas, de ciência da computação etc., enfim, é suficiente a inserção de uma pequena moeda como o silício no planeta, entre os homens, para literalmente mover séculos de cultura, séculos de organização do trabalho, séculos de comunicação, de linguagens, de construções mentais etc. E, eu dizia, repare que estamos de frente com o silício, o silício muda tudo, mudou a maneira de produção, mudou a forma de trabalhar, mudou a forma de dormir, mudou a forma de vestir, mudou a forma de comer, está mudando tudo.
>
> Quero dizer que hoje um pequeno, imagine por quanto tempo havíamos pensado que pequenas coisas são coisas que não valem nada [...]. Quando o silício entra, quebra, perturba, perturba tudo [...].
>
> Não vamos nos perguntar de onde se originam, porque chegam e viveremos nossos dias longe da criatividade e do silício. Quero dizer que, pensem um pouco no silício de um lado e pensem um pouco no que a criatividade dá, são dois pedaços de matéria, dois pedaços de vida, dois pedaços de filosofia, dois pedaços de sabedoria, duas peças que eu diria convergentes e divergentes, e eis que, se as unirmos, talvez consigamos entender, ao menos parcialmente, o que são os desenhos que sustentam nossa aventura de vida.[292]

---

[292] *Ibidem.*

Nesse caso, dizíamos que o problema consiste em saber como potencializar a criatividade. Malaguzzi[293] resume sua tese da seguinte maneira:

- A criatividade não deve ser considerada uma faculdade mental diferente da forma de conhecer ou decidir.
- Emerge de experiências múltiplas e da aquisição de um "sentido da liberdade que é liberado, sem medo do já conhecido e classificado".[294]
- Emana de um sentido

> tranquilizado de liberdade, que legitima a pesquisa livre dos procedimentos, e das soluções cognitivas misturadas à interferência e a expansões da imaginação e da fantasia, não por causa das pulsações profundas, de uma escola que sabe unificar na prática a formação do conhecer e do se expressar.[295]

- Expressa-se com processos cognitivos, afetivos e imaginativos, de cuja sintonia se pode chegar a soluções imprevistas.
- O lugar do desenvolvimento da criatividade se dá em situações interpessoais "quando a negociação e o confronto aberto de ações e de ideias se tornam elementos decisivos do desenvolvimento".[296]
- Ativa-se se os adultos são menos consumidores científicos de currículo e se transformam em observadores e intérpretes de problemas. Se são capazes, por meio da escuta e da observação, de inventar a cultura educativa.

---

[293] Loris Malaguzzi, *La educación infantil en… op. cit.*, p. 93 e ss.
[294] *Ibidem*.
[295] Loris Malaguzzi, *Una carta per tre diritti. Carta di presentazione del Diana, op. cit.*
[296] Loris Malaguzzi, "La storia, le idee…", *op. cit.*, p. 96.

- Pode ser favorecida ou desfavorecida pelas expectativas sociais e políticas dos adultos.
- Torna-se mais visível nos processos do conhecer do que nos resultados.
- Multiplica-se na unidade interativa, na consideração da integridade e na unidade da inteligência infantil.
- Solicita que "a velha *escola do conhecer* se conecte à *escola do se expressar*, expandindo (esse é o nosso *slogan*) para as cem linguagens das crianças".[297]
- Potencializa-se com um respeito e realce da subjetividade do indivíduo.[298] A subjetividade como um direito das crianças que deve ser entendido como liberdade, como uma possibilidade democrática de escolha. Subjetividade – para Malaguzzi – não quer dizer individualismo. Subjetividade é o reconhecimento de uma identidade biológica e cultural da criança, e um reconhecimento de seu ingresso ativo na vida com uma capacidade construtiva (de fazer conjecturas e de verificá-las), para realizar transgressões e negociações de ideias. Subjetivismo no sentido de que cada criança precisa viver seu tempo, respeitando sua diferença individual. Subjetividade e criatividade como sentido democrático da liberdade humana.

---

[297] *Ibidem*.
[298] Seguimos as ideias que estão em Loris Malaguzzi, *convegno internazionale* (gravação sonora de 28 de março de 1990).

> Estamos falando de uma imagem de criança completamente disponível, extremamente equipada desde o nascimento, cheia de recursos, capacidades e qualidades. Eu diria que, provavelmente, deve ser definida a democracia de uma forma diferente. Sobretudo, dando importância central ao sujeito. Quero dizer, a capacidade e a vontade dos indivíduos de agir e de se sentir, sobretudo, reconhecidos como autores livres e responsáveis.[299]

Criativo, para Malaguzzi, significa que cada criança é capaz de inventar seu próprio conhecimento do conhecimento. Que as crianças são capazes de construir imagens e imaginários enquanto exploram e investigam — com alegria — os acontecimentos da vida. Trata-se de uma criação e de uma recriação inventiva[300] que parte dos interesses infantis relacionais, motores, perceptivos, corporeossensoriais, emocionais, fantásticos, estéticos, simbólicos e cognoscitivos. Com esses interesses, a criança constrói — imaginativamente — conhecimentos diferenciais: diferenças que transformam de forma imprevisível o próprio conhecimento adquirido, transformando-o e reestruturando-o.

> As crianças (como o poeta, o escritor, o músico, o cientista) são pesquisadores ávidos e construtores de imagens.
> E as imagens são usadas para construir outras: passando por sensações, sentimentos, relacionamentos, problemas, teorias passageiras, ideias do possível e do coerente e do aparentemente impossível e incoerente.
> É isso que Einstein quer dizer quando conta que sua maneira de trabalhar consistia em saber como

---

[299] Loris Malaguzzi en Carlo Barsotti, *op. cit.*
[300] Seguimos algumas anotações escritas e entregues por Loris Malaguzzi em uma conferência realizada em Reggio Emilia em 1987: *Esperienza monografica su la città e la pioggia.*

> se deter nas linguagens das imagens, adiando, tanto quanto possível, expressá-las em palavras e ações.
> A arte da pesquisa já está nas mãos das crianças, muito sensíveis ao prazer de admirar.
> As crianças logo sentem que é nessa arte que podem recuperar grande parte da alegria da vida e a libertação do tédio que deriva da existência em um mundo anônimo e inexplorado.[301]

Malaguzzi, assim como quando falava de Einstein,[302] é capaz de recolher as ideias das crianças, das suas cem linguagens, para potencializar sua própria criatividade. Uma criatividade que desenvolve trabalhando sem trégua, pensando e refletindo com os colegas sobre as ideias que interpreta e narra esteticamente das crianças.

> Muitas vezes, aqueles que vêm nos visitar e assistir aos nossos filhos quando brincam, investigam e fazem, perguntam-nos quais feitiços usamos. Respondemos que a maravilha deles é igual à nossa.
> A criatividade? Nós sempre relutamos em dizer que ela usa várias roupagens durante a semana e tem a capacidade de aparecer e desaparecer.
> Nossa tarefa, também em termos de criatividade, é ajudar as crianças a escalarem suas montanhas o máximo possível.[303]

Loris subiu com as crianças em suas montanhas, esses montes dos quais, sabiamente, fala Gaston Bachelard (1982, p. 194):

---

[301] Loris Malaguzzi, "Commentari". In *I cento linguaggi dei bambini,* Correggio, Reggio Children, 1996, p. 33.
[302] Dizia Malaguzzi que Einstein gostava de estar com as crianças porque elas lhe proporcionavam grandes ideias.
[303] Loris Malaguzzi, "La storia, le idee...", *op. cit.,* p. 97.

> Quando somos crianças, mostram-nos tantas coisas que perdemos o profundo sentido de ver. Ver e mostrar estão fenomenologicamente em antítese violenta, de que maneira, afinal, os adultos nos mostram o mundo que já perderam! Sabem, acreditam que sabem. Demonstram à criança que a Terra é redonda, que gira ao redor do Sol. Pobre criança sonhadora! Que coisas tem que escutar! Que liberação para sua fantasia quando abandona a aula para subir à colina, à sua colina. Que cósmica é uma criança sonhadora!

Malaguzzi é, além disso – como ressalta Tonucci (1998, p. 31) –, um exemplo da criatividade institucional, a criatividade mais difícil de praticar

> Porque presume contagiar instituições, mudar os hábitos administrativos, trazer o novo, o alegre, o infantil, nos meandros, e muitas vezes nos pântanos da burocracia, entre leis, decretos e resoluções, nas dobras da lógica das partes, dos departamentos, dos funcionários.
> Seguir esse caminho significa ficar muito zangado e pouco emergir.
> Você só pode fazer isso se tiver um ideal para propor, defender. Loris sacrificou uma carreira científica, uma popularidade mais fácil, para dar às crianças mais novas do mundo uma nova sensibilidade educativa, uma nova acolhida. Na terra natal, ele permaneceu pouco conhecido e pouco escutado, como geralmente acontece com aqueles que lidam com crianças e com a administração pública.

Loris, dessa maneira, foi e é portador dessas cem linguagens das crianças, que são, estética e metaforicamente, emblema de uma narrativa do possível de todos os homens e mulheres, muito além das culturas concretas que viram nascer.

Nestas páginas, falamos de duas estratégias (a documentação e a criatividade das cem linguagens de Loris Malaguzzi) que, em nossa opinião, atuam no terceiro princípio estético que, lembremo-nos, nomeávamos da seguinte forma: *educar implica desenvolver as capacidades narrativas da sedução estética*.

É chegado o momento de avançar algumas considerações temporárias para "finalizar" este trabalho.

ALGUMAS CONSIDERAÇÕES FINAIS PARA COMEÇAR[1]

Uma pedagogia estética e transgressora

Dissemos que a pedagogia de Loris é estética por sua capacidade de revelação, de revelar o essencial com relações novas entre acontecimentos que parecem longínquos, por sua tensão capaz de transgredir a si mesma sem nunca se trair, e também por sua aptidão de comunicação hieroglífica, metafórica e simbólica que multiplicam nossa imagem do mundo e da infância.

---

[1] Algumas destas ideias foram publicadas em Alfredo Hoyuelos (2001), p. 52-57 e em Alfredo Hoyuelos (2004), p. 332-335.

Para Malaguzzi, formamos parte de um mundo no qual as distâncias estão se encurtando. Isso faz que possamos ser habitantes de muitos mundos, com grande inter-relação entre as culturas, o que significa que nunca estamos sozinhos. Nossas ideias e concepções nos acompanham sempre e contaminam nossas teorias, esperanças, palavras, pensamentos e emoções. Interagem conosco e geram interdependências que nos levam a construir e reconstruir a nós mesmos – como em um caleidoscópio – constantemente em um mundo, ao mesmo tempo que esse mundo é reelaborado pela nossa própria atuação nele. A concepção de Malaguzzi, nesse contexto, é uma concepção de harmonia ecológica com o ambiente e com o cosmos.

Sua pedagogia é transgressora porque luta contra a acomodação, a monotonia, o tédio. Procura intencionalmente – com amabilidade e paixão – a alegria, o otimismo e a ironia. É transgressora, também, por sua capacidade de assumir riscos, de realizar seleções e desafios múltiplos, e por sua imaginação constante para transformar o utópico em possível, e o possível em real.

Também podemos afirmar que é uma pedagogia transgressora pela ideia de um projeto que leva Loris a reconhecer as múltiplas direções ou infinitas bifurcações dos acontecimentos. Mas essa ideia, que assusta e pode paralisar, em Malaguzzi e em Reggio, transforma-se em uma energia criadora. Trabalhar em educação é, também, fazer escolhas, saber selecionar. E Malaguzzi tinha a capacidade de saber fazer as indicações justas e oportunas, os caminhos a seguir. Era como alguém que apontava sempre na direção oportuna com a ideia de ir mais além. Sempre reconhecia um caminho novo para seguir quando parecia que o trem tinha chegado a uma estação sobre uma via morta. Por isso, surpreendem suas ideias: seu pensamento e sua obra, porque dão um passo além quando todos já estamos parados e esgotados. Por isso, para ele, a vida é uma espécie de esboço que respira frescor. E isso era possível porque estava em um estado de tensão permanente, com uma crença passional em um projeto que significa muito mais que as 34 escolas municipais da infância reggianas, inspiradas em seu pensamento e sua obra.

Uma pedagogia narrativa que projeta o escutado e confronta o visto

Documentar o observado é uma das obsessões de Malaguzzi para chegar a várias interpretações. Por trás dessa atitude, encontram-se o contexto ideológico ético de considerar a educação e a escola como transparentes e a ideia estética de oferecer uma imagem adequada e relacional (união de forma e conteúdo) da infância. E, além disso, a consideração política de que o que a escola faz deve ter uma visibilidade pública e que o dever da escola é devolver à cidade o que nela investe.

Mas não apenas isso: a escuta de Malaguzzi é, sempre, uma escuta visível, uma audição multissensorial, uma narração documentada. A criança de Loris Malaguzzi é um infante que sempre fala com suas cem linguagens na abundância de imagens que dão testemunho real de todos os princípios pedagógicos que Malaguzzi defende.

A documentação é esse elo perdido no mundo da pedagogia, que dá autenticidade a um projeto educativo. É o DNA que enlaça em uma cadeia a teoria e a prática educativa. É o argumento histórico que serve para pensar melhor e pensar de forma diversa as atuações educativas: suas limitações e suas necessidades de mudança.

As duas exposições que, com o título *I cento linguaggi dei bambini*, estão dando a volta ao mundo, são a melhor obra monumental escrita por Loris Malaguzzi e pelas escolas reggianas. Quando no campo pedagógico se diz, de maneira ingênua, que Malaguzzi escreveu pouco, apenas nos resta pensar que o conceito de *escrita* nos âmbitos pedagógicos oficiais é um critério reducionista e muito acadêmico. Quando a pedagogia tirar a venda que tapa seus olhos e reconhecer como escrita as imagens, reconhecerá que Loris escreveu várias enciclopédias pedagógicas, e seu pensamento e sua obra – algo que agora não acontece de todo – serão reconhecidos, também, nos âmbitos universitários.

Com a documentação e, em especial, com sua forma visual, Malaguzzi construiu a história da infância mais do que a história retórica da pedagogia. Podemos ver meninos e meninas junto a adultos, que procuram o sentido de aprender e inventar juntos.

Mas a documentação, além disso, permite dialogar. Se há outro conceito, que encontramos, amado por Malaguzzi, é o do confronto. Confronto significa, para o reggiano, ter a possibilidade de discutir e dialogar sobre *tudo* entre *todos* (educadores, auxiliares, cozinheiras, famílias, administração e cidadãos). Essa é a característica que dá identidade ao projeto de Reggio. Mas o confronto com documentos supõe poder discutir sobre questões reais, não sobre teorias ou palavras que, ingenuamente, podemos colocar em acordo facilmente. É, na prática, o lugar onde se decide o destino futuro da educação e do homem. A documentação é a carta de apresentação, de identificação e de respeito da própria experiência. Para Malaguzzi, o não documentado revela ignorância e inexistência.

Uma pedagogia participante da aventura do conhecer

Sua pedagogia é participante, porque acredita – como a tradição lhe ensinou – que é na força da comunidade que se encontra o destino incerto e vindouro do ser humano. Porque participar significa, para Loris, sentir-se protagonista e responsável dos acontecimentos presentes e futuros.

A pedagogia de Malaguzzi tem a virtude de formular novos problemas para cada tempo e lugar e de saber arriscar com experiências vitais, longe da "segurança" da escola. O leão de pedra, a cidade e a chuva, o salto em distância, o parque de atrações para os pássaros, o charco, a exploração de uma caverna etc. são alguns dos projetos que identificam sua maneira de pensar. Loris tinha essa capacidade criativa de saber transferir as aprendizagens de uns contextos para outros e de reconhecer que aprender implica erros. O valor do erro como estratégia educativa, para as crianças e para os adultos, é uma de suas crenças mais fortes. A escola é um lugar de aprendizagem para todos. O fato de que as educadoras – como pretendia Malaguzzi – vão principalmente à escola com o objetivo primordial de aprender com avidez e curiosidade dá à experiência, sempre, um caráter, ao mesmo tempo, de frescor e de eternidade.

Para ele, a educação é a aventura da imaginação robinsoniana, uma exploração ou investigação contínua de possibilidades inimagináveis, misteriosas. Era um cavaleiro errante que procurava, criativamente, a novidade com um grande desejo de provar coisas novas. Era um inventor de situações exigentes de aprendizagem para as crianças, para os educadores e para ele. Contextos que nasciam da aceitação da discrepância, do complexo e do paradoxal como estratégias de rastreio da realidade e do conhecimento.

Os contextos educativos eram para ele cenários como os laboratórios dos artesãos em que a ciência, a arte, a poesia e a magia se entremeiam para oferecer à criança situações reais de aprendizagem que não se esgotam na escola. Pinóquio e Robinson, um dos primeiros projetos dos anos de 1960 (depois revisados), são eleitos como símbolo por suas propostas de *manualidade*, por sua possibilidade de sair do monopólio da oralidade em que, então, achava-se sumida a educação.

Com o desejo de aumentar e transgredir as interpretações – e partindo de sua particular experiência, que não pretende ser apenas didática, pedagógica ou psicológica –, nasce o "Ateliê", entre outras coisas, para valorizar a atuação estética física e simbólica das mãos diante da onipotente palavra ou do verbalismo como meio interativo com as crianças. O ateliê não é o lugar da especialização, mas, sim, como um dos aríetes sistêmicos que provocam uma mudança da pedagogia que, ao rompê-la, fazem-na mais vital. O ateliê é o *habitat* em que as linguagens podem se emancipar, confundir e se recriar em uma relação sinérgica que procura se deixar seduzir por essa famosa estética do conhecimento. Malaguzzi, sua proposta pedagógica, sintoniza com o desejo humano de entrar profundamente em ressonância com o belo.

Uma pedagogia relacional, sistêmica e construtiva: muito além dos limites

Sua pedagogia é relacional e sistêmica, por ser capaz de ver as relações antes que os termos relacionados. Um sistema que não apenas está aberto ao ambiente que o acolhe, mas que se trata de uma organização e de uma estrutura – dinâmica e flexível – capaz de gerar a si mesma em uma relação constante com o mundo. Um sistema que dissemina seus limites transpassando a fronteira fictícia do interior e do exterior, o de dentro e o de fora.

Sua pedagogia é construtiva por sua crença de que o sujeito é o que – com os demais e em democracia – cria laicamente sua própria cultura, sua própria epistemologia, sua forma de ver o mundo com a convicção de que é apenas uma visão parcial que deve esperar outras visões possíveis.

Malaguzzi era um grande descobridor de essencialidades, podia – como o grande criador – focar e desfocar constantemente a realidade para obter novas visões dos acontecimentos, quase até o limite, mas sempre – política, ética e esteticamente – sabia o rumo adequado do barco. Muitas de suas palavras ou propostas podiam desorientar, mas ele sabia, a todo momento, onde estava o norte de sua bússola. Seu interesse era não reduzir as interpretações a um único significado. Essa era sua fantasia ética. Suas palavras e seus gestos se transformavam, magicamente, em narrações que enfeitiçavam os ouvintes, os quais fazia duvidar de qualquer verdade. Chama a atenção a forma como Malaguzzi falava das crianças. Suas palavras, ou melhor, suas imagens, tratam de escapar dos cânones tópicos ou vulgarizados da pedagogia. Na ambiguidade da poesia ou das metáforas, encontra a maneira de poder expressar suas ideias sobre as crianças. Nesse refúgio, sente-se mais livre e vê fluir as potencialidades das crianças longe dos banais espartilhos do palavreado pedagógico.

Suas exegeses sempre seduziam pelo risco superinterpretativo, mas dotavam de tal qualidade e, sobretudo, de tal consciência as atuações da criança, que as extraía do precipício da absurda banalidade que elimina o deslumbramento. Loris via onde os demais estavam cegos, mas sempre com um limite hermenêutico: o da própria comprovação prática, repetidamente, de suas hipóteses que primava confrontar de novo com as crianças e com seus colaboradores. É o valor da reciprocidade, da intersubjetividade e do intercâmbio gerativo que tanto colocou em ação, também, com as inúmeras delegações internacionais que valorizaram, foram e são juízes privilegiados de uma experiência que transborda rigor, credibilidade e confiança. Isso soube Malaguzzi antes de todos.

E para começar...[2]

Devemos pensar sempre – comenta Loris – que as crianças têm necessidade de encontrar um sentido no que fazem. Esse sentido está unido ao sentido que os adultos dão à sua profissão. Quando a criança encontra, por si mesma, um significado, sente uma alegria que é, diz Malaguzzi, como "quando sentimos um calafrio ao escutar uma obra musical. É como quem desafia a morte para realizar um desejo". Devemos nos convencer de que as crianças são produtoras de significados. Significados que buscam e encontram ao pesquisar. Por essa razão, devemos explorar e experimentar constantemente: para entender como entendem meninos e meninas e conhecer como aprendem. Dessa forma, como diz Morin, chegamos à compreensão humana, "a partir da qual se pode lutar contra o ódio e a exclusão".

Portanto, para Loris, trata-se de que possamos incluir nossos sentimentos e nossos pensamentos em um marco de significado. Esse marco são nossos próprios valores. Eles são procurados,

---
[2] Este aspecto também foi desenvolvido em Hoyuelos (2003).

continuamente, por crianças e adultos, porque são as crenças profundas que todo homem ou mulher busca, que o menino ou a menina anseiam para não morrer. E indagam sobre para dar sentido, como dizíamos, à própria existência.

Mas é uma busca complexa porque, hoje, existem valores contraditórios que tanto as crianças como os adultos devem aprender a hierarquizar e escolher entre suas diferentes experiências de vida. É uma operação delicada, que pressupõe saber relacionar acontecimentos para selecionar os que, de verdade, servem para dar sentido à própria existência e à própria atuação nos diversos âmbitos vitais.

Essa emoção é a que provoca uma paixão por crescer, por aprender, por educar. É a emoção que elimina a indiferença que Malaguzzi trata de afastar, como um tumor maligno, das escolas e de si mesmo.

Esse sentimento é o que faz acreditar, com esperança, no futuro das novas gerações. Para isso, precisamos de uma imagem forte de infância, de homem e de mulher, capazes de utilizar criativamente suas potencialidades em sintonia com a natureza, mas sem prepotências. Temos a necessidade de usar melhor os recursos que a própria natureza nos dá.

Nessa esperança, contam muito as crianças, que podem reinventar os conhecimentos com sua cultura, "dando forma às coisas antes que as coisas deem forma às crianças". Elas podem nos fazer descobrir um novo ponto de vista sobre o próprio mundo.

Essa é a famosa ideia de Malaguzzi, de uma nostalgia do futuro. Uma espécie de melancolia dinâmica e futura que ri – como diz Manuel Rivas – pelo que poderia ter sido, mas não é, embora possa chegar a sê-lo.

Trata-se, como afirma Loris (parafraseando Edgar Morin), do surgimento de uma nova sociedade que manifesta incerteza. Essa incerteza chama a esperança, visto que "não é a esperança que faz viver, é o viver que cria a esperança que permite viver".

Esperança e otimismo são, para Loris, uma dupla indissociável. A escola como âmbito estético habitável significa recuperar a instituição educativa como um lugar otimista e divertido. Otimismo, como provocação irritante, que se relaciona com saber, com acreditar nas riquezas infinitas da criança e do adulto e da educação, para projetar o futuro com esperança, antecipando problemas e linhas mestras de atuação. Esperar significa atuar sem pressa, com respeito. Loris escreve sobre isso com muito acerto: "Respeitar os tempos de amadurecimento, de desenvolvimento, dos instrumentos do fazer e do entender, da plena, lenta, extravagante, lúcida e mutável aparição das capacidades infantis é uma medida de sabedoria dialógica e cultural". E, com o mesmo tino, pronuncia (em uma de suas últimas intervenções públicas) as seguintes palavras, que, talvez, resumam o sentido futuro de sua pedagogia:

> Sem o futuro, você não pode alimentar nenhuma esperança, e a criança sabe disso. As crianças, como nós, precisam viver ao lado de uma trajetória física, de alguma maneira material e imaterial, ao longo da qual elas podem pensar para poder correr amanhã, mas essa trajetória que vai em direção ao futuro reivindica autenticidade e consciência efetiva de um futuro disponível para todos.
>
> Devemos perceber que hoje o futuro é muito difícil de se ver e se pensar; mas se tirarmos o futuro de nós e das crianças, uma esperança de redenção, uma esperança de fazer melhor, de ter um sucesso melhor, de ser mais feliz que hoje; e se removermos essa projeção da vida futura; de alguma forma,

mutilamos algo que pertence às crianças e ao adulto. Se ela for capaz de ver como e se é possível alimentar, mesmo diante de situações difíceis, a permanência na criança de um fio de esperança.

Há uma passagem extraordinária no Vocabulário de *Wittgenstein*, em que ele escreve que conheceu uma menina muito pequena, com quem teve uma longa conversa (e que, portanto, ele a conhecia perfeitamente), até que um dia a menina se aproxima dele e diz: "Você sabe que eu espero que...". Era a primeira vez que ela usava a palavra "espero"... "esperança", e o escritor escreve que isso o perturbou por toda a vida. Onde está o profundo significado de uma menina que, pela primeira vez, diz "Eu espero que..."? Quando é que a esperança entra como uma luz dentro da vida de uma criança, e por quê? Se vemos o futuro como uma medida, como uma linha, como espaço, como tempo; então finalmente sentimos que de todas essas coisas sempre tivemos uma urgente e enorme necessidade.

Loris Malaguzzi, novembro de 1993

EPÍLOGO
Isabel Cabanellas

A estética entendida como forma de vida

As possibilidades de experiência estética da infância se chocam com umas pobres expectativas sociais. A educação artística infantil – e, principalmente a de 0 a 3 anos – é considerada de escasso prestígio, inclusive pelas famílias. As famílias têm também que aprender o que é qualidade de ensino em todos os seus âmbitos, incluindo o artístico [...].

A compreensão do mundo por meio da estética pode ser o veículo para compreender o que são as realidades exteriores para a criança. Uma estética entendida como forma de vida: na vivência de uma situação harmoniosa, na beleza do próprio sistema de atuação que tenham os professores com seus alunos.[1]

---

[1] Cabanellas,I.; Eslava J.J. et al., "¿Qué hacemos con el niño o quien es el niño que va a recibir una educación artística?" en *Radiografía de la educación artística. Revista de investigación: educación artística*, n. 1, 2003, p. 21-35 Universidad de Valencia.

Loris Malaguzzi produziu em ritmos de intensa experiência intelectual e afetiva, que lhe permitiram viver sua ressonância com o mundo como uma autêntica experiência estética, por meio da qual abriu com grande intensidade as vias de acesso à educação. Consciente das pobres expectativas sociais que a educação estética suscita, soube exigir dos educadores que fossem capazes de entender a estética como uma forma de vida, como uma experiência. Experiência em que ele verteu o gozo de uma nova forma de compreensão da infância, em um processo educativo dinâmico que "in-formava" e se "en-carnava" nas meninas e nos meninos, sempre protagonistas. Infância que, na obra de Loris, se oferece à nossa compreensão na busca de um fôlego rítmico, de suas distintas vontades de ser e existir, nas linhas internas que movem seus gestos.

É tão rica a contribuição sobre estética e educação no pensamento e na obra pedagógica de Loris Malaguzzi que é difícil dizer algumas palavras que tragam uma visão sintetizada dessa obra. Tratarei de resgatar aquelas lembranças de suas contribuições estéticas à educação que me fizeram vibrar como diante de uma obra de arte.

A capacidade estética pessoal de Malaguzzi, que não descansava em doutrinas nem em ideias transmissíveis; que emergia de uma aspiração, uma exigência interior, uma vontade de ir sempre muito além de si mesmo para a conquista da qualidade, permitiu-lhe entrar em ressonância com o mundo em geral e com o mundo educativo em particular, ao qual soube acrescentar suas próprias nuances. A estética não foi apenas introduzida em suas escolas como atividade artística, mas também como vida. Vida estética, por meio da qual levou à escola o gosto pelo belo, bonito e bem apresentado, entendido como experiência e não como adorno vazio, carente de sentido.

Soube, como ninguém, que a criança, como o adulto, tem a capacidade de viver em harmonia com sons, odores, formas, espaços, imagens e cores. Inclusive com recordações do próprio lar. Harmonia também na atitude do educador em seu saber estar e não estar ao mesmo tempo, campo adequado para os desafios da criança para encontrar seu lugar, sua luta e seu sorriso, e seu crescer, para o qual é deixado um lugar porque sua obra pedagógica é uma obra aberta.

Mostra-nos seu pensamento estético na empatia que estabelece ao se fundir com os tempos da infância, em suas atitudes de não desejar marcar limites rígidos entre os tempos da criança e os da vida de uma escola infantil. Atitudes que fizeram viver os que tiveram a sorte de falar com ele, que nos revelou, em suas palavras, essências de sua obra.

Sua intenção foi da procura de ressonâncias com os demais: com a coletividade na qual ele se reconhecia, e por meio da qual tentava ver e mostrar a realidade infantil sem ambiguidades, sem estereótipos, narrando e nos fazendo ver, de forma clara, uma nova imagem da infância, definindo com finalidade suas capacidades.

Dessa forma, demonstrou duas grandes forças: as conjuntivas e as disjuntivas, que compõem todo encontro e revelam seus pensamentos em uníssono com os modos de atuar da infância.

A visão lírica da infância, que nos mostra, vem da procura de uma liberdade interior, de sua experiência para construir um mundo que pudesse contar com uma imagem da infância com voz própria.

E, também, é de se destacar uma atitude dramática com a qual se apresentava diante dos demais com a luta, a ruptura de limites e as possibilidades diversas de ação por meio do novo que, por sua vez, renovava de forma constante.

Tudo isso foi possível graças à sua capacidade de criar laços com o passado e de estar repleto de futuro, ao seu desejo de integrar a diversidade, de admitir a imperfeição junto com a perfeição.

*

Mas sua relação com a estética não pode ficar restrita à sua introdução na vida escolar, nem à busca de uma nova imagem da infância. Compreende-se a obra de Malaguzzi se essa compreensão for feita por meio de sua própria obra transformada em arte. Penso que esse é o único paradigma segundo o pude contemplá-la. Porque não posso contemplá-la em cada uma de suas contribuições, mas, sim, em sua estrutura total, fundindo-me a ela, como posso fazer diante de uma criação artística.

Tão rica e complexa é sua obra que, para compreendê-la, não basta entender isoladamente o impulso que dava à criatividade, à inclusão da estética na sala, ao ateliê de expressão – ateliê vivido por pais, crianças, educadores e núcleo arquitetônico de cada Escola –, para o qual foi criada uma nova figura: o "atelierista". Tampouco basta, para compreender sua obra, a estética de seus "documentos" educativos. Não são suficientes para entender a elaboração de espaços arquitetônicos como âmbitos de interação que devem ir em uníssono com a filosofia educativa. As relações de sua obra com a estética são isso e muito mais. A amplitude de sua obra inteira se encontra na forte relação entre seus elementos: existe a maravilha do simples, do aparentemente fácil, da riqueza que não é desanimadora, da diversidade que não dispersa.

A única definição que enquadra plenamente à sua obra é a de ser, em sua integridade, uma obra-prima da arte. E não se pode falar de forma banal de uma obra de arte: é encantadora, ou bonita, ou fácil.

Não é assim fácil nem difícil. Tem a magia e a autenticidade: a ambiguidade positiva de toda obra de arte. Se analisarmos os elementos que Malaguzzi integra em relações inimagináveis, eles são simples, mas não simplórios. São tão sutis como um sorriso e, por sua vez, são profundos, estruturados, configurando em suas relações uma grande linha compositiva tomada da própria vida. Elementos nascidos do cotidiano que os fez emergir na complexidade de seu sistema, que brota na sucessão de pensamentos e atuações em um modo peculiar de continuidade e de quebra, na forma de se vincular cada situação educativa.

Crianças, educadores, famílias e equipes de serviços se entrelaçam para procurar sua identidade, seu lugar, sua cor, sua forma, seus silêncios ou o som de suas vozes; sem perder seu ritmo, sempre com seu peculiar fôlego de vida, transmitido a todos nós que tivemos a sorte de conhecê-lo, de escutá-lo.

Sua obra é, ao mesmo tempo, uma e múltipla e é vivida nas diferentes definições do ser e do atuar com a infância com a qual foi capaz de conjugar o caráter dos ritmos que definem sua obra. Ritmos abertos, de núcleos e unidades simples: um sistema de relações articulado e flexível permite que seus elementos não tenham limites rígidos nem criem bloqueios fechados. O fluir de suas unidades está bem construído, bem definido e marcado por sua capacidade de seduzir, encantar e sustentar a capacidade crítica.

*

A contribuição para a sociedade do pensamento estético de Malaguzzi não é a de um filósofo que reflete sobre os fenômenos artísticos, já que nunca se designou a nenhuma teoria concreta, porém, sabemos que não ignorou os modelos estéticos vigentes no século XX. Sua filosofia foi a de colocar em prática uma atitude que integra a reflexão estética, ética e política na própria vida.

Designou-se, sempre, na linha dos que pensam que a estética não está separada do mundo e tratam de situá-la em relação às aquisições das ciências humanas e sociais, das ciências biológicas, das ciências físicas... Por meio dessa filosofia, apreciou sempre as possibilidades de valorização do estético por parte da infância e, ao mesmo tempo, a valorização por parte do adulto da cultura estética que constrói a infância.

Não é possível conhecer esse pensamento estético de Malaguzzi sem entendê-lo como uma experiência que é vivida em sua totalidade. E sua vivência deve reunir tanto vias intelectuais como intuitivas. As educadoras e os educadores que o seguem e tiveram a valentia de romper com velhos moldes assim o compreenderam.

Ao ler seus escritos, ao seguir atentamente o que Alfredo Hoyuelos nos apresentou sobre a obra de Malaguzzi, hoje está presente sua obra com toda sua força, com a força de pensamento e atuação que fazem confluir todos os elementos em um grande ritmo de vida, cultura e sentido comum. Por meio da leitura deste livro, podemos passear nosso pensamento como se deslizássemos o olhar de uma a outra proposta de atuação, lugar, forma, linha ou intervenção de crianças e educadores, recriando neles, nos caminhos que se abrem para continuar olhando e poder saltar o muro da incomunicação, da incompreensão que leva irremediavelmente à indiferença.

REFERÊNCIAS

AA.VV., *Lo specchio attraversato dai bambini,* Reggio Emilia, Comune di Reggio Emilia, 1984.

AA.VV., *I cento linguaggi dei bambini,* Reggio Emilia, Comune di Reggio Emilia, 1987.

AA.VV., *Gran enciclopedia Larousse,* Barcelona, Planeta, 1990.

AA.VV., *Tutto ha un'ombra meno le formiche,* Reggio Emilia, Comune di Reggio Emilia, 1990.

AA.VV., *Una carta per tre diritti,* Reggio Emilia, Comune di Reggio Emilia, 1995.

AA.VV., *Le fontane,* Reggio Emilia, Reggio Children, 1995.

AA.VV., *Escuelas Infantiles de Reggio Emilia. La inteligencia se construye usándola,* Madrid, Morata, 1995.

AA.VV., *I cento linguaggi dei bambini,* Reggio Emilia, Comune di Reggio Emilia, 1996.

AA.VV., *Scarpa e metro,* Reggio Emilia, Reggio Children, 1997.

AA.VV., *Rebecca Horn,* Santiago de Compostela, Centro Galego de Arte Contemporánea, 2000.

AA.VV., *Making learning visible,* Reggio Emilia, Reggio Children, 2001.

AGIRRE, I., *Teorías y prácticas en educación artística,* Pamplona, Universidad Pública de Navarra, 2000.

AGIRRE, I., "Bases artísticas del programa expresionista en educación artística, en *IV Jornades d'História de l'Educació Artística,* Barcelona, Universidad de Barcelona, 2001.

AJAMATOVA, A., *Requiem y otros poemas,* Madrid, Mondadori, 1998.

ALONSO, C., *Qué es la creatividad,* Madrid, Biblioteca Nueva, 2000.

ARGAN, G. C., *El arte moderno. La época del funcionalismo. La crisis del arte como "ciencia europea",* Valencia, Fernando Torres, 1984.

ARGAN, G. C., *El arte moderno.* BONITO, A., *El arte hacia el 2000,* Madrid, Akal, 1992.

ARISTÓTELES, *Poética,* Barcelona, Icaria, 1994.

ATELIER 3, *Arredi per l'infanzia,* Reggio Emilia, ISAFF, 1999.

AUMONT, J., *La estética hoy,* Madrid, Cátedra, 1997.

AZURMENDI, M., "Narrativa y ciencias sociales", *Bitarte* año 7, n. 2 (marzo 1999), p. 39-49.

BACHELARD, G., *La poética de la ensoñación,* México, Fondo de Cultura Económica, 1982.

BACHELARD, G., *La poética del espacio,* México, Fondo de Cultura Económica, 1983.

BACHELARD, G., "Los ensueños sobre la infancia", En ABRAMS, J., (edición a cargo de), *Recuperar el niño interior,* Barcelona, Kairós, 1994, p. 58-72.

BALDUCCI, E., "I bambini portatori dell'inedito" (con introducción de Loris Malaguzzi), *Bambini,* anno VIII, n. 6 (giugno 1992), p. 5.

BÁRCENA, F. y MÈLICH, J., *La educación como acontecimiento ético,* Barcelona, Paidós, 2000.

BARSOTTI, C., *L'uomo di Reggio Emilia* (vídeo), 1994.

BARTLETT, S., "Amiable space in the schools of Reggio Emilia, An Interview with Lella Gandini", *Children's enviroments Quarterly,* v. 10, n. 2 (1993), p. 113-125.

BASSO, K., "Palabras sabias de los Apaches Occidentales, metáfora y teoría semántica", *Bitarte,* año 4, n. 9 (agosto 1996), p. 67-100.

BATESON, G., *Pasos hacia una ecología de la mente,* Buenos Aires, Carlos Lohlé, 1985.

BATESON, G., *Mente e Natura,* Milano, Adelphi, 1987.

BELJON, J. J., *Gramática del arte,* Madrid, Celeste, 1993.

BENOIT, E., "Fundamentos teóricos del Método Montessori", en Orem (compilador), *Manual del Método Montessori,* Buenos Aires, Paidós, 1979, p. 90-123.

BODEI, R., *Le forme del bello,* Bologna, Il Mulino, 1995.

BONAZZI, R., "Il valore di questa Rassegna", *1. Rassegna del Disegno e del Lavoro Infantile,* Reggio Emilia, Municipio di Reggio Emilia, (maggio 1966), p. 22-29.

BONILAURI, S. y FILIPPINI, T., "Il ruolo del pedagogista", in EDWARDS, C. y OTROS, *I cento linguaggi dei bambini,* Pedrengo, Junior, 1995, p. 129-135.

BORGHI, B. Q., "Caro diario", *Bambini,* anno XII, n. 6 (giugno 1996), p. 35-37.

BORGHI, B. Q., "Caro diario. La documentazione come memoria", *Bambini,* anno XII, n. 6, (giugno, 1996), p. 36-38.

BORGHI, B. Q., "Loris Malaguzzi e la documentazione: il diario di sezione nei primi anni delle scuole dell'infanzia di Modena" en MANTOVANI, S. (a cura di), *Nostalgia del futuro,* Lama San Giustino, Junior, maggio 1998, p. 185-196.

BORGHI, E., CANOVI, A. y LORENZI, O., *Un storia presente. L'esperienza delle scuole comunali dell'infanzia a Reggio Emilia,* Reggio Emilia, Associazione internazionale Amici di Reggio Children e Reggio Children S.r.l., 2001.

BRANZI, A., "Educazione e spazio relazionale", in CEPPI, G. y ZINI, M., *Bambini, spazi, relazioni,* Metaprogetto di ambiente per l'infanzia, Modena, Reggio Emilia, 1998, p. 121-127.

BRODSKIJ, I., *Profilo di Clio,* Milano, Adelphi, 1995.

BRUNER, J., *La mente a più dimensioni,* Bari, Laterza, 1993.

BRUNER, J., *La educación, puerta de la cultura,* Madrid, Aprendizaje Visor, 1997.

BRUNER, J., "Practicare la "ostranenji" ovvero vivere pericolosamente insieme", *Rechild,* 4, p. 12.

CABANELLAS, I., *Los orígenes de la Imagen Plástica: Significaciones de la línea y de la Mancha en la Expresión Plástica Infantil,* (Tesis Doctoral), Pamplona 1989.

CABANELLAS, I., *Proyecto docente y de investigación,* 2000.

Cabanellas, I., "Razón y placer en el arte" en Huerta, R., *Los valores del arte en la enseñanza,* Valencia, Universidad de Valencia, 2002, 51-59.

Cabanellas, I.; Eslava J.J. et al., "¿Qué hacemos con el niño o quien es el niño que va a recibir una educación artística?" en *Radiografía de la educación artística. Revista de investigación: educación artística,* n. 1, 2003, Universidad de Valencia, 21-35.

Cabanellas, I,; Eslava, C., (2001, b) "La dimensión comunicativa en la Educación" *Aula de Innovación educativa,* 98 (2001), 6-11.

Cabanellas, I,; Eslava, C., "Espacios para la infancia", *Infancia* n. 91 (mayo junio, 2005), 10-17.

Cabanellas, I., y Hoyuelos, A., *Momentos. Cantos entre balbuceos,* Pamplona, Universidad Pública de Navarra, 1998.

Campani, C., Ferri, G. y Rubizzi, L., *Gli strumenti che sostengono la progettazione,* Reggio Emilia, Comune di Reggio Emilia, 1996.

Campani, C., Ferri, G. y Rubizzi, L., *Gli strumenti che sostengono la progettazione (2ª parte),* Reggio Emilia, Comune di Reggio Emilia, 1997.

Capra, F., *La trama de la vida,* Barcelona, Anagrama, 1998.

Cassirer, E., *Filosofía de las formas simbólicas,* México, FCE., 1971.

Catalá, C., y Úriz, R., *Qué es un niño en psicoanálisis,* Pamplona, Centro Psicosocial de Navarra, 1991.

Catini, E., "Se l'atelier è dentro una lunga storia e ad un progetto educativo" in *Le intelligenze si trovano usandole* (p. 50-55), Juvenilia, Bergamo, 1990, Publicado en *Bambini* en diciembre 1988.

Cela, C. J., "Elogio de la fábula", *El Mundo,* 9 de noviembre de 2000.

Ceppi, G. y Zini, M., *Bambini, spazi, relazioni. Metaprogetto di ambiente per l'infanzia,* Modena, Reggio Children, 1998.

Ceruti, M., *La danza che crea,* Milano, Feltrinelli, 1994.

Comune di Reggio Emilia, *I Nidi e le Scuole dell'infanzia del Comune di Reggio Emilia,* Reggio Emilia, Comune di Reggio Emilia, 1999.

Croce, B., *Estética como ciencia de la expresión y lingüística general,* Málaga, Ägora, 1997.

Croce, B., Breviario de Estética, Madrid, Aldebarán, 2002.

REFERÊNCIAS

Da Vinci, L., *Cuaderno de notas*, Madrid, Busma, 1989.

Dahlberg, G., "Tutto è origine e tutto è pericoloso: alcune riflessioni sull'esperienza di Reggio Emilia", in *Nostalgia del futuro* (a cura di Susanna Mantovanni), Junior, Lama San Giustino, 1998, 140-148.

Davoli, M. y Ferri, G. (a cura di), *Reggio tutta,* Reggio Emilia, Reggio Children, 2000.

Deleuze, G. y Guattari, F., *Rizoma,* Valencia, Pre-textos, 1977.

Delgado, M., *El animal público,* Barcelona, Anagrama, 1999.

Dewey, J., *El arte como experiencia,* México, F.C.E., 1949.

Dewey, J., *Natura e condotta dell'uomo. Introduzione alla psicologia sociale,* Firenze, La Nuova Italia, 1958, p. 190-1.

Dewey, J., *Cómo pensamos: nueva exposición de la relación entre pensameitno y proceso educativo,* Barcelona, Paidós, 1989.

Dewey, J., *Democracia y educación: una introducción a la filosofía de la educación,* Madrid, Morata, 1995.

Dorfles, G., *Últimas tendencias del arte de hoy,* Barcelona, Lábor, 1976.

Durand, G., *Las estucturas antropológicas de lo imaginario,* Madrid, Taurus, 1982.

Edwards, C.; Gandini, L. y Forman, G., *I Cento linguaggi dei bambini,* Pedrengo, Junior, 1995.

Edwards, C.; Gandini, L. y Forman, G., "La storia, le idee, la cultura" en *I cento linguaggi dei bambini,* Bergamo, Junior, febbraio 1995.

Edwards, C., Shallcross, D. J. y Maloney, J., "Enhancing creativity in a graduate class on Creativity, Entering the Time an Space of the Young Child", *Jnl of creative behavior,* v. 25, n. 4 (1991), p. 304-310.

Efland, A. D., *Una historia de la educación del arte,* Barcelona, Paidós, 2002.

Eisner, E. W., *Procesos cognitivos y curriculum,* Barcelona, Martínez Roca, 1987.

Eisner, E. W., *El arte y la creación de la mente,* Barcelona, Paidós, 2004.

Esteve de Quesada, A., "La educación artística y las artes del diseño", en Huerta, R. (ed.), *Los valores del arte en la enseñanza,* Valencia, Universidad de Valencia, 2002, 33-40.

FABBRI, D., "Epistemologia operativa e processi di apprendimento", in MORELLI, U. (A cura di), *Formazione, modelli e metodi,* Milano, Franco Angeli, 1988, p. 29-44.

FABBRI, D. y MUNARI, A., "Il conoscere del sapere. Complessità e psicologia culturale", in BOCCHI, G. y CERUTI, M. (a cura di), *La sfida della complessità,* Milano, Feltrinelli, 1985, p. 334-346.

FAURE, E. y OTROS, *Aprender a ser,* Madrid, Alianza/Unesco, 1973.

FERRATER y MORA, J., *Diccionario de Filosofía,* Madrid, Alianza, 1990.

FERRERO, J., "Prólogo", en STAIGER, E., *Fundamentos de la poesía,* Madrid, Rial, 1966.

FONZI, A. & NEGRO SANCIPRIANO, E., *La magia delle parole: alla riscoperta della metafora,* Torino, Einaudi, 1975.

FORMAN, G., "Loris Malaguzzi", *Innovations,* v. 2, n. 1, winter, 1994.

FORMAN, G., "Different Media, Different Languages ", KATZ, L. and CESARONE, B. (edited by), *Reflections on the Reggio Emilia Approach,* Bergamo, Junior, 1994.

FREUD, S., *Esquema del psicoanálisis,* Buenos Aires, Paidós, 1973.

GADAMER, H. G., *La actualidad de lo bello,* Barcelona, Paidós, 1996.

GANDINI, L., "Uno spazio che riflette una cultura dell'infanzia", in EDWARDS, C., GANDINI, L. y FORMAN, G., *I cento linguaggi dei bambini,* Pedrengo, Junior, 1995, p. 235-244.

GARCÍA PAREDES, F., "La arquitectura de la Escuela Infantil", *Infancia,* 22 (noviembre-diciembre, 1993), p. 4-8.

GARDNER, H., *Mentes creativas,* Barcelona, Paidós, 1995.

GARDNER, H., *Arte, mente y cerebro, una aproximación cognitiva a la creatividad,* Barcelona, Paidós Ibérica, 1997.

GIBSON, J. J., *La percepción del mundo visual,* Buenos Aires, Infinito, 1974.

GIBSON, J. J., *An ecological approach to visual perception,* Boston, Hougton Mifflin, 1979.

GOMBRICH, E. H., *Arte e ilusión. Estudio sobre la psicología de la representación pictórica,* Barcelona, 1982.

GOMBRICH, E. H., *Norma y forma,* Madrid, 1984.

Gombrich, E. H., *Meditaciones sobre un caballo de juguete y otros ensayos sobre la teoría del arte,* Madrid, Debate, 2002.

Gombrich, E. H., *Los usos de las imágenes. Estudios sobre la función social del arte y la comunicación visual,* Barcelona, Debate, 2003.

Goodman, N., *Los lenguajes del arte,* Barcelona, Seix Barral, 1974.

Groenen, M., *Sombra y luz en el arte paleolítico,* Barcelona, Ariel, 2000.

Gruber, H., *Darwin sobre el hombre, Un estudio de la creatividad,* Madrid, Alianza, 1984.

Gran Enciclopedia Larousse, Tomo 12, 1991.

Guilford, J. P., *The analysis of intelligence,* New York, Mc Graw Hill, 1971.

Guilford, J. P. y otros, *Creatividad y educación,* Barcelona, Paidós, 1983.

Hall, E. T., *El lenguaje silencioso,* Madrid, Alianza, 1989.

Hannoun, H., *El niño conquista el medio,* Buenos Aires, Kapelusz, 1977.

Haraway, D., "Manifiesto para Cyborgs: ciencia, tecnología y feminismo socialista a finales del siglo XX", en *Ciencia, cyborgs y mujeres. La reinvención de la naturaleza,* Madrid, Cátedra, 1991.

Hart, A., "La educación artística y la educación de los medios en la era de la reproducción digital", en Huerta, R. (ed.), *Los valores del arte en la enseñanza,* Valencia, Universitat de València, 2002, 89-100.

Hawkins, D., *Imparare a vedere,* Torino, Loescher, 1979.

Heidegger, M., *L'arte e lo spazio,* Genova, Il melangolo, 1984.

Heidegger, M., *El ser y el tiempo,* Madrid, Fondo de Cultura Económica, 1989.

Hernández, F., "La reforma de 1970 y la Perspectiva Expresionista en la Educación Artística", en *IV Jornades d'História de l'Educació Artística,* Barcelona, Universidad de Barcelona, 2001.

Hernández, F., "Repensar el papel del arte en la educacion desde una cultura llena de imágenes", en Huerta, R. (ed.), *Los valores del arte en la enseñanza,* Valencia, Universitat de València, 2002, 113-117.

Herrigel, E., *Zen en el arte de tiro con arco,* Buenos Aires, Kier, 1988.

Holloway, G. E. T., *Concepción del espacio en el niño según Piaget,* Barcelona, Paidós, 1982.

Hoyuelos, A., "El proyecto pedagógico y organizativo de las Escuelas Infantiles de Reggio Emilia (Primera parte), *Itaca* n. 5 (diciembre 1989), p. 47-53.

Hoyuelos, A., "La innovación en la etapa de educación infantil" en *La innovación en l'etapa d'educació infantil*, Institut de Ciències de l'educació de la Universitat Autónoma de Barcelona. Barcelona, 1993.

Hoyuelos, A., "Malaguzzi y el taller de Expresión". *Revista Infancia n. 37.* Barcelona, 1996.

Hoyuelos, A., "Malaguzzi e l'atelier: complessità dei possibili" en *Nostalgia del futuro* (a cura di Susanna Mantovanni), Junior, Lama San Giustino, 1998, 64-69.

Hoyuelos, A., "Loris Malaguzzi. Pensamiento y obra pedagógica", *Cuadernos de Pedagogía,* 307 (noviembre, 2001), 52-57.

Hoyuelos, A., "La construcción de un modelo", *Cuadernos de Pedagogía,* 307 (noviembre, 2001), 63-66.

Hoyuelos, A., "Loris Malaguzzi y las nuevas tecnologías: una propuesta para el 0-3", *Aula de infantil,* 6 (marzo-abril, 2002), 14-18.

Hoyuelos, A., "Los placeres, Malaguzzi y el dibujo infantil", *Aula de infantil,* 8 (julio-agosto, 2002), 12-13.

Hoyuelos, A., *La complejidad en el pensamiento y obra pedagógica de Loris Malaguzzi,* México, Multimedios, 2003.

Hoyuelos, A., *La ética en el pensamiento y obra pedagógica de Loris Malaguzzi,* Barcelona, Rosa Sensat-Octaedro, 2004.

Hoyuelos, A., "Loris Malaguzzi. Somiar la bellessa d'allò que és insòlit", *Infància* 138 (maig-juny, 2004), 5-12.

Hoyuelos, A., "Estrategias de juego en la escuela", en Eslava, C. (coor.), *Territorios de la infancia,* Barcelona: Graò (en prensa).

Hoyuelos, A., "La cualidad del espacio ambiente en la obra pedagógica de Loris Malaguzzi", en Eslava, C. (coor.), *Territorios de la infancia,* Barcelona: Graò (en prensa).

Hoyuelos, A., "La escuela: ámbito estético educativo", en Eslava, C. (coor.), *Territorios de la infancia,* Barcelona: Graò (en prensa).

Huerta, R. (ed.), *Los valores del arte en la enseñanza,* Valencia, Universitat de València, 2002.

JASPERS, K., "Sobre mi filosofía", en Balade y Perspectiva, *Revista de Occidente* (1953), 258-275.

JUANOLA, R., "La didáctica de la imagen: experiencias contrastadas" en PARINI, P., *Los recorridos de la mirada,* Barcelona, Paidós, 2002, 15-38.

KANDINSKY, V., *La gramática de la creación. El futuro de la pintura,* Barcelona, Paidós, 1996.

KATZ, L., "Cosa possiamo imparare da Reggio Emilia?", in EDWARDS, C. y OTROS, *I cento linguaggi dei bambini,* Pedrengo, Junior, 1995, p. 29-42.

KELLOG, R., *Análisis de la expresión plástica del preescolar,* Madrid, Cincel Kapelustz, 1981.

KLEE, P., *Diarios,* Madrid, Alianza Forma, 1993.

KRISTEVA, J., *El texto de la novela,* Barcelona, Lumen, 1982.

LAHOZ, P., "El modelo froebeliano de espacio-escuela. Su introducción en España", *Historia de la Educación,* n. 10 (enero-diciembre 1991), p. 107-133.

LAKOFF, G. y JOHSON, M., *Metáforas de la vida cotidiana,* Madrid, Cátedra, 1995.

LASZLO, E., *La gran bifurcación,* Barcelona, Gedisa, 1990.

LEVI-STRAUSS, C., *El pensamiento salvaje,* México, Fondo de Cultura Económica, 1984.

LEVY, P., *Il virtuale,* Milano, Raffaello Cortina, 1997.

LÉZINE, I., *I primi tre anni del bambino. Psicopedagogia della prima età,* Cosenza, Giordano, 1986.

LODGE, D., *Small world,* New York, Warner Books, 1991.

LÓPEZ QUINTÁS, A., *Estética de la creatividad,* Madrid, Cátedra, 1977.

LOWENFELD, V., "La importancia del arte para la educación", en FREEMAN, F. N. y OTROS, *Psicología de las materias escolares y evaluación,* Buenos Aires, Paidós, 1965.

LOWENFELD, V. & BRITTAIN, W., *Desarrollo de la capacidad creadora,* Buenos Aires, Kapelusz, 1970.

LOWENFELD, V. & BRITTAIN, W., *El niño y su arte,* Buenos Aires, Kapelustz, 1973.

LUQUET, G. H., *El dibujo infantil,* Barcelona, Médica y Técnica S. A., 1981.

Lurçat, L., "Wallon, investigador: conferencias sobre el dibujo del niño", en AA.VV., *Introducción a Wallon* (vol. I). Barcelona, Médica y Técnica, 1981, p. 103-124.

Majakovoskij, V., *Poemas 1913-1916*, Madrid, Visor, 1993.

Malaguzzi, L., "Alla più bella", *Il Progresso d'Italia*, Reggio Emilia, 22 de junio de 1947.

Malaguzzi, L., *Il disegno como strumento per la conoscenza del fanciullo*, Estratto dall'opusculo della Mostra Internazionale del Disegno Infantile, C.O.I. Reggio Emilia, 25 de mayo de 1953.

Malaguzzi, L., *Il bambino che si succhia il pollice e si mangia le unghie. Lezioni ai genitori 7º,* Scuola dei genitori, Consultorio-Medico Psico-Pedagogico Comunale-ONMI, Reggio Emilia, tipografia Morini, gennaio 1958.

Malaguzzi, L., "Risposte a domande proposte da un amico", *Esperienza. Idee fatti delle scuole comunali dell'infanzi e dei nidi. Periodico di lavoro* n. 2, Reggio Emilia, Comune di Reggio Emilia, Assessorato scuole e servizi sociali, febrero 1975, p. 62-67.

Malaguzzi, L., "La scuola, l'edilizia, l'arredo: vite parallele, vite impossibili?", in *Arredo Scuola 75,* Como: Luiggi Massoni, 1975, p. 13-21.

Malaguzzi, L., "Spazi per l'infanzia", *Riforma della scuola* n. 6/7 (1975), p. 47-49.

Malaguzzi, L., "Idee per pensare e progettare il nido", *Zerosei*, anno 1, n. 2 (novembre, 1976), p. 47-49.

Malaguzzi, L., "I grandi oggetti", *Zerosei*, anno 1, n. 7 (maggio 1977), p. 24-26.

Malaguzzi, L., "Gli spazi organizzati", *Zerosei*, anno 2, n. 1 (settembre 1977), p. 44-47.

Malaguzzi, L., "La pedagogia del diritto con la pedagogia del corpo", *Zerosei*, anno 2, n. 3 (novembre 1977), p. 44-45.

Malaguzzi, L., "Quando la fotografia si da documento e strumento di esperienza e di educazione", *Esperienza e ricerca dei bambini alla sciperta di sè e del mondo. Mostra fotografica. Sala delle esposizioni dell'isolato di San Rocco,* Reggio Emilia, 3/18 diciembre 1977.

Malaguzzi, L., "Il disegno del bambino. Una dimensione nascosta?", *Zerosei*, anno 2, n. 8 (aprile, 1978), p. 4-5.

MALAGUZZI, L., "Elogio del sassolino e della macchina fotografica", *Zerosei,* anno 2, n. 5 (gennaio 1978), p. 38-39.

MALAGUZZI, L., "Il tubo di gomma. Tra Humpty Dumpty e Jean Paul Sartre", *Zerosei,* anno 3, n. 2 (ottobre 1978), p. 70-73.

MALAGUZZI, L., "Pedagogia come arte: il bambino senza ambiente e senza cose", *Zerosei,* anno 5, n. 3 (novembre 1980), p. 2-3.

MALAGUZZI, L., "La regola di Montaigne: Non faccio niente senza gioia", *Zerosei,* anno 6, n. 3 (novembre 1981), p. 2-3.

MALAGUZZI, L., "Tre libere conversazione. con Argan, Stern, Branzi", *Zerosei,* anno 7, n. 11/12 (giugno 1983), p. 22-33.

MALAGUZZI, L., "Lo specchio senza narciso", *Zerosei,* anno 8, n. 9, (aprile 1984), p. 10.

MALAGUZZI, L., "Per una pedagogia della visione", in *Convegno di lavoro. Esperienze e problemi. Modelli e congetture teorico-pratiche nell'educazione dei bambini,* Reggio Emilia, Comune di Reggio Emilia, maggio 1985, p. 1-12.

MALAGUZZI, L., *L'infanzia e il bambino tra pregiudizi realtà e scienza,* Reggio Emilia, Quaderni reggiani, 1986.

MALAGUZZI, L., "Emarginazione e centralità della cucina", *Bambini,* anno II, n. 5 (maggio 1986), p. 20-21.

MALAGUZZI, L., "Se l'atelier è dentro una lunga storia e ad un progetto educativo", *Bambini,* anno IV, n. 12 (dicembre 1988), p. 26-31.

MALAGUZZI, L., "L'ombra e il pallottoliere dei bambini", in *Tutto ha un'ombra meno le formiche,* Reggio Emilia, comune di Reggio Emilia, 1990, p. 24-28.

MALAGUZZI, L., "Per una pedagogia relazionale", *Bambini,* anno VIII, n. 1 (gennaio 1992), p. 6.

MALAGUZZI, L., "Lettera a commmeto del diario", in BORGHI, Q., "Caro diario. La documentazione come memoria", *Bambini,* anno XII, n. 6 (giugno 1996), p. 37.

MALAGUZZI, L. y OTROS, "Come arricchire l'ambiente", *Zerosei,* anno 5, n. 3, (novembre 1980), p. 27-40.

MALAGUZZI, L., "Per i bambini mangiare al nido", *Zerosei,* anno 5, n. 4/5 (dicembre 1980), p. 41-54.

MALAGUZZI, L., "Cosa é il sonno al nido", *Zerosei,* anno 5, n. 10, (maggio 1981), p. 107-124.

MALAGUZZI, L., "Gli oggetti transizionali in famiglia e al nido", *Zerosei,* anno 6, n. 2 (octobre 1981), p. 55-64.

MALAGUZZI, L., *L'oggetto transizionale in famiglia e al nido"*, Reggio Emilia, Municipio di Reggio Emilia, Assessorato Pubblica Istruzione, 1982.

MALAGUZZI, L., *I cento linguaggi dei bambini,* Reggio Children S.r.l., Reggio Emilia, 1996.

MALAGUZZI, L., *Scarpa e metro,* Reggio Emilia, Reggio Children S.r.l., 1997.

MALAGUZZI, L., *La educación infantil en Reggio Emilia,* Barcelona, Octaedro--Rosa Sensat, 2001.

MALRIEUX, P., *La construcción de lo imaginario,* Madrid, Guadarrama, 1971.

MARIN IBÁÑEZ, R., "Valores y fines", en AA.VV., *Filosofía de la educación hoy,* Madrid, Dykinson, 1989.

MARINA, J. A., *Teoría de la inteligencia creadora,* Barcelona, Anagrama, 1993.

MARINA, J. A., "La memoria creadora", en RUIZ-VARGAS (comp.), *Claves de la memoria,* Valladolid, Trotta, 1997, 33-56.

MARTINEZ, C., *Jorge Oteiza y las vanguardias históricas. El arte como sistema simbólico* (Tesis doctoral), 1991.

MARTÍNEZ-COLLADO, A., "Tecnología y construcción de la subjetividad. La feminización de la representación cyborg", *Acción paralela,* 5 (enero, 2000), p. 111-120.

MATTHEWS, J., *El arte en la infancia y la adolescencia,* Barcelona, Paidós, 2002.

MATURANA, H., "La ciencia y la vida cotidiana: la ontología de la explicaciones científicas", en WATZLAWICK, P. y KRIEG, P., *El ojo del observador,* Barcelona, Gedisa, 1994.

MATURANA, H., *La realidad: ¿objetiva o construida? I. Fundamento biológicos de la realidad. II. Fundamentos biológicos del conocimiento,* Barcelona, Anthropos, 1997.

MATURANA, H., *Emociones y lenguaje,* Santiago de Chile, Dolmen, 1997.

MATURANA, H. y VARELA, F., *L'albero della conoscenza,* Milano, Garzanti, 1987.

MERLAU-PONTY, M., *Posibilidad de la filosofía,* Madrid, Narcea, 1979.

Millan, J. A., "Zush.EV o ¿sueñan los ciborgs con cauces venosos?", *Arte y parte*, n. 27 (junio-julio, 2000), p. 32-42.

Mirzoeff, N., *Una introducción a la cultura visual*, Barcelona, Paidós, 2003.

Moles, A., *El kitsch: el arte de la felicidad*, Barcelona, Paidós, 1990.

Molina, L., "Algunas reflexiones psicopedagógicas", *Cuadernos de Pedagogía* n. 86 (febrero 1982), p. 10-16.

Mondrian, P., *Realidad natural y realidad abstracta*, Madrid, Debate, 1989.

Morales, M., "Utilización y práctica pedagógica", Cuadernos de Pedagogía n. 86 (febrero 1982), p. 17-26.

Morin, E., *El método. El conocimiento del conocimiento*, Madrid, Cátedra, 1988.

Morin, E., *Introducción al pensamiento complejo*, Barcelona, Gedisa, 1994.

Morin, E., *Los siete saberes necesarios para la educación del futuro*, Barcelona, Paidós, 2001.

Munari, A., "La creatività nell'età evolutiva: metafora e trasgressione", *Atti del convegno Psicologia e creatività*, 1985.

Munari, B., *Diseño y comunicación visual*, Barcelona, Gustavo Gili, 2002.

Municipio di Reggio Emilia, *Il Comune*, n. 48 (giugno 1966).

Nironi, C. e Carnevali, V. (a cura di), *Lo specchio attraversato dai bambini*, Reggio Emilia, Comune di Reggio Emilia, 1984.

Norberg-Schulz, C., *Esistenza, spazio e architettura*, Roma, Officina, 1982.

Oliveira, M. y otros, *Lost in sound*, Xunta de Galicia, Centro Galego de Arte contemporánea, 2000.

Oteiza, J., "Un modelo de hombre para el niño de cada país" Epílogo al libro del Dr. Ubalde, Santander, Ubalde, 1974.

Palacios, J., *La cuestión escolar*, Barcelona, Laia, 1988.

Panofski, E., *La perspectiva como forma simbólica*, Barcelona, Tusquets, 1995.

Parini, P., *Los recorridos de la mirada*, Barcelona, Paidós, 2002.

Paz, O., *Apariencia desnuda. La obra de Marcel Duchamp*, Madrid, Alianza Forma, 1994.

Piaget, J., *La representación del mundo en el niño*, Madrid, Morata, 1984.

Piaget, J., *De la Pedagogía*, Barcelona, Paidós, 2000.

PRIGOGINE, I., "Captare l'effimero", in AA.VV., *Effetto Arcimboldo*, Milano, Bompiani, 1987, p. 333-344.

PRÜFER, J., *Federico Froebel*, Barcelona, Labor, 1930.

RABITTI, G., *Alla scoperta della dimensione perduta. L'etnografia dell'educazione in una scuola dell'infanzia di Reggio Emilia*, Bologna, Cooperativa Libraria Universitaria Editrice, 1994.

RABITTI, G., "An Integrated Art Approach in a Prescchol", in KATZ, L. y CESARONE, B., *Reflections on the Reggio Emilia Approach*, Bergamo, Junior, 1994.

RAFFIN, F., "Spazi liberati per un'arte collettiva", *Le Monde Diplomatique* (ottobre, 2001).

REGGIO 15, "I piccoli dipingono", 12 giugno 1966.

REMY, J., *Sociologie urbaine et rurale*, Paris/Quebec, L'Harmattan, 1998.

RICOEUR, P., *Historia y narratividad*, Barcelona, Paidós Ibérica, 1999.

RILKE, R. M., *Cartas a un joven poeta*, Madrid, Alianza, 2001.

RINALDI, C., "La infancia en una sociedad que cambia", en *Congreso de Infancia, Volumen II, Políticas y acciones educativas*, Barcelona, Rosa Sensat, 1995.

RINALDI, C., "La costruzione del progetto educativo" in EDWARDS, C. y otros, *I cento linguaggi dei bambini*, Pedrengo, Junior, 1995, p. 121-127.

RINALDI, C., *Tenerezza*, Reggio Emilia, Reggio Children, 1995.

RINALDI, C., "1980-1996: L'evoluzione della scelta", in *I cento linguaggi dei bambini*, Reggio Emilia, Reggio Children, 1996.

RINALDI, C., "L'ambiente per l'infanzia", in CEPPI, G. y ZINI, M., *Bambini, spazi, relazioni*, Metaprogetto di ambiente per l'infanzia, Modena, Reggio Emilia, 1998, p. 114-120.

RINALDI, C., "Malaguzzi e le insegnanti", in MANTOVANI, S. (a cura di), *Nostalgia del futuro*, Lama San Giustino, Junior, maggio 1998, p. 197-200.

RINALDI, C., *L'ascolto visibile*, Reggio Emilia, Comune di Reggio Emilia, 1999.

RODARI, G., *Gramática de la fantasía*, Barcelona, Reforma de la Escuela, 1979.

RUHRBERG y otros, *Arte del siglo XX (Volumen I y Volumen II)*, Madrid, Taschen, 1999.

SACRISTÁN, D., "Comunicación". En AA.VV., *Filosofía de la educación hoy*. Madrid: Dykinson, 1989, p. 35-50.

SHUSTERMAN, R., *Pragamatist Aesthetics: Living Beauty, rethinking art.* Massachusettes: Blackwell, 1992.

SKLOVSKI, V., *I formalisti russi*, Torino, Einaudi, 1968.

SOLANA, G., "Matt Mullican: entrar en la imagen", *Arte y parte*, n. 27 (junio-julio, 2000), p. 24-30.

SOURIAU, E., *Diccionario de estética*, Madrid, Akal, 1998.

SPAGGIARI, S., "L'infisibilità dell'essenziale" en AA.VV., *Scarpa e metro*, Reggio Emilia, Reggio Children, 1997.

SPITZ, R. A., *El primer año de la vida del niño*. Madrid: Fondo de Cultura Económica, 1969.

STERN, A., *El lenguaje plástico*, Buenos Aires, Kapelustz, 1965.

STERNBERG, R. J., *La creatividad en una cultura conformista, un desafío de las masas*, Barcelona, Paidós Ibérica, 1997.

TARAGANO, F., *Psicoanálisis gestáltico*, Buenos Aires, Paidós, 1974.

TATARKIEWICZ, W., *Historia de seis ideas*, Madrid, Tecnos, 1992.

THOMAS, K., *Diccionario del arte actual*, Barcelona, Labor, 1994.

TONUCCI, F., "Loris: la creatività istituzionale", in Mantovani, S. (a cura di), *Nostalgia del futuro*, Lama San Giustino, Junior, maggio 1998, p. 31-34.

TORRANCE, E. P. y MYERS, R. E., *La enseñanza creativa*, Madrid, Santillana, 1976.

TRÍAS, E., *El sistema ciencia-tecnología y la crisis española*, Madrid, Universidad Internacional Menéndez, 1982.

TRÍAS, E., *Lógica del límite*, Barcelona, Destino, 1991.

TRÍAS, E., *Pensar la religión*, Barcelona, Destino, 1997.

TRÍAS, E., *Ética y condición humana*, Barcelona, Península, 2000.

TRÍAS, E., *Pensar en público*, Barcelona, Destino, 2001.

TROTSKY, L., "Introducción", in MAYAKOVSKI, V., *Poemas 1913-1916*, Madrid, Visor, 1993, p. 9-18.

UNESCO, *Declaración Universal de los Derechos Humanos*, 1948.

UNESCO, *Política, legislación y administración escolar*, 1972.

VALENTINE, M., *The Reggio Emilia Approach to Early Years Education*, Dundee DD5 1NY, Scottish Consultative Copuncil on the Curriculum, 2000.

VARELA, F. J., *Conocer.* Barcelona, Gedisa, 1990.

VARELA, F. J., *Un know-how per l'etica,* Roma, Laterza, 1992.

VECCHI, V., "La pittura nella scuola dell'infanzia", in AA.VV., *Esperienze per una nuova scuola dell'infanzia,* Roma, Riuniti, 1971, p. 143-152.

VECCHI, V., "L'atelier nella scuola dell'infanzia", *Zerosei,* anno 6, n. 11/12 (giugno 1982), p. 32-33.

VECCHI, V., "L'atelier nella scuola dell'infanzia: una avventura bella e interessante", in EDWARDS, C. y OTROS, *I cento linguaggi dei bambini,* Pedrengo, Junior, 1995, p. 137-141.

VECCHI, V., "Quale spazio per abitare bene una scuola", in CEPPI, G. y ZINI, M., *Bambini, spazi, relazioni,* Metaprogetto di ambiente per l'infanzia, Modena, Reggio Emilia, 1998, p. 128-136.

VECCHI, V. (a cura di), *Sipario,* Reggio Emilia, Reggio Children, 2000.

VECCHI, V. (a cura di), *Bambini, arte e artisti,* Reggio Emilia, Reggio Children, 2004.

VON FOERSTER, H., *Sistemi che osservano,* Roma, Astrolabio, 1987.

VYGOTSKI, L. S., *La imaginación y el arte en la infancia,* Madrid, Akal, 1983.

WHITE, H., *El contenido de la forma,* Barcelona, Paidós, 1992.

WINNICOT, D. W., *Realidad y juego,* Barcelona, Gedisa, 1979.

ZÁTONY, M., *Apuntes de estética del arte y de la ciencia,* Buenos Aires, Edigraf, 1998.

ZINI, M., "Turrisbabel, Kindergarten/Scuole dell'infanzia", *Noticiario de arquitectura,* 48.

SOBRE O AUTOR

Alfredo Hoyuelos

- Especialista em Formação de Professores de Educação Geral Básica pela Escuela Universitaria de Magisterio Huarte de San Juan, em Pamplona, Espanha (1985).
- Licenciatura em Filosofia e Ciências da Educação pela Universidad Pública de Navarra, Espanha (1993).
- Em 2001, com sua tese de doutorado intitulada *El pensamiento y obra pedagogica de Loris Malaguzzi y su repercusion en la educacion infantil*, obteve o grau de Doutor Europeu em Filosofia e Ciências da Educação. A tese foi realizada mediante um convênio de colaboração com Reggio Children e a Prefeitura de Reggio Emilia, na Itália.
- Entre outros importantes prêmios, recebeu o primeiro Prêmio Loris Malaguzzi, concedido em 2004 pela Associação Internacional Amigos de Reggio Children.
- Autor de diversos livros, artigos e conferências sobre educação e pedagogia.

Sobre o Livro
Formato: 14 x 21 cm
Mancha: 9,7 x 16 cm
Papel: Offset 90g
nº páginas: 288
1ª edição: 2020

Equipe de Realização
Assistência editorial
Liris Tribuzzi

Edição de texto
Gerson Silva (Supervisão de revisão)
Jéssica Ferraz (Preparação do original e copidesque)
Fernanda Fonseca (Revisão)

Editoração eletrônica
Évelin Kovaliauskas Custódia (Capa, projeto gráfico e diagramação)

Imagens
stellalevi | iStock (Composição da capa)

Impressão
Edelbra gráfica